高等职业教育校企合作精品教材

轨道交通车辆空调装置

主　编◎王元芳　张素洁
副主编◎邓　命　杨明明　李海英

西南交通大学出版社
·成都·

图书在版编目（CIP）数据

轨道交通车辆空调装置 / 王元芳，张素洁主编. — 成都：西南交通大学出版社，2021.1（2025.6重印）
高等职业教育校企合作精品教材
ISBN 978-7-5643-7870-7

Ⅰ. ①轨… Ⅱ. ①王… ②张… Ⅲ. ①城市铁路－铁路车辆－空气调节系统－高等职业教育－教材 Ⅳ. ①U270.38

中国版本图书馆 CIP 数据核字（2020）第 243887 号

高等职业教育校企合作精品教材

Guidao Jiaotong Cheliang Kongtiao Zhuangzhi

轨道交通车辆空调装置

主编　王元芳　张素洁

责任编辑	朱小燕
封面设计	何东琳设计工作室
出版发行	西南交通大学出版社 （四川省成都市金牛区二环路北一段 111 号 西南交通大学创新大厦 21 楼）
邮政编码	610031
营销部电话	028-87600564　028-87600533
网址	http://www.xnjdcbs.com
印刷	成都中永印务有限责任公司

成品尺寸	185 mm×260 mm
印张	16.5
字数	402 千
版次	2021 年 1 月第 1 版
印次	2025 年 6 月第 3 次
定价	54.00 元
书号	ISBN 978-7-5643-7870-7

课件咨询电话：028-81435775
图书如有印装质量问题　本社负责退换
版权所有　盗版必究　举报电话：028-87600562

前 言

随着经济的发展，各国大力发展铁路轨道交通、城际市域轨道交通和城市轨道交通等。轨道交通车辆承载着运送旅客的职能，要快捷、安全、舒适地将旅客送到目的地，空调系统发挥着重要的作用。从技术角度来看，车辆的空气调节是车辆的一项极其关键的技术之一，是现代轨道交通车辆先进技术的重要体现。

我国轨道交通车辆空调系统最早起源于 20 世纪 80 年代，经过多年的发展，我国轨道交通车辆空调技术已经基本实现了出行时车辆的供冷和供暖以及长时间运行的稳定性和可靠性。

车辆空调装置是一个多专业的综合性产品，涉及工程热力学、传热学、流体力学等学科，牵涉机械、电气及控制、材料等领域，是现代车辆装备技术综合化、智能化、网络化的集成体现。车辆空调装置的正确安装、使用、维护和管理是车辆运用与检修人员的一项基本的、重要的工作。铁路客车与城轨车辆的空调装置有其相似之处，但因其运用环境的不同，结构、性能、参数等方面又体现出各自的特点。

本书采用"项目+任务"体系进行编写，以空调装置的基本原理为基础，结合国内多家地铁、轻轨公司的城轨交通车辆，系统介绍了典型车辆空调装置的结构、原理、维护和故障处理，突出理论与一线现场实践的结合，适合我国目前高等职业院校及高等院校城市轨道交通车辆专业的教学需要，对地铁运营公司车辆检修培训和学习也有一定的指导作用。

本书共 10 个项目，由武汉铁路职业技术学院各位老师负责编纂，王元芳、张素洁担任主编，邓命、杨明明、李海英担任副主编。具体编写分工为：邓命编写项目一、项目八，李海英编写项目二、项目九，张素洁编写项目三、项目四、项目五，王元芳编写项目六、项目七，杨明明编写项目十，全书由张素洁统稿。

本书配套有丰富的数字资源，如微课、视频、课件 PPT 等。这些资源均可通过扫描二维码或登录"轨道在线"超媒体数字教育平台进行学习。

由于时间仓促及编者水平有限,书中可能有一些不妥之处,敬请同行、读者指正。

编 者

2020 年 10 月

扫码获取本书配套数字资源

目　录

项目一　轨道交通车辆空调装置概述 ·· 1
　　任务一　空调装置概况认知 ··· 2
　　任务二　我国客车空调装置的发展 ··· 8

项目二　空气调节基础知识 ·· 12
　　任务一　热力学基本定律和湿空气 ·· 13
　　任务二　焓湿图 ··· 24
　　任务三　蒸气压缩式制冷原理 ··· 34
　　任务四　制冷剂和润滑油 ·· 40

项目三　制冷压缩机 ·· 50
　　任务一　活塞式制冷压缩机认知 ··· 51
　　任务二　涡旋式制冷压缩机认知 ··· 69
　　任务三　螺杆式制冷压缩机认知 ··· 76

项目四　制冷换热器 ·· 86
　　任务一　传热基础知识 ··· 86
　　任务二　冷凝器与蒸发器 ·· 89

项目五　自动控制元件及辅助设备 ·· 99
　　任务一　节流机构认知 ·· 100
　　任务二　温度控制器认知 ·· 108
　　任务三　压力保护器件 ·· 112
　　任务四　空调装置的辅助设备 ·· 118

项目六　空气通风和加热系统 ·· 130
　　任务一　空调通风系统认知 ··· 130
　　任务二　空气加热系统 ·· 147

项目七　轨道交通车辆空调装置与实例 ··· 156
　　任务一　铁路客车空调机组认识 ·· 156

任务二　城轨车辆空调机组认知…………………………………………166
　　任务三　典型地铁车辆空调制冷流程……………………………………180
项目八　空调控制系统………………………………………………………184
　　任务一　城轨车辆空调控制系统概述……………………………………184
　　任务二　典型城轨车辆空调控制系统……………………………………196
项目九　空调装置安装调试…………………………………………………205
　　任务一　制冷设备的安装…………………………………………………205
　　任务二　空调系统的维护保养……………………………………………225
项目十　空调装置的故障分析及处理………………………………………231
　　任务一　空调机组的故障检查……………………………………………231
　　任务二　空调机组常见故障维修…………………………………………246
参考文献………………………………………………………………………254
附　　图………………………………………………………………………255

项目一　轨道交通车辆空调装置概述

【项目描述】

随着我国经济的快速发展，人们生活质量的逐步提高，出门旅行的人数越来越多，人们对旅行所乘坐交通工具的舒适性要求也越来越高。为了满足广大旅客的需要，无论是长途旅客列车还是近程的交通车辆，都把车辆客室内的空气调节作为提高旅客舒适度、改善乘车环境的主要手段。从技术角度来看，车辆的空气调节是车辆的一项极其关键的技术之一，是现代轨道交通车辆先进技术的重要体现。

车辆客室内的空气调节依靠车辆空调装置来完成。车辆空调装置是一个多专业的综合性产品，涉及工程热力学、传热学、流体力学等学科，牵涉机械、电气及控制、材料等领域，技术先进、复杂。车辆空调装置的正确安装、使用、维护和管理是车辆运用与检修人员的一项基本的、重要的工作。铁路客车与城轨车辆的空调装置有其相似之处，但因其运用环境的不同，结构、性能、参数等方面又体现出各自的特点，又因其技术和管理的理念不同，安装、使用、维护和管理方面有着较大的差别。

本项目主要讲述了轨道交通车辆空调概况，包括客车空调装置的作用、组成和分类，城轨车辆空调与铁路客车空调的区别，城轨车辆空调的性能评价指标，城轨车辆空调的现状及发展趋势。

【学习目标】

目标类型	目标要求
知识目标	（1）掌握空调装置的作用、分类和组成； （2）了解空调装置不同安装方式的优缺点； （3）熟悉城轨车辆空调与铁路客车空调的区别； （4）了解现有城轨车辆空调的现状及发展趋势
能力目标	（1）能判断空调装置的类型以及优缺点； （2）能指出空调装置的几大组成系统及其作用
情感目标	（1）能进行团队协作； （2）积极参与学习过程，遵守秩序，服从安排

【建议学时】

4学时。

任务一　空调装置概况认知

📖 **任务目标**

通过对空调装置整体概况的学习,能够全面地了解轨道交通车辆空调装置的组成及各系统的功能,熟悉城轨车辆空调系统的性能评价指标。

📖 **任务准备**

一、空调装置的作用及组成

空调装置被广泛应用于我国的工农业生产和人们的日常生活,对我国国民经济发展和人民物质文化生活水平提高具有重要意义。目前,它已被大量应用在轨道交通车辆上,车辆客室内良好的空气调节已经成为车辆舒适乘坐环境的标志。新型的铁路机车车辆和几乎所有的城市轨道交通车辆普遍使用了空调装置。

客车空调装置的作用是将一定量的车外新鲜空气和车内再循环空气混合,经过滤、冷却或加热、减湿或加湿等处理后,以一定的流速送入车内,并将车内一定量的污浊空气排出车外,从而控制客室内温度、湿度、风速、清洁度及噪声,并使之达到规定标准,以提高车内的舒适性,改善乘车环境。

我国空调客车车内空气参数标准见表 1-1-1。

表 1-1-1　我国空调客车车内空气参数标准

空气参数	标准	
	夏季	冬季
温度/℃	24~28	18~20
相对湿度/%	≤65	≥45
微风速/(m/s)	0.15~0.25	0.15~0.20
新风量/[m^3/(h·人)]	≥10	≥10
CO_2 体积分数/%	≤0.15	≤0.15
含尘量/(mg/m^3)	≤1	≤1

一般车辆空调系统主要由通风系统、制冷系统、加热系统、加湿系统、自动控制系统等五大系统组成。考虑到车辆实际运行区域的气候条件,有些车辆可不设专门的加热及加湿系统。

图 1-1-1 所示为空调装置实物图。

图 1-1-1　空调装置实物图

1. 通风系统

通风系统起着空气的滤清、输送及分配等作用。通风机将车外新鲜空气吸入车内与再循环空气混合，并滤清灰尘和杂质后，再送入客室内。同时排出客室内多余的污浊空气，以保持客室内空气的洁净度和空气的流动速度。通风系统一般由通风机组、空气过滤器、新风口、送风道、回风口、回风道及排废气口等组成。

2. 制冷系统

制冷系统（也称空气冷却系统）的作用是对车内的空气进行降温、减湿处理，使车内空气的温度与相对湿度保持在规定的范围内。冷却系统工作时，由制冷剂通过蒸发器冷却将要送入车内的空气，而蒸发器表面的温度低于空气的露点温度，空气中的部分水蒸气就会凝结成水滴，形成我们通常所说的"空调水"。因此，空气在通过蒸发器冷却的同时也得到了减湿处理。为保证制冷系统安全、有效地工作，制冷系统除压缩机、蒸发器、冷凝器、节流装置四大件外，还配有储液器、干燥过滤器、气液分离器等辅助设备。

3. 加热系统

加热系统的作用是在低温时对进入车内的空气进行预热和对车内的空气进行加热，以保证车内空气的温度在规定的范围内。加热系统通常包括空气预热器和地面空气加热器两部分。在空气温度较低时，通风系统向车内送风过程中，由预热器对空气进行加热，然后再送入车内，而车内地面式加热器对车内空气加热，以补偿车体和门窗的热损失。

4. 加湿系统

在冬季，当空气被加热而温度提高之后，其相对湿度就可能比较低，空调装置必须对空气进行加湿处理。车辆一般采用喷雾加湿和电极加湿器对空气进行加湿处理。

5. 自动控制系统

自动控制系统的作用是控制各功能系统按给定的方案协调、有序地工作，以使车内的空气参数被控制在规定的范围内，并同时对空调装置起自动保护作用。电气控制系统一般由各设备的控制电器、保护元件及相关仪表和电路等组成。

6. 司机室送风单元

城轨车辆司机室内一般不设单独的空调机组，而设立一个单独的送风单元。该送风单元设有风量和风向可调的送风口，并且送风口可进行关闭，其内置的调速风机，可由司机根据实际需要进行手动控制。送风单元内置的调速风机通过单独的风道从相邻的空调送风道中吸入已处理的空气送入司机室，通过调节送风口大小来调节送风量，通过调节送风口方向来调节送风方向，通过司机室隔门上的百叶窗进入客室实现回风。

二、客车空调装置的分类

按常用制冷压缩机的种类主要分为：往复式、回转式和离心式。
按安装方式分为：分装式和单元式，其中单元式又分为车顶单元式和车底悬挂式。
按客车空调供电方式分为：本车供电和集中式供电。
还可以按使用制冷剂或其他特殊结构进行分类。

从客车空调供电方式来看，客车空调经历了由本车供电向集中供电的转变。所谓本车供电指的是空调客车装置的用电由单车柴油发电机组供电。这种供电方式的特点是：电压制为 110 V，空调装置的使用不受整车电压的影响，列车编组较为灵活，但车内用电器的互换性较差，维修量大。而集中式供电是指全列车空调装置的用电由地面电站通过接触电网集中供电或由列车中编挂的发电车集中供电。这种供电方式的特点是：具有良好的机动性和适应性，不受机车牵引动力的限制；电压制为 380/220 V，车内设备可直接使用民用设备，便于维护和使用。列车集中供电是铁路客车用电制的发展方向。

从压缩机种类来看，客车空调系统使用的压缩机是全封闭式压缩机，这种压缩机结构紧凑、密封性好、体积小、质量小，电机能被制冷剂很好地冷却。但这种压缩机的缺点是不易拆卸，检修困难。其中的活塞式压缩机，尽管发展较早，技术较为成熟，但由于活塞式压缩机必须设吸、排气阀片，易损件较多，维修量大，而且输气量受活塞体积的限制，且活塞往复运动产生的惯性力和振动比较大。回转式压缩机具有结构简单、体积小、质量小、容积效率高、运行平稳、噪声和振动小、可靠性高等优点，我国的铁路客车空调装置正向这方面发展。

从空调机组安装方式来看，客车空调系统经历了由分装式空调机组向单元式空调机组的过渡。

1. 分装式空调机组

所谓分装式空调机组（见图 1-1-2）就是将制冷压缩机、冷凝器、冷凝风机、储液器集中装在一个箱体中，并悬挂在车体底架下，而将蒸发器、通风机、膨胀阀、空气预热器等安装在车顶内部，用铜管将各设备连接起来，组成一个封闭的循环系统。一般上送风，下回风，从车端墙新风口引入新风。送风道布置在车内顶棚中央，其上均匀地布置送风口。电器控制柜安装在乘务员室内。分装式空调机组多采用开启式压缩机或半封闭式压缩机。这种安装形式的特点是车体重心降低，提高了列车运行的平稳性；但由于体积大，拆装和检修不方便，而且制冷管路长、接头多，容易漏泄，有色金属铜的使用量较大。CRH1 型动车组前期采用分体式空调机组，后期采用车顶单元式空调机组。

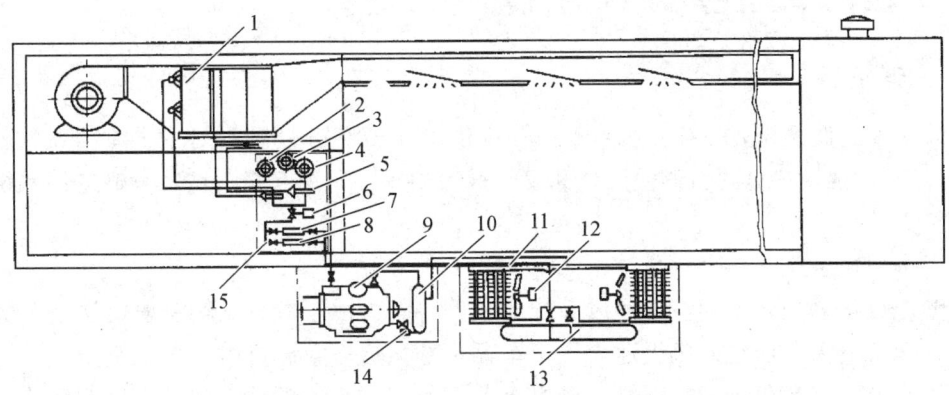

1—蒸发器；2—低压压力表；3—油压表；4—高压压力表；5—热力膨胀阀；6—电磁阀；7—过滤器；8—干燥器；9—压缩机；10—油分离器；11—冷凝器；12—冷凝器风扇；13—储液器；14—回油阀；15—截止阀。

图 1-1-2 分体式车辆空调机组示意图

2. 单元式空调机组

单元式空调机组（见图 1-1-3）是把压缩机冷凝器、节流装置、蒸发器、通风机、冷凝风机以及空气预热器等部件放置在一个箱体内，组成一个完整的单元，吊装在车体顶部或底部。根据车型的不同，每辆车上使用一个或两个单元式空调机组，送风道布置在车顶棚的中央或两侧。车顶单元式空调机组多采用全封闭式压缩机。这种安装形式结构紧凑、制冷量大、管路短不易泄漏，可以节省大量有色金属，检修起来方便，不占用车下空间。所以，我国 1981 年以后生产的空调客车均采用此种形式。目前，单元式空调机组的主要形式是 KLD29 和 KLD40 型，它们的制冷量在设计条件下分别为 29 kW 和 40 kW，基本上能够满足我国空调客车的舒适性要求。但由于单元式空调机组吊装在车顶，致使车体钢结构的整体承载能力下降，提高了车辆的重心，降低了列车运行的平稳性。而采用车底单元式空调机组，虽然车辆重心低，列车运行的平稳性有所提高，但由于机组离地近，受到地面灰尘等的影响，通风滤网等检修更为频繁，通风质量不够好，而且地面的热辐射也增加了空调机组的制冷负荷，同时水流经空调机组时更容易造成设备的腐蚀等。CRH2 型动车组空调系统即为车底单元式。

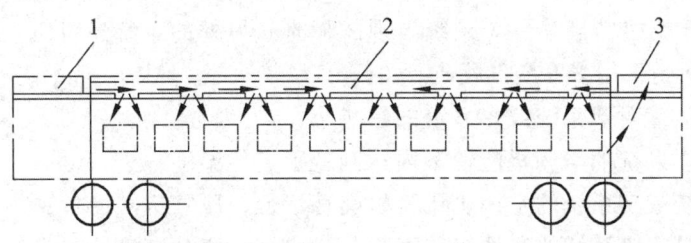

1，3—空调机组；2—通风道。

图 1-1-3 车顶单元式空调机组示意图

三、城轨车辆空调系统的性能评价指标

1. 空调机组

城轨车辆空调系统，一般应达到小型轻量化、耐振性、阻燃性、水密性、可维护性（即免维护性）、耐蚀性、电源协调使用性和安全性等要求。归纳起来，城轨车辆空调系统要具备以下特点：

（1）小型轻量化。

小型轻量化是城轨车辆空调通风系统的显著特点。由于城轨车辆一般比铁路车辆小，高度低，运载量大，而空调机组通常置于车辆顶部，这样空调机组体积、重量受到一定限制。所以小型、轻量化是城轨车辆空调机要考虑的一个现实条件。如采用卧式涡旋式压缩机；换热器采用内螺纹管，增强换热效果，减小换热器体积；采用带亲水膜轻质铝翅片，减小换热器质量；引进高效进口风机等，在保证流量、噪声等要求下减小了体积及质量。北京地铁第一台拥有我国自主知识产权的国产化地铁空调机组充分采用了以上新技术。

（2）可靠性高。

城轨车辆空调通风机组本身要抗振、耐腐蚀外，系统各软、硬件也要保证有很高的可靠性能，以满足在不同工况下的安全运行需要。

首先，车辆空调机的耐振性能要好。车辆在运用过程中会产生较大振动，因此车辆空调系统要具备耐振性能。我国铁路标准 TB/T 1804—2017《铁道车辆空调 空调机组》对车辆空调设备做了抗振要求及试验标准。这个标准对运行条件好于铁路车辆的城轨车辆空调系统来说，应该是完全适用的。

其次，耐腐蚀性好。现在城市的污染程度较大，尤其是沿海城市的盐雾影响，对暴露在大气当中的空调机组的电机、换热器壳体的耐腐蚀要求较高，因此空调机在设计、制造当中要充分考虑到这点。如采用防护等级较高的电机，并在电机外部配合处增加电机防护技术措施，在换热器上采用耐酸、碱、盐雾腐蚀的覆膜铝翅片，并采用不锈钢板材制造空调机组壳体，可有效防止腐蚀发生，延长空调机使用寿命。

此外，根据车辆运行特点，空调机组制冷系统尽量采用多系统，避免使用单系统的空调机组。因为如采用单系统，当制冷系统出现问题时，整个空调机组就不能为车辆提供冷量。而多系统的空调机，当某一个系统出现故障时，另外的系统还可以工作，为车辆提供一定的冷量。以下是采用多系统的优点：

① 制冷系统故障对双系统或多系统的影响小；
② 双系统或多系统的空调机能使车内达到较稳定的温度；
③ 由于双系统或多系统的空调机压缩机交替运行，压缩机寿命长；
④ 由于双系统或多系统的空调机压缩机分步启动，启动电流冲击小。

（3）免维护程度高。

安装于车辆上的空调机组并不能像地面制冷机组那样，可以给检修、维护人员一个易于检视的环境和空间。因此，尽量使用单元式空调制冷系统、全封闭式制冷循环系统，并提高免维护元件的使用率，尽可能不采用分体式空调机组。

（4）低噪声。

城轨车辆在隧道中运行时，各种设备发出的噪声难以扩散，要经过隧道壁面的多次反复衰减，因此对城轨车辆上设备的噪声有着严格的控制要求。车内空调通风机和风道内的空气流动是直接的噪声源，必须通过选用低噪声和多叶片的离心风机和消声风道来解决；而在站台上，空调机组冷凝风机的噪声就显得十分突出，冷凝风机必须选用低噪声、低转速、大流量的轴流风机来尽可能降低噪声。

（5）安全性高。

城轨车辆运行中，对乘客的安全保障是至关重要的。空调系统不仅要提供给乘客一个舒适的乘车环境，也应在紧急情况下，提供必要的保护措施。正常情况下，空调系统工作的交流电源是由列车辅助电源提供的，运行中列车是一个封闭的空间，因此，在整列车交流电源失效的情况下，应能通过空调紧急逆变器将列车蓄电池的直流电源逆变成交流电，维持一定时间的应急通风。保证紧急情况下，乘客在车内停留时所需的氧气量。另外，虽然地铁设计中对隧道内的电线、电缆等材料有相关的防火标准和要求，但设计中也应考虑到，万一隧道内发生火灾，司机应能在司机室关闭列车所有的吸排风口，避免烟雾等对乘客的危害，并便于将列车从火灾区开到安全区域。

2. 空调控制器

空调控制器控制空调系统正常运行，是空调装置的重要组成部分。现代城轨车辆的空调控制器要求自动化程度高、电磁兼容性好、可靠性高。

（1）自动化程度高。

城轨车辆在运行时没有车辆设备巡检员，这就要求空调系统有较高的自动运行能力，能够在出现问题时自动处理，对非故障问题有自我保护及自我恢复能力；同时，对故障能够进行自我诊断和存储，以便在车辆进站或回库后，能够及时进行修复。目前，很多城市的城轨车辆空调系统都采用微处理器控制，对偶发性非故障现象进行自我判断，对实际故障进行诊断记录，可以通过手提式计算机进行手动调试。

（2）可触及性。

由于空调控制器元件动作较频繁，并有较多的空调机组保护元件，其维护量较大。在空调机组检修中，还要观察控制器整体的动作情况，以便判明故障原因。因此空调控制器要尽可能布置在检修人员易于触及、易于观察的地方，否则就会给空调机组的维护、检修带来麻烦。

（3）可靠性高。

目前，车辆空调控制器的关键元件采用的是质量较好的元件，减低了元件的故障率。电路设计经过大量的实际运行验证，可靠性较高。

（4）电磁兼容性好。

车辆的自动化程度越高，车辆设备及信号控制系统的电磁环境越复杂。因此，空调系统的控制装置要充分考虑电磁兼容性，使其能在预期的电磁环境中正常工作，且无性能降低或故障。

3. 通风系统

经空调机组处理后的空气通过通风系统送入车内，并保持车内送风的均匀。通风系统可制约空调机组的性能发挥，是车辆空气调节的重要组成部分。

目前，城轨车辆空调一般设废排口，尤其在车辆乘客多的情况下，通过车门开闭不能完全置换车内空气，有必要设置废排口。这样做的好处是：① 直接将拥挤人群下部散发的热量通过废排口排出，减少上涌热气流与空调系统送风的有效空气的干扰；② 冬季有利于热气流下沉；③ 使乘客感受更多的新鲜空气。

思考与练习

1. 客车空调装置的作用是什么？
2. 客车空调装置由哪几大系统组成？每个系统有哪些主要组成部件？
3. 简述单元式和分体式空调装置的优缺点。
4. 对空调机组的性能要求有哪些？如何实现小型轻量化？

任务二　我国客车空调装置的发展

任务目标

了解我国铁路客车空调装置的发展历史，熟悉城轨车辆空调系统的发展方向。

任务准备

一、我国铁路客车空调装置的发展

早在 20 世纪 30 年代，铁路空调客车开始在一些工业发达国家出现，至 20 世纪 50 年代已经较大范围地采用，20 世纪 60 年代得到迅速发展，与此同时，空调装置的形式和用电方式也在不断更新。

我国铁路从 20 世纪 50 年代开始生产空调客车，但发展速度较慢。1958 年，四方机车车辆厂设计了我国首列铁路空调客车。1966—1968 年，四方机车车辆厂又设计制造了中越联运 18 型空调软卧和硬卧客车。1976 年以后，为了满足旅游事业不断发展的需求，四方机车车辆厂为广九铁路通车生产了"广九"空调客车。1980—1981 年，四方、长春、浦镇车辆厂又分别试制了 25.5 m 干线空调客车。为了探求适应我国铁路客车空调装置的新形式，从 1980 年开始，长春客车厂引进和试制单元式空调机组，并把它确定为我国铁路客车空调装置的主导型，此后生产的铁路客车空调装置均采用了这种形式。随着我国经济的快速发展和市场的迫切需求，我国铁路空调客车发展迅速，1989年我国利用日元贷款生产了168辆25.5 m新型集中供电空调客车（即25A型空调列车），被视为我国铁路空调客车发展史上的一个里程碑。它由原长春客车厂、唐山机车车辆厂、浦镇车辆厂联合设计制造，在生产过程中大量使用新材料、新技术、新工艺和新结构。在运用过程中，采用全列集中供电，并于1990年9月投入运行。继25A型空调客车之后，我国又生产了25G型集中供电空调客车，在保证质量和性能的前提下，主要以降低材料成本为目的。1994年前后，我国又研制了广深准高速铁路25Z型全列空调客车，这是一种高档、舒适、快捷的新型铁路空调客车。随着我国铁路跨越式发展，铁路列车全面大提速，空调客车占全国铁路客车保有量的比例越来越大，从而把我国铁路空调客车的发展推进到一个新的历史时期。

城轨车辆与铁路客车空调系统的比较：

（1）轨道状况：铁路线路复杂，轨道状况不一，车辆振动较大，需要空调系统的抗振性好。城轨线路的轨道状况相对统一、稳定，车辆振动频率范围较小，空调系统较易满足要求。

（2）速度：铁路客车速度高，车辆倾摆较大，需要空调机耐倾摆性好。城轨车辆速度较低，最高速度≤120 km/h，车辆倾摆较小，空调系统较易满足要求。

（3）气候环境：铁路客车运行线路可能贯穿我国南北东西，不同地带的气候环境差异较大，空调系统必须满足不同的气候条件。城轨车辆运营在相对固定的小范围线路上，其空调系统只要针对特定气候环境设计，即可满足要求。

（4）可靠性：铁路客车运行区间较长，进站段检修周期长，因此空调系统应具有较高的可靠性，以减少检修的次数。城轨车辆运行进站段周期较短，可以适当更换车辆，空调系统的可靠性不如铁路客车要求高。

（5）可用空间：铁路客车体积较大，可提供给空调系统较多的安装空间，空调系统易于布置。城轨车辆体积较小，而且客车本身需要携带动力、信号、控制系统等部件，能提供的空间十分有限，空调系统较难排布。

（6）线路环境：铁路客车主要运行于旷野中，只在城市部分区域穿行，所以给城市环境带来的影响相对较小。城轨车辆主要在城市里穿梭，给城市环境带来的影响较大，而且车辆本身使用了较多的电气、电子设备，增大了对周围环境的电磁干扰。

二、变频空调简介

国内城轨车辆上主要有定频型和变频型两种空调系统。定频空调采用定频压缩机，该压缩机单制冷无制热，启动时冲击电流大从而易损伤电源，空调机组的输出制冷能力只能分级调节（一台空调机组包含多个小压缩机），同时客室内温度波动范围大，舒适性较差，冬季时空调机组只有通风功能，客室通过设置客室电加热器和空调机组内辅助电加热器来取暖。而变频空调采用变频压缩机，具有冷暖两用，启动电流小，冷热量随负荷实时调节，客室温度控制精确，冬季时仍可使用空调热泵制热、辅助电加热配合制热，由空调机组自动调配制热，提高了冬季制热节能效果。目前，变频空调已成功在上海轨道交通5号线、沈阳地铁1号线和2号线、长春轻轨等项目上装车运行，并以其稳定运行、舒适性良好等优点获得了各地铁公司用户的认可。

变频空调是一种自动化程度较高的智能空调，除制冷功能、工作原理与传统空调相同外，其控制系统和压缩机与传统空调不同，并增加了变频器。其变频控制机理主要是根据实际环境的温度、湿度、热辐射量及人员情况等因素，通过变频器对电源频率的处理，使供给压缩机的电源频率可以根据需要发生变化，令压缩机的转速也随之变化，控制压缩机排量，使空调系统处于一个合理的运转状态，从而达到既能提供一个舒适的乘车环境，又能节省能源的目的。

变频空调机的主要特点如下：

（1）变频空调机节约能源。

变频空调机高频降温、低频连续运转维持恒温，使得温度波动小。变频空调机的节电正是由于低速连续小功率运转时具有高能效比，且减少了多次开关造成的开关损耗，从而达到节能降耗作用。

（2）变频空调的低温供暖能力。

变频空调机可利用其高速旋转的特点，额外补充一部分电功率，而使供风温度提高，实现供暖，变频空调机可使使用环境温度扩展到-10 ℃。

（3）变频空调机的舒适度。

变频空调机实现了低频运转维持温度，相比普通空调机的开关维持温度，其温度波动大大减少，同时又利用了变频空调机的高速运转提升能力，实现迅速降温升温，提高了舒适度。

（4）变频空调机可实现更宽的工作电压。

变频空调机实现了低频启动，启动电流很小，电源电压波动小。变频空调机可实现更宽的工作电压，自动修正加到压缩机上的电压，使压缩机的工作更稳定，效率更高。

三、城轨车辆空调的发展方向

根据变频空调的特点，未来城轨车辆空调的发展目标如下：

（1）小型轻量化：采用热泵型冷暖两用车用空调，弥补目前定速车用空调不能供热的不足，提高空调机的利用率，取消电暖气；采用先进的集成技术，使产品体积更小、质量小。

（2）机电一体化：变频控制器与变频空调机实现了一体化组装，使城轨车辆设备布置简单，安装简易、安全。

（3）节能：空调机的节能分为三类，第一类是节能元件的选用，例如采用高效压缩机，采用高效的直流风机电机，直流风机电机效率提高了近 1 倍；第二类是提高换热效率，例如采用亲水膜的铝箔，由于水不易形成水珠堵塞风道而提高效率，采用带内螺纹铜管提高效率等；第三类是运行节能控制，即变频节能。实践证明，变频空调机可实现运行节能30%以上。

（4）配电简单：与外部的电气连接只是两个航空插头，节约了布线成本和车辆空间。

（5）舒适度：动态恒温空调系统，做到冷暖无级调节。

思考与练习

1. 城轨车辆与铁路客车空调系统有何区别？
2. 变频空调如何实现节能？
3. 简述我国城轨车辆空调的发展方向。

项目二　空气调节基础知识

📜【项目描述】

热力学基本定律是描述物理学中热学规律的定律。描述空气状态的参数分为四大类，即压力类参数（绝对压力、大气压力、水蒸气分压力、干空气分压力）、温度类参数（干球温度、湿球温度、露点温度）、湿度类参数（含湿量、相对湿度）和能量类参数（焓）。

焓湿图不仅可以确定空气状态、查找空气参数，还可以表示空气状态变化过程、确定两种不同状态空气混合后的状态点。

制冷的过程就是采用一定的方法使物体或空间的温度低于周围环境介质的温度，并且能够维持在某一范围内。对于一般车辆空调装置来说，从其使用过程中的安全性、有效性、经济性以及方便维修等角度来考虑，一般采用蒸气压缩式制冷方式。

制冷系统里必须要充注一定量的专用的工作介质才能正常工作，这种工作介质就是制冷剂；润滑油保证压缩机正常运转，对运动部件起润滑与冷却作用，在保证压缩机运行的可靠性和使用寿命中起着极其重要的作用。

📜【学习目标】

目标类型	目标要求
知识目标	（1）掌握热力学基本定律、湿空气的基本概念、物理参数以及焓湿图的应用； （2）掌握蒸气压缩式制冷原理与循环过程； （3）掌握制冷剂以及润滑油的特点和选用原则等
能力目标	（1）能绘制焓湿图； （2）能在焓湿图上查找状态点参数； （3）能说出蒸气压缩过程中各制冷剂的状态
情感目标	（1）能进行团队协作； （2）积极参与学习过程，遵守秩序，服从安排

📜【建议学时】

8学时。

任务一 热力学基本定律和湿空气

任务目标

（1）了解热力学第一定律和热力学第二定律的含义；
（2）掌握湿空气的基本状态参数，以及压力、温度、湿度和焓等基本概念。

任务准备

热力学定律是描述物理学中热学规律的定律。由大量微观粒子组成的宏观物质系统称为系统。一个系统在不受外界影响的条件下，如果它的宏观性质不再随时间变化，则称这个系统处于热力学平衡态。其中热平衡定律（热力学第零定律）反映了物体 A 和物体 B 各自与处在同一状态的物体 C 达到热平衡，若令 A 和 B 进行热接触，它们也将处在热平衡。

一、热力学第一定律（the first law of thermodynamics）

自然界一切物体都具有能量，能量有各种不同形式，它能从一种形式转化为另一种形式，从一个物体传递给另一个物体，在转化和传递中能量的数量保持不变，该定律就称为热力学第一定律，也称为能量转换与守恒定律。一般表达式为

$$\Delta U = W + Q \tag{2-1-1}$$

式中，ΔU 表示内能。Q 表示热量，其符号为正号表示系统从外界吸收能量，为负号则表示系统向外界释放能量；W 表示功，其符号为正号时表示外界对系统做功，为负号则表示系统对外界做功。

二、热力学第二定律（the second law of thermodynamics）

能量守恒定律反映了自然界中发生的一切过程中能量都是守恒的。但是，并不是所有符合能量守恒定律的宏观过程都能真的发生。例如：一滴墨水滴进一杯清水中，不久整杯水都均匀地变黑了。那会不会出现这样的逆过程：这杯均匀黑水中的小炭粒又自发地聚集在一起，成为一滴墨水，其余部分又变成清水。把刚煮好的鸡蛋放在冷水中，过一会儿鸡蛋的温度降低，水的温度升高，最后水和鸡蛋的温度相同。是否可能会发生这样的现象：原来温度相同的水和鸡蛋，过一会儿水的温度自发地降低而鸡蛋温度上升，生鸡蛋变成熟鸡蛋。

无数事实告诉我们，凡是实际的过程，只要涉及热现象，如物体间的传热、气体的膨胀、扩散、有摩擦的机械运动等都有特定的方向性。这些过程可以自发地朝某个方向前进，例如热由高温物体传向低温物体，而相反的过程，即使不违背能量守恒定律，我们也未见

到它们会自发地进行。这就是说，一切与热现象有关的宏观自然过程都是不可逆的。

在物理学中，反映宏观自然过程的方向性的定律就是热力学第二定律。

热力学第一定律是和热现象有关的物理过程中能量守恒的特殊表达形式，说明功及热量与内能改变的定量关系，热力学第一定律只有一种表述形式。而第二定律指出了能量转化与守恒能否实现的条件和过程进行的方向，指出了一切变化过程的自然发展方向不可逆，除非靠外界影响。热力学第二定律有多种表述形式，每一种表述，都揭示了大量分子参与宏观过程的方向性，使人们认识到自然界中进行的涉及热现象的宏观过程都具有方向性，都是不可逆的。所以二者相互独立，又相互补充。

三、湿空气

湿空气是指含有水蒸气的空气，它是干空气和水蒸气的混合物。自然界中绝对干的空气是不存在的，大气中永远包含一定量的水蒸气。存在于大气中的水蒸气，由于其分压力通常很小，并大都处于过热状态，比热容很大，因此湿空气可按理想气体处理。而干空气是指完全不含有水蒸气的空气。在热力学中，常温常压下（空调属于此范畴）的干空气可认为是理想气体。湿空气是空气调节的对象，其基本状态参数是表征湿空气性质的物理量，主要包括：

1. 压　力

地球表面单位面积上所受大气的压力称为大气压力或大气压，通常用 P_b 表示，单位为帕（Pa）或千帕（kPa）。大气压力不是一个定值，它与海拔高度成反比，还随季节、气候以及空气中水蒸气含量的变化而变化。由于大气压力不同，空气的物理性质也会不同，反映空气物理性质的状态参数也会有差别，所以在空调的设计和运行中，如果不考虑当地大气压力的情况，就会造成一定的误差。当地大气压力的值可以用"大气压力计"测得。

绝对压力是空气的实际压力。在工程实际中，采用弹簧压力表等仪表测得的空气压力值称为工作压力（或表压力、真空度），它是以当地大气压作为参考点，是空气的"相对压力"，即相对于当地大气压力的"压力"，因此工作压力不是空气的绝对压力。只有绝对压力才是湿空气的状态参数，工作压力与绝对压力之间的关系为

绝对压力=当地大气压力+工作压力

在空调技术范畴视空气为干空气与水蒸气的混合气体，因此根据道尔顿分压定律：混合气体的总压力等于各组成气体的分压力之和，于是有

$$p_b = p_g + p_s \qquad (2\text{-}1\text{-}2)$$

式中，P_g 表示干空气分压力；P_s 表示水蒸气分压力。水蒸气分压力的大小，反映了湿空气中水蒸气含量的多少。水蒸气含量越多，其分压力也越大。

在一定温度条件下，一定量的空气中能够容纳水蒸气的数量是有限度的。湿空气的温度越高，它允许的最大水蒸气含量也越大。当空气中水蒸气的含量超过最大允许值时，这个最大值就是该温度下的饱和水蒸气分压力。多余的水蒸气会以水珠形式析出，这就是结露现象，此时水蒸气达到饱和状态，所对应的湿空气称为饱和湿空气。若湿空气中水蒸气

的分压力低于其相同温度下饱和空气的水蒸气压力,这时的水蒸气就处于过热状态,这种湿空气就是干空气和过热水蒸气的混合物,称为未饱和空气。由此可知,未饱和空气中,水蒸气含量没有达到最大允许值,它还具有吸收水蒸气的能力,我们周围的大气通常都是未饱和空气。

2. 温 度

湿空气的温度是表示空气冷热程度的标尺。它是分子动能的宏观结果。湿空气温度的高低对人体的舒适感和某些生产过程的影响较大,因此温度是衡量空气环境对人和生产是否合适的一个非常重要的参数。温度的高低用"温标"来衡量,目前国际上常用的温标有摄氏温标、热力学温标以及华氏温标。

摄氏温标,又称为国际温标,表示符号为 t,单位为°C。在一个标准大气压下,把纯水的冰点温度定为 0 °C,沸点温度定为 100 °C,其间分成 100 份,每一等份就叫 1 °C。

热力学温标,又称为开尔文温标或绝对温标,表示符号为 T,单位为 K。其中热力学温标是在一个标准大气压下定义纯水的冰点温度为 273.16 K,沸点温度为 373.16 K,其间分为 100 等份,每等份称为热力学温度 1 度(1 K)。

华氏温标,符号为 F,单位是°F。把纯水的冰点温度定为 32 °F,把标准大气压下水的沸点温度定为 212 °F,中间分为 180 等份,每一等份代表 1 °F,这就是华氏温标。

三种温标的换算关系为

$$T=273.15+t\approx273+t \quad (K) \tag{2-1-3}$$

$$t=5/9(F-32) \quad (°C) \tag{2-1-4}$$

式中,T 为热力学温标;t 为摄氏温标;F 为华氏温标。

温度是空气调节中的一个重要参数。当空气受热后,其内部分子动能增大,空气就表现为温度升高。由于湿空气是干空气和水蒸气的混合物,所以湿空气的温度就是干空气的温度,同时也是水蒸气的温度。

3. 湿 度

湿度是表示空气中所含水蒸气量多少的物理量。在一定的温度下,一定体积内的空气里含有的水汽越少,则空气越干燥,水汽越多则空气越潮湿。一般常用绝对湿度、相对湿度、含湿量等物理量来表示。

(1)绝对湿度。

每立方米湿空气中所含水蒸气的质量,称为空气的绝对湿度,用 ρ_v 表示。

由于湿空气中的干空气与水蒸气是均匀混合的,而且占有相同的体积,所以绝对湿度在数值上就等于水蒸气在其分压力和温度 t 下的密度。绝对湿度仅表示在某一温度下湿空气中所含水蒸气的质量,并不能直接反映湿空气的干湿程度。因此,同一绝对湿度的空气在不同的温度下其吸收水分的能力也是不同的,在空气调节中一般采用含湿量和相对湿度来表示湿空气的湿度。

（2）含湿量。

含湿量可以确切地表示空气中实际含有的水蒸气量的多少。空调中常用含湿量的变化来表示空气被加湿或减湿的程度。由于空气温度的变化，导致气体体积会发生变化，并且湿空气的水分会蒸发或水蒸气会凝结，因此为了方便表示水蒸气的含量，以 1 kg 干空气所含有的水蒸气质量（g）作为湿空气的含湿量，用符号 d 来表示，单位为 kg/kg（干空气）或 g/kg（干空气），即

$$d = \frac{m_v}{m_a} \tag{2-1-5}$$

式中，m_v 和 m_a 分别为空气中所含水蒸气和干空气的质量。需要注意的是，这里是以 1 kg 干空气作为标准，而不是 1 kg 的湿空气，湿空气的质量为（1+d/1 000）kg。

含湿量可以准确地反映出每千克干空气中含水蒸气量的绝对值。但是含湿量相同的空气，在不同温度时状态不一样，如 15 °C 时是饱和空气，在 30 °C 时却只能算是未饱和空气。含湿量这个参数只能反映空气中水蒸气量含量的多少，不能直观地反映空气是否饱和，即是否还能容纳水蒸气。

（3）相对湿度。

湿空气中的水蒸气压力与同温度下饱和湿空气的水蒸气压力之比称为相对湿度，用 φ 来表示。

$$\varphi = \frac{p_s}{p_{sb}} \times 100\% \tag{2-1-6}$$

式中，P_S 表示空气中的水蒸气分压力；P_{sb} 表示相同温度下饱和水蒸气分压力，单位为 Pa。相对湿度表示的是空气中实际含有的水汽量接近饱和状态的程度，也就是反映出了空气吸收水蒸气的能力（又称为吸湿能力）和空气的潮湿程度。φ 值小，说明空气干燥，远离饱和状态，吸收水蒸气的能力强；φ 值大，则说明空气潮湿，接近饱和状态，吸收水蒸气的能力弱。干空气的 φ=0，空气达到饱和状态时 φ=100%。当空气达到饱和后就再也不能吸收水蒸气了，此时，湿球温度计的读数与干球温度计的读数相等。空气达到饱和后，如果温度下降，就会有水蒸气凝结出来，因此根据露点温度的定义，饱和空气的干球温度就是其露点温度。当空气饱和时，其相对湿度为 100%，并且干球温度、湿球温度、露点温度完全相等。

相对湿度是影响生产工艺正常进行和工业产品质量以及人体舒适感的主要参数，因此是空调自控设计中主要测控参数之一。

（4）露点。

任一状态的未饱和空气，在保持所含水蒸气量不变的条件下，使其温度逐渐降低，当温度低于某一个临界温度时，空气中的水蒸气便开始凝结出来，这个临界温度就称为这个状态空气的露点温度。露点温度通常用 t_L 表示，单位为 °C。

若将某表面温度降低到周围空气的露点温度以下，周围空气与该表面接触时，就将从未饱和空气变为饱和空气，进而又达到过饱和状态，于是空气中的一部分水蒸气将会在冷表面上凝结成水珠，这就是所谓的结露现象。

在空气调节中，常利用冷却方式使空气温度降到露点温度以下，再进一步冷却，使水蒸气凝结，从而达到干燥空气的目的。空气的含湿量越大，它的露点温度就越高，物体表

面也就容易结露。

4. 干、湿球温度

干球温度就是通常口语中所说的温度，用 t 或 t_g 表示，单位为 °C。在空调技术中，为了区别于湿球温度，才特别称之为干球温度。干球温度代表了空气的冷热程度。

图 2-2-1 所示为两支普通水银玻璃棒温度计，右边一支温度计的感温包上裹有一小块纱布，纱布的下端浸在盛有常温蒸馏水的容器中。由于毛细现象使得纱布处于湿润状态，感温包上裹有纱布的温度计就变成了"湿球温度计"。湿球温度计显示的温度值就是湿球温度，用 t_s 表示，单位为 °C。

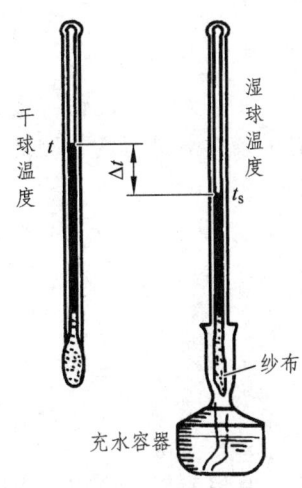

图 2-1-1　干湿球温度计

由于水向空气中蒸发的速度与空气的潮湿程度有关，同样的干球温度条件下，空气越干燥，水的蒸发速度就越快，需要的汽化潜热就越多，湿纱布上的水温也相应越低，以便从空气中得到更多的显热，因此达到动态平衡时湿球温度与干球温度的温差就越大。

干湿球温度差的大小可以反映空气的潮湿程度。由于湿球温度实际上是湿球感温包纱布上水与空气之间，蒸发散热与温差得热这两个相反的传热过程达到动态平衡时的温度，而空气的流动速度对上述两个热交换过程有极大的影响。实验证明，当流经湿球温度计感温包纱布的空气流速较小时，由于热湿交换不够充分，测得的湿球温度误差较大；而在空气流速 ≥ 2.5 m/s 时，流速对湿球温度的读数影响较小。因此使用湿球温度计测量湿球温度时，要注意：

（1）使湿球温度计感温包附近的空气流速在 2.5 m/s 以上，必要时使用通风干湿球温度计。

（2）达到热湿交换的平衡需要一定时间，所以读数时要使湿球温度计在测量地点放置 1~2 min，等到读数稳定后，再读取其数值。

5. 热　量

热量是能量变化的一种量度，表示物体在吸热或放热过程中所转移的热能。热量有显热和潜热两种形式。

显热是指物质在只改变温度而不改变其状态的过程中所转移的热量，如水的温度从

20 ℃升至 80 ℃，这时水吸收的热量为显热。

潜热是指物质在只改变状态（如熔解、液化等）而不改变温度的过程中所转移的热量。如将 100 ℃ 的水变为 100 ℃ 的水蒸气时，需要吸收的热量。物质的潜热远大于显热。

6. 焓

在空调工程中，经常要对空气进行加热或冷却，因此需要确定空气吸收或放出多少热量，即湿空气的状态会经常发生变化，需要确定此状态变化过程中的热交换量。湿空气的焓是以 1 kg 干空气作为计算基础。含有 1 kg 干空气的湿空气即（1+d/1 000）kg 湿空气的焓 h，是 1 kg 干空气的焓 h_a 和 d（g）水蒸气的焓 h_q 的总和，即

$$h = h_a + 0.001d \times h_q \qquad (2\text{-}1\text{-}7)$$

从热工学的角度分析我们知道，在压力不变的情况下，焓差值等于热交换量。而空调工程中对空气加热或冷却都是在定压条件下进行的，因此空气定压过程中热量的变化量等于空气状态变化前后的焓差值，即

$$q = h_2 - h_1 \qquad (2\text{-}1\text{-}8)$$

知识拓展

1. 温度检测原理

温度检测的原理有：应用热膨胀原理测温、应用压力随温度变化的原理测温、应用热阻效应测温、应用热电效应测温、应用热辐射原理测温。

2. 测量温度的仪表

1）膨胀式温度计

（1）玻璃管液体温度计。

玻璃管液体温度计（见图 2-1-2）是利用玻璃管内的工作液体（如酒精、水银等）热胀冷缩的性质来测量温度的。其中，水银温度计的测量范围为-30 ~ +300 ℃，酒精玻璃管温度计的测量范围在-100 ~ +75 ℃。其标尺上的刻度是根据使用环境的环境要求而制定的使用范围。水银温度计与玻璃无黏附现象，温度变化时水银膨胀系数变化较小，温度计的标尺在 200 ℃ 以下时几乎呈线性比例，因此工业上常用的是水银温度计。在客车与城轨车辆空调装置的测量中，常用-30 ~ +20 ℃，0 ~ +50 ℃，0 ~ +100 ℃，+50 ~ +100 ℃ 等几种量程，分度值为 0.1 ℃ 或 0.2 ℃ 的水银温度计。

使用方法如下：

① 应选择合适测量范围的温度计，严禁超量程使用。

② 测液体温度时，温度计的液泡应完全浸入液体中，但不能与容器内壁相接触。

③ 在读数时，视线应与液柱凸液面的最高点（水银）或凹液面的最低点（酒精温度计）水平相切。

④ 用完后均应擦拭干净，装在纸套内，远离热源存放。

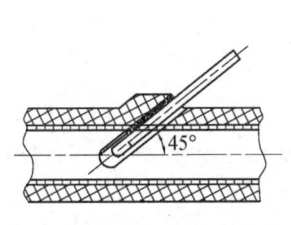 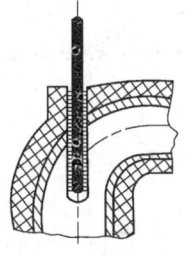

（a）倾斜于水平管路轴线　　　（b）沿着管路轴线

图 2-1-2　玻璃管液体温度计

（2）双金属温度计。

双金属温度计是利用两种不同金属在温度改变时膨胀程度不同的原理工作的，如图 2-1-3 所示，双金属片的一端固定，另一端自由。当温度升高时，双金属片将向膨胀系数小的一端弯曲，温升越高，弯曲越大。偏转角 α 反映了被测温度的数值。

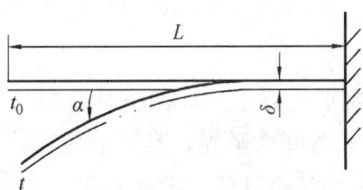

图 2-1-3　双金属温度计原理图

工业用双金属温度计主要的元件是一个用两种或多种金属片叠压在一起组成的多层金属片，为提高测温灵敏度，通常将金属片制成螺旋卷形状。当多层金属片的温度改变时，各层金属膨胀或收缩量不等，使得螺旋卷卷起或松开。由于螺旋卷的一端固定，另一自由端连接在装有指针的细轴上。当温度发生变化时，感温元件的自由端随即转动，从而细轴带动指针产生角位移，在标度盘上指示出温度的变化。

双金属温度计适用于中低温现场检测，可测量 -80 ~ +500 ℃ 范围内的温度，并进行现场指示。可直接测量液体、气体和蒸汽的温度，具有防水、防腐蚀、耐振性能好以及无汞害、易读数、坚固耐用等优点，可用在机械强度要求更高的条件下。但其精度低，量程和使用范围有限。

双金属温度计按用途分为电接点型、防水型、防腐型、隔爆型、热套式、带热电阻（偶）型等。

电接点双金属温度计则在结构上增添了电接触组、调节装置和出线盒等部件。在温度变化时，当与预先设定的控温定触点（上限与下限）相接触或断开的瞬间，使控制线路中的继电器或接触器动作，从而实现自动控温或报警的功能。

（3）压力温度计。

压力式温度计是利用密封系统中测温物质的压力温度变化来测量温度。按其所充测温物质的相态，分充气式、充液式和蒸气式三种，结构基本相同。按它的功能可分为指示式、记录式、报警式（带接触点）和温度调节式等类型。它们结构基本相同。

指示式温度计是由温包（感温元件）连接毛细管通到感压元件（包端管、波纹管等）构成。

压力温度计的典型结构示意图如图 2-1-4 所示。

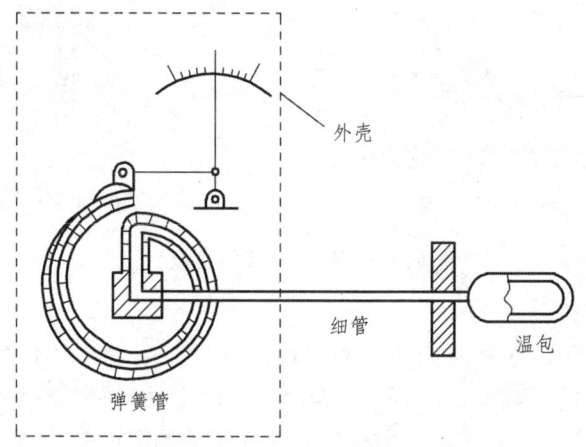

图 2-1-4　压力温度计示意图

① 充液压力表式温度计。

充液压力表式温度计充液要求比热小、导热率高、黏性小。水银是常用的充液，测温上限可达 650 ℃，它比玻璃管式温度计坚固，且可远传读数，由于水银对许多金属有腐蚀作用，故毛细管和弹簧管要采用不锈钢制造。测量 150 ℃ 和 400 ℃ 以下的温度可分别采用甲醇和甲苯、甘油等作为工作液。此种温度计测量下限不能低于工作液的凝固点。由于是密封式，其沸点较常压时高，测温上限可高于其沸点。

② 气体压力表式温度计。

气体压力表式温度计是在温包及压力指示计中充满气体。通常温包中常充氮气，它能测量的最高温可达 550 ℃，在低温测量时，常用充氢气的气体表温度计，最低温度可达 −120 ℃。

③ 蒸气压力表式温度计。

蒸气压力表式温度计是根据低沸点液体的饱和蒸气压只和气液面温度有关这一原理而制成，金属温包的一部分容积内盛放低沸点液体，其余空间，包括毛细管、弹簧管内是这种液体的饱和蒸气。

蒸气压力表式温度计价格便宜，也不会因裸露在空气中的毛细管温度变化而产生误差。测温压力式温度计中，蒸气式的时间常数最小，仅 30 s，而气体充填式为 80 s。

毛细管作为温包与弹簧管压力计之间连接和传递压力的导管，一般材料与温包相同，通常由铜或不锈钢冷拉而成的无缝钢材制成，其内径一般只有 0.15 ~ 0.5 mm，长度可达 20 ~ 60 m。故极易损坏，可用金属软管或铜、镀锌钢丝编织蛇皮带保护，在 60 m 以内远距离显示、测量、记录、报警及调节温度。

压力式温度计结构简单，价格便宜，刻度清晰，适宜用于固定工业设备内的气体、蒸汽或液体最大介质压力为 6 MPa 以下的 −80 ℃ ~ +500 ℃ 范围的温度测量。由于可远传，且不需电源，使用中不会产生火花，故具有防爆性，适用于易爆、易燃环境下的温度测量。由于示值是由毛细管传递，故滞后时间较长（30 ~ 60 s），毛细管机械强度较差，易损坏，且损坏后不易修复。

2）热电偶温度计

（1）热电偶测温基本原理。

将两种不同材料的导体或半导体 A 和 B 焊接起来，构成一个闭合回路。当导体 A 和 B 的两个连接点 1 和 2 之间存在温差时（$T>T_0$），两者之间便产生电动势，因而在回路中形成电流，这种现象称为热电效应。热电偶就是利用热电效应来工作的。

接触电势的大小与温度高低及导电体中的电子密度有关。

（2）热电偶的结构。

为了保证热电偶可靠、稳定地工作，对它的结构要求如下：

① 组成热电偶的两个热电极的焊接必须牢固。

② 两个热电极彼此之间应很好地绝缘，以防短路。

③ 补偿导线与热电偶自由端的连接要方便可靠。

④ 保护套管应能保证热电极与有害介质充分隔离。

热电偶由热电极、绝缘套管、保护套管和接线盒四部分组成，其结构如图 2-1-5 所示。铠装热电偶的套管材料为铜、不锈钢或镍基高温合金等。在热电偶与套管之间填满氧化粉末绝缘材料，套管中的热电极有单丝的、双丝的和四丝的，互不接触。

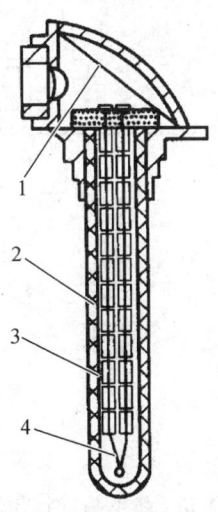

1—接线盒；2—绝缘套管；3—保护套管；4—热电极。

图 2-1-5 工业热电偶结构图

目前生产的铠装热电偶，其外径为 12~25 mm，长度可达 100 m 以上。

① 热电极。热电偶的热电极直径由材料的机械强度、电导率、价格及热电偶的用途和测量范围等决定。用贵金属时直径很细，为 0.35~0.65 mm，用廉价金属时，其直径为 1~2 mm。热电偶的长度可根据实际需要来决定，普通插入式热电偶的长度为 300~2 150 mm。

② 绝缘套管。在热电偶的两根电极上套有绝缘套管，其作用是防止两根电极之间和电极与保护套管之间发生短路。

常用绝缘套管的材料采用橡皮、塑料等，最常用的绝缘材料是瓷管和高温瓷管，其结构有单孔、双孔、四孔，孔的大小根据热电极的直径而定。

③保护套管。热电偶的热电极（包括绝缘导管）装在保护套管中。使热电极避免遭受有害气体的腐蚀，玷污及机械损伤，防止或减小火焰与气流的冲刷和辐射，保护热电极。

对保护套管材料的要求是耐腐蚀，不渗透气体，不与氧化性和还原性气体发生化学反应，耐酸碱腐蚀，热惯性小，能承受温度剧变，价格低。

常用的保护套管材料有：铜、20号碳钢、镍铬合金。

④接线盒。

3）热电阻温度计

（1）热电阻测温原理。

大多数金属热电阻随其温度升高而增加，当温度升高 1 ℃时，其阻值增加 0.4%～0.6%，称其具有正的电阻温度系数。大多数半导体热敏电阻的阻值随温度升高而减小，当温度升高 1 ℃时，其阻值减小 3%～6%，称其具有负的电阻温度系数。

图 2-1-6 所示为金属热电阻的作用原理，感温元件 1 是以直径为 0.03～0.07 mm 的纯铂丝 2 绕在有锯齿的云母骨架 3 上，再用两根直径为 0.5～1.4 mm 的银导线作为引出线 4 引出，与显示仪表 5 连接。当感温元件上铂丝的温度变化时，感温元件的电阻值随温度而变化，并呈一定的函数关系。将变化的电阻值作为信号输入具有平衡或不平衡电桥回路的显示仪表以及调节器和其他仪表等，即能测量或调节被测量介质的温度。图 2-1-7 所示为 NTC 热敏电阻。

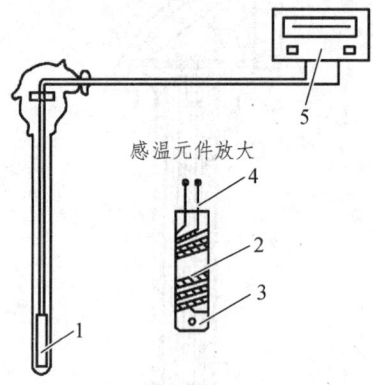

1—感温元件；2—铂丝；3—骨架；4—引出线；5—显示仪表

图 2-1-6　热电阻的作用原理

图 2-1-7　NTC（负温度系数）热敏电阻

（2）工业常用热电阻。

①铂电阻。铂电阻由纯铂丝绕制而成，其使用温度范围为 -200～+850 ℃。铂电阻具有

精度高、性能可靠、抗氧化性好、物理和化学性能稳定的特点。其缺点是电阻温度系数小，电阻与温度呈非线性，高温下不宜在还原性介质中使用，而且价格较高。

② 铜电阻。铜电阻与温度基本呈线性关系；在测温范围-50～+150 ℃内，具有很好的稳定性。其缺点是温度超过150 ℃时易被氧化，氧化后失去良好的线性特性。另外，铜电阻体积较大，强度较低，多用于温度不高，测温元件体积无特殊限制的场合。铜热电阻按WZC标准，代号有Cu50和Cu100两种。

③ 镍热电阻。镍热电阻性能类似铂电阻，电阻温度系数较铂电阻大，约为铂电阻的1.5倍。

④ 半导体热敏电阻。半导体热敏电阻通常用铁、镍、锰、钴、钼、钛、镁、铜等复合氧化物高温烧结而成。

与金属热电阻相比，半导体热敏电阻的优点主要有：较大的负电阻温度系数，灵敏度比较高；半导体材料的电阻率远比金属材料大得多，它的体积可做得非常小，同时热惯性就小并适合用于测量点温度与动态温度；电阻值很大，故连接导线的电阻变化的影响可以忽略；结构简单。

半导体热敏电阻的缺点是同种半导体热敏电阻的电阻温度特性分散性大，非线性严重，元件性能不稳定，因此互换性差，精度较低。

（3）热电阻的连接方法。

① 三线制。三线制就是在热电阻的一端与一根导线相连，另一端与两根导线相连，如图2-1-8所示。当与电桥配合使用时，与热电阻R_t相连的3根导线，粗细、长短相同，可以得到下列关系：

$$R_2(R_t+r)=R_1(R_3+r)$$

由此可得

$$R_t=\frac{R_1(R_3+r)}{R_2}-r=\frac{R_1R_3}{R_2}+\frac{R_1r}{R_2}-r$$

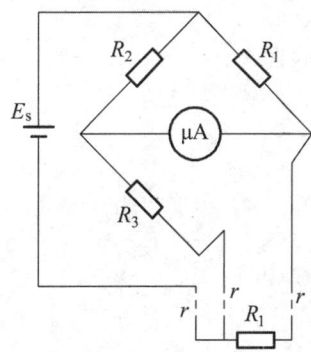

图2-1-8 热电阻的三线制接法

② 四线制。四线制就是在热电阻的两端各采用两根导线与仪表相连接，一般是用于要求电压或电势输入的仪表。如果与直流电位差计配用，其连线方式如图2-1-9所示。由恒流源供给的已知电流I流过热电阻R_t，使其产生电压降U，电位差计测得U，便可得到R_t：

$$R_t=U/I$$

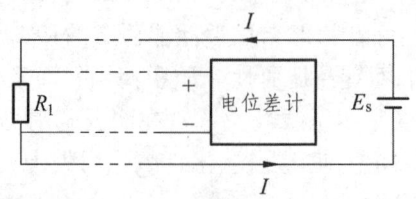

图 2-1-9 热电阻的四线制接法

尽管导线存在电阻 r，但仍有电流流过导线。电压降不在测量范围之内，连接电位差计的导线虽然存在电阻，但没有电流流过（电位差计测量时不取电流），所以 4 根导线的电阻对测量均无影响。

由于感温元件占有一定的空间，所以不能像热电偶那样，用它来测量"点"的温度，当要求测量任何空间内或表面部分的平均温度时，热电阻用起来非常方便。

热电阻温度计的缺点是不能测定高温，因流过电流大时，会发生自热现象而影响准确度。

1. 空气的主要状态参数有哪些？
2. 名词解释：绝对压力、相对压力、饱和空气、相对湿度、含湿量、露点温度。
3. 简述相对湿度和含湿量的区别。

任务二　焓湿图

📖 任务目标

（1）掌握焓湿图的作用及表示含义；
（2）了解焓湿图的绘制过程。

📖 任务准备

一、湿空气的焓湿图

空气的主要状态参数包含压力、温度、湿度、含湿量以及焓等，在实际工作中，为避免烦琐的公式计算，很少直接使用公式来计算空气状态参数，公式所代表的空气各个参数的内在关系，通常是以二维线算图（简称线算图）的形式来表示，它既能联系空气的主要状态参数，又能表达空气状态的各种变化过程，将计算工作转化为查图工作，以方便工程应用。

线算图有多种形式，我国普遍采用的是以焓为纵坐标、含湿量为横坐标的焓湿图，也叫 h-d 图。焓湿图最基本的应用是查找参数。此外,焓湿图还可以用于判断空气的状态参数、表示空气的状态变化和处理过程等。

一般平面图形只能有两个独立的坐标。而湿空气的状态还取决于温度、压力以及含湿量,因此还应该有 3 个独立的坐标。通常在空气调节中,空气的变化过程可以认为是在一定大气压力下进行的,这样就可以选定大气压力 p_B 为已知,就可以对温度 t 和含湿量 d 进行图形绘制了。由于焓 h 与温度有关,为了方便使用,通常用焓 h 代替温度。因此在绘制湿空气的焓湿图时,选择以焓 h 为纵坐标,以含湿量 d 为横坐标建立坐标系。为使图面展开,线条清晰,两坐标轴之间的夹角由一般常用的 90°扩展为大于或等于 135°。同时为避免图面过长,常取以水平线画在图的上方代替实际的 d 轴。湿空气的焓湿图如图 2-2-1 所示。

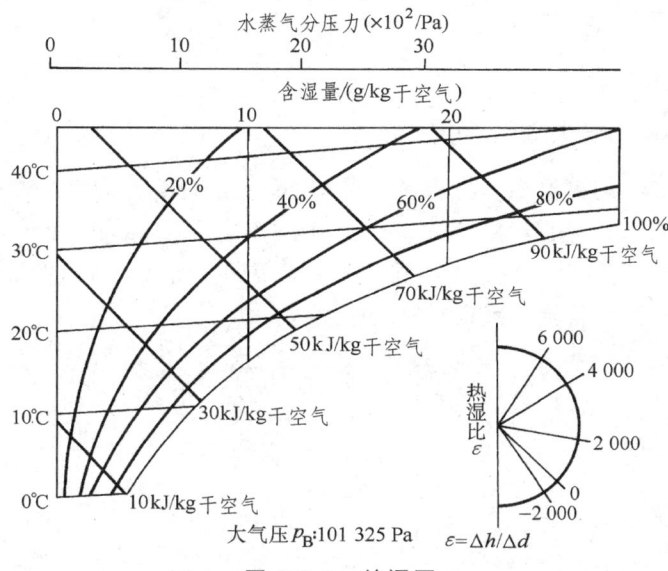

图 2-2-1　焓湿图

焓湿图看上去比较复杂,实际上只有 5 种线条:
(1) 45°的等焓线;
(2) 垂直的等含湿量线;
(3) 近似水平的等温线;
(4) 弧形的等相对湿度线;
(5) 与等焓线几乎是平行的等湿球温度线。

二、焓湿图的绘制

1. 等焓线和等含湿量线(见图 2-2-2)

确定好比例尺之后,作出纵坐标轴和 45°的斜横坐标轴,两轴间的夹角为 135°,按一定间隔画出相应的垂直等含湿量线和 45°倾斜的等焓线。

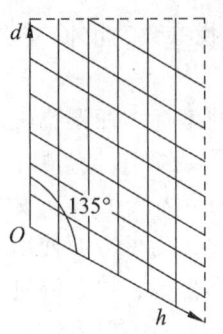

图 2-2-2 等焓线与等含湿量线绘制

2. 等温线（见图 2-2-3）

等温线的绘制根据公式

$$h=1.01t+(2.5+0.00184t)d \tag{2-2-1}$$

例如绘制 $t=10\ ℃$ 的等温线，公式则变成 $h=10.1+2.5184d$，为直线方程，h、d 相对应。即 10 ℃ 等温线是一条以 10.1 为截距，2.518 4 为斜率的直线。由于 0.001 84 项很小，所以基本上可以把等温线看作是截距不同、斜率相等的平行线。若温度常数为 -5 ℃、0 ℃、10 ℃、15 ℃…时，则可得到一系列对应的等温线。

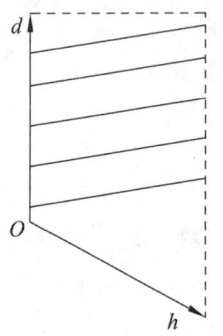

图 2-2-3 等温线绘制

3. 等相对湿度线（见图 2-2-4）

等相对湿度线的绘制要借助等 t 线和等 d 线来确定。在一定的大气压力 P_B 下，绘制 100% 的等相对湿度线，首先选择一个温度，例如 10 ℃，查表得到该温度下的饱和水蒸气分压力 P_S，根据公式计算含湿量 d

$$d=622\frac{\varphi p_s}{p_B-\varphi p_s} \tag{2-2-2}$$

这样，由选择的 t 和计算得的 d 就确定了一点，当给定不同温度 t 时，可求得对应的 d 值，根据 t、d 值就可以在 h-d 图中找出若干点，最后把所有点连接起来就绘制出 100% 的等相对湿度线了，对应点取得越多，所绘制曲线就越准确。

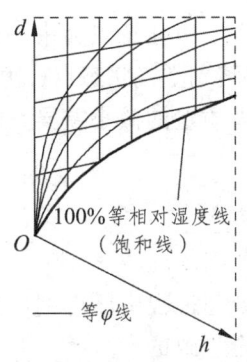

图 2-2-4　等相对湿度线绘制

$\varphi=0\%$ 的等 φ 线即是纵轴线，$\varphi=100\%$ 的是饱和湿度线。以 $\varphi=100\%$ 的等 φ 线为界，见图 2-2-4，曲线以下为过饱和区，这种过饱和状态是不稳定的，一般会有凝结现象，故又称为"有雾区"；曲线以上部分为未饱和区，又称为"湿空气区"，在该区域内水蒸气处于过热状态。

4. 热湿比和热湿比线

在空调过程中，被处理的空气常常由一个状态（A）变为另一个状态（B）。在整个状态变化过程中，如果空气的热湿变化是同时进行的，那么在焓湿图上，状态 A 和状态 B 之间的直线连线就是空气状态变化的过程线，称为热湿比线。为了说明空气状态变化的方向和特征，常用空气状态变化前后的焓差 Δh 和含湿量差 Δd 的比值来表示。这个比值称为热湿比 ε，也称为角系数，即

$$\varepsilon=\frac{h_B-h_A}{d_B-d_A}=\frac{\Delta h}{\Delta d} \qquad (2-2-3)$$

如图 2-2-5 所示，若在 h-d 图上有 1、2 两状态点，则由 1 至 2 的热湿比为

$$\varepsilon=\frac{(h_2-h_1)}{(d_2-d_1)} \qquad (2-2-4)$$

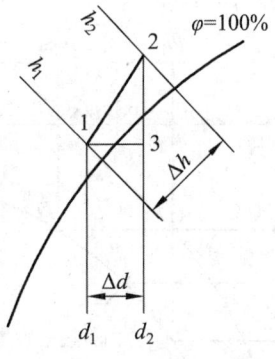

图 2-2-5　热湿比线绘制

ε 的大小及正负表示了湿空气状态变化过程的方向和特征。从热湿比的定义式可知，ε 实际上是直线 AB 的斜率。而直线的斜率与直线的起始位置无关，两条斜率相同的直线必然平行。

根据直线斜率的特性,在焓湿图上以任意点为中心作出一系列不同值的 ε 标尺线,实际应用时,只需把等值的 ε 标尺线平移到空气状态点,就可画出该空气状态的变化过程线了。

如果忽略空气与所含干空气两者质量的微小差异,将式(2-12)分子、分母同乘 q_m(单位:kg)的空气量,将得到

$$\varepsilon = \frac{\Delta h}{\Delta d \times 10^{-3}} = \frac{q_m \Delta h}{q_m \Delta d \times 10^{-3}} = \frac{Q}{W} \tag{2-2-5}$$

可见,质量为 q_m 的空气量在被处理过程中所得到(或失去)的热量 Q 和湿量 W 的比值,与相应 1 kg(干)空气的比值是完全一致的。

在使用焓湿图时,须先看一下该图的大气压力值是多少,与设计采用的大气压力值差多少。如果差别不大,工程计算时可近似使用;如果差别较大,则需直接套用公式计算或借助相关软件计算。在实际工作中,认为一般情况下,直接使用标准大气压力的焓湿图精度是足够的。

三、焓湿图的应用

对于空调相关专业人员来说,焓湿图是一个重要的工具,无论是工程设计、系统调试,还是运行管理,都需要用到焓湿图。

1. 确定空气状态及查找参数

根据任意两个独立的空气状态参数,就可以在焓湿图上找到相应的状态点,并可判断出空气是处于什么状态,还可查找出其他的状态参数。

假设已知某日天气温度是 30 ℃,相对湿度是 60%。则可以在焓湿图中找出相应状态点,并查出该状态空气的其余参数。

首先在焓湿图上找到 30 ℃ 等温线与 60% 等相对湿度线的交点 A,如图 2-2-6 所示。由过 A 点的 45° 斜线查得其焓为 71 kJ/kg(干空气),过 A 点的垂直线查得其含湿量为 16.15 g/kg(干空气),水蒸气分压力为 25.50×10^2 Pa。

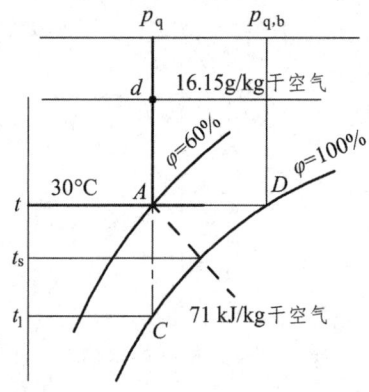

图 2-2-6 找出 30 ℃ 等温线与 60% 等相对湿度线的交点 A

过 A 点作等湿球温度线(其实就是等焓线并以虚线表示),与饱和线相交于 B 点。由

于饱和线上的干球温度与湿球温度相同，故 B 点的干球温度也就是 B 点的湿球温度，也即 A 点的湿球温度为 23.9 ℃，如图 2-2-7 所示。

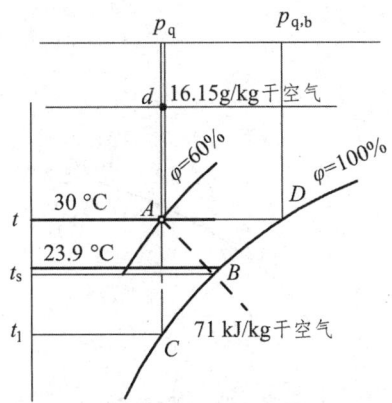

图 2-2-7 过 A 点作等湿球温度线

过 A 点作等露点温度线（其实就是等含湿量线并以点画线表示），与饱和线相交于 C 点。由于饱和线上的干球温度与露点温度相同，故 C 点的干球温度也就是 C 点的露点温度，也是 A 点的露点温度，为 21.8 ℃，如图 2-2-8 所示。

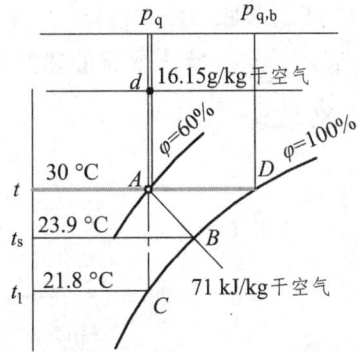

图 2-2-8 过 A 点作等露点温度线

找到 30 ℃ 等温线与饱和线的交点 D，D 点的水蒸气分压力即为 A 点的饱和水蒸气分压力，其值为 42.2×10^2 Pa。

2. 表示空气的状态变化过程

空调的一个基本任务就是对空气进行"加工"。例如将冬季的室外冷空气加热，将夏季的室外热空气冷却，对空气进行除湿或加湿等，这些对空气的加工过程统称为"热湿处理"。热湿处理过程中空气的状态要发生变化，因为空气的每个状态在焓湿图上都可以用一个点来表示，而连续的点就是线，所以空气状态变化的情况可以在焓湿图上用线条表示出来。

（1）加热过程。

加热过程（见图 2-2-9）是等湿加热过程或等含湿量加热过程的简称。空气的含湿量保持不变（$d_B=d_A$，即 $\Delta d=0$），但温度升高，焓增加（$h_B > h_A$，即 $\Delta h > 0$）。在焓湿图上用垂直向上的直线 AB 表示。空气状态变化的热湿比值为

$$\varepsilon = \frac{\Delta h}{\Delta d \times 10^{-3}} = \frac{\Delta h}{0} = +\infty \qquad (2\text{-}2\text{-}6)$$

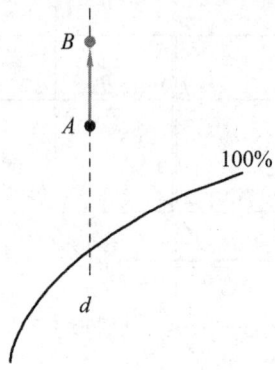

图 2-2-9　加热过程

（2）冷却过程。

凡是空气在状态变化过程中温度要降低的过程统称为冷却过程。按冷却过程是否有结露现象发生，冷却过程又可分为干冷过程和湿冷过程两种。

干冷过程即等湿冷却过程或称等含湿量冷却过程（见图 2-2-10）。空气的含湿量保持不变（$d_c = d_A$，即 $\Delta d = 0$），但温度降低（不低于露点温度），焓减小（$h_c < h_A$，即 $\Delta h < 0$）。在焓湿图上用垂直向下的直线 AC 表示。空气状态变化的热湿比值为

$$\varepsilon = \frac{\Delta h}{\Delta d \times 10^{-3}} = \frac{\Delta h}{0} = -\infty \qquad (2\text{-}2\text{-}7)$$

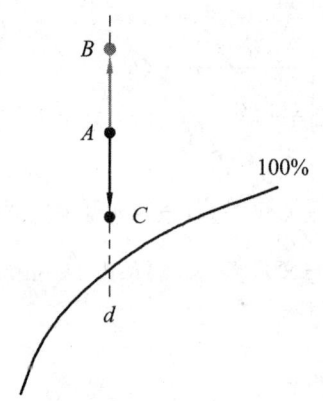

图 2-2-10　干冷过程

湿冷过程，又称为减焓减湿过程（见图 2-2-11）。空气的温度要降低到其露点温度以下，因此会有结露现象发生，这就意味着空气的含湿量要减少（$d_{c''} < d_A$，即 $\Delta d < 0$）。湿冷过程在焓湿图上一般用直线 AC'' 表示（空气状态的实际变化过程是先由 A 点到饱和线上的 C' 点，再保持饱和状态由 C' 点减含湿量变化到 C'' 点）。由于湿冷过程不仅空气的焓要减小（$\Delta h < 0$），含湿量也要减少（$\Delta d < 0$），因此其热湿比值为

$$\varepsilon = \frac{\Delta h}{\Delta d \times 10^{-3}} > 0 \qquad (2\text{-}2\text{-}8)$$

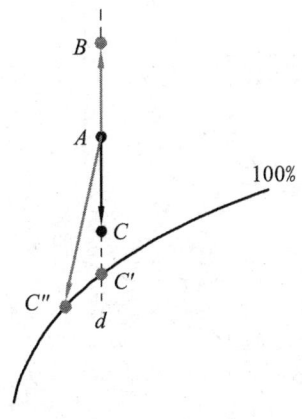

图 2-2-11 湿冷过程

空气通过制冷装置的蒸发器或空调设备的表冷器、冷却盘管时，有结露现象发生以及与温度低于 t_1 的水进行热湿交换时的状态变化过程均为湿冷过程。

（3）等焓过程。

凡是空气在状态变化过程中焓保持不变的过程统称为等焓过程或绝热过程。按空气在等焓变化过程中含湿量是增加还是减少，等焓过程又分为等焓加湿过程和等焓减湿过程两种。

等焓加湿过程，焓不变（$\Delta h=0$），含湿量增加（$\Delta d>0$），又称为绝热加湿过程（见图 2-2-12）。在焓湿图上用 45°的直线 AD 表示。

在等焓加湿过程中，空气状态变化的焓湿比值为

$$\varepsilon = \frac{\Delta h}{\Delta d \times 10^{-3}} = \frac{0}{\Delta d \times 10^{-3}} = 0 \qquad (2\text{-}2\text{-}9)$$

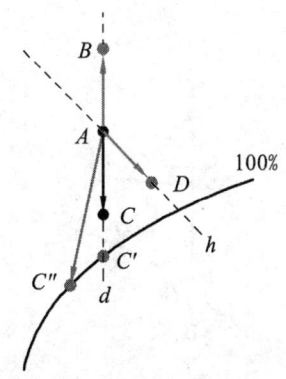

图 2-2-12 等焓加湿过程

当往空气中喷雾（微小水滴）加湿时，工程上把此过程当作等焓加湿过程对待。同理，水在空气中的自然蒸发，工程上也当作等焓加湿过程对待。空气经雾化式或自然蒸发式加湿装置处理，或与温度为 t_S 的水进行热湿交换时的状态变化过程均按等焓加湿过程对待。等焓加湿过程对空气的加湿量为

$$W = q_m (d_D - d_A) \qquad (2\text{-}2\text{-}10)$$

等焓减湿过程，空气的焓不变（$\Delta h=0$），含湿量减少（$\Delta d<0$），在焓湿图上用 45°直线 AE 表示（见图 2-2-13）。空气状态变化的焓湿比值为

$$\varepsilon = \frac{\Delta h}{\Delta d \times 10^{-3}} = \frac{0}{\Delta d \times 10^{-3}} = 0 \qquad (2\text{-}2\text{-}11)$$

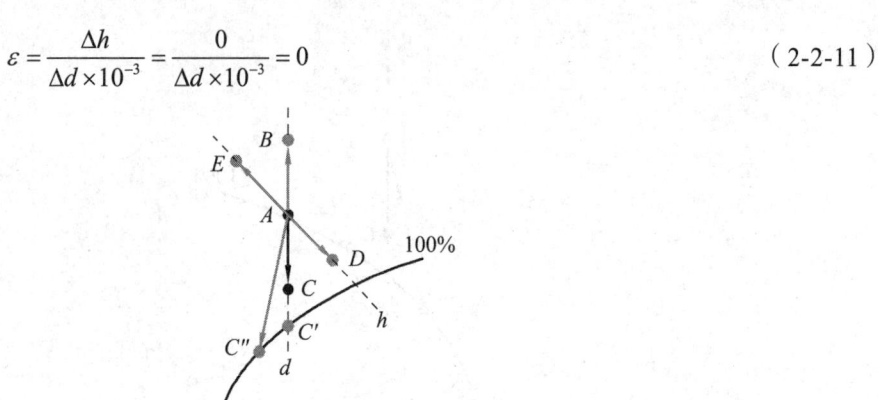

图 2-2-13　等焓加湿过程

用固体吸湿剂（如硅胶）处理空气时，工程上近似按等焓减湿过程对待。该过程从空气中除去的湿量为

$$W = q_m(d_E - d_A) \qquad (2\text{-}2\text{-}12)$$

（4）等温加湿过程。

等温加湿过程简称等温过程（见图 2-2-14），空气的温度不变，含湿量增加，在焓湿图上用接近水平的直线 AF 表示。工程上把对空气进行喷蒸汽加湿处理的过程视为等温加湿过程。该过程的加热量为

$$Q = q_m(h_F - h_A) \qquad (2\text{-}2\text{-}13)$$

该过程的加湿量为

$$W = q_m(d_F - d_A) \qquad (2\text{-}2\text{-}14)$$

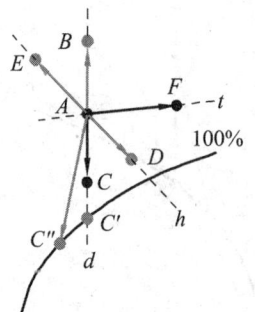

图 2-2-14　等温加湿过程

3. 确定两种不同状态空气混合后的状态点

假设将 A、B 两种状态的空气进行混合（见图 2-2-15），混合后的状态为 C，根据能量守恒定律和质量守恒定律，混合前后空气的能量不变，水蒸气的含量也不变，于是有

$$q_{mA}h_A + q_{mB}h_B = (q_{mA} + q_{mB})h_C \qquad (2\text{-}2\text{-}15)$$

$$q_{mA}h_A + q_{mB}h_B = (q_{mA} + q_{mB})h_C \qquad (2\text{-}2\text{-}16)$$

由式（2-2-15）和（2-2-16）可分别导出混合后的空气状态参数：

$$h_C = \frac{q_{mA}h_A + q_{mB}h_B}{q_{mA} + q_{mB}} \tag{2-2-17}$$

$$d_C = \frac{q_{mA}d_A + q_{mB}d_B}{q_{mA} + q_{mB}} \tag{2-2-18}$$

混合后的空气状态点 C 就在 A、B 两个状态点的连线上,且分别与 B、A 两点间的距离(长度)与参与混合的两种空气的质量成反比。

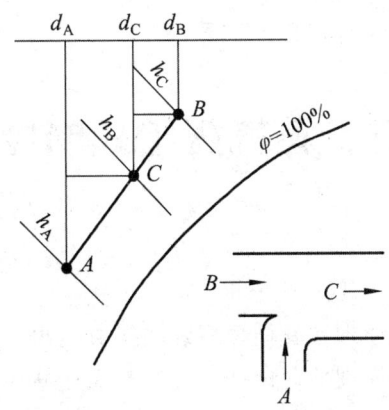

图 2-2-15 两种不同状态空气的混合过程

计算出混合点 C 在过饱和区(见图 2-2-16),则说明在混合过程中,必定会有多余的水蒸气凝结出来。当空调风口送冷风时,有时在风口附近会出现"雾气",就是这种情况的实际表现。在这种情况下,可以证明,混合后的终状态点 D 不在过饱和区,而近似在 C 点的等焓线与饱和线的交点上。

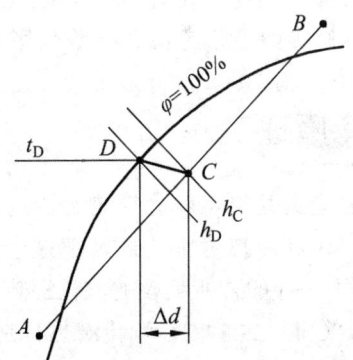

图 2-2-16 混合点在过饱和区的图示

1. H-d 图主要由哪些关系线构成?试绘制焓湿图。
2. 已知空气干球温度 t=25 ℃,相对湿度 $\varPhi$=50%,大气压力 p_B=101 325 Pa,试在 h-d 图上确定该空气的湿球温度。
3. 在焓湿图上找出状态点 1 空气的干球湿度、湿球温度以及露点温度(见图 2-2-17)。

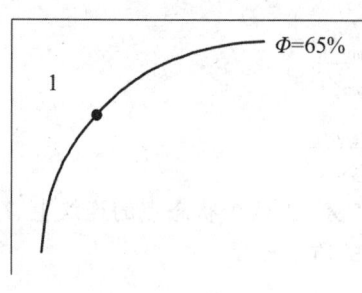

图 2-2-17　第 3 题

任务三　蒸气压缩式制冷原理

📖 任务目标

（1）掌握蒸气压缩式制冷原理及其循环系统的组成结构；
（2）掌握蒸气压缩式制冷原理的理论循环过程与实际循环过程的区别。

📖 任务准备

制冷的过程就是采用一定的方法使物体或空间的温度低于周围环境介质的温度，并且能够维持在某一范围内。常用的制冷方式有蒸气压缩式制冷、蒸气喷射式制冷、吸收式制冷、涡流管制冷以及半导体制冷等。对于一般车辆空调装置来说，从其使用过程中的安全性、有效性、经济性以及方便维修等角度来考虑，一般采用蒸气压缩式制冷方式。

一、蒸气压缩式制冷原理

在一定大气压下，液体温度达到其沸点就会沸腾，沸腾的液体如果继续吸收热量就会由于汽化潜热而变成饱和蒸气。在制冷技术中，通常把这个温度称为蒸发温度。在同一大气压下，不同液体的蒸发温度是不一样的，所吸收的汽化潜热也是不同的。在同一大气压下，水和 R12 的蒸发温度分别为 100 ℃ 和 29.8 ℃，汽化潜热分别为 2 258 kJ/kg 和 165.3 kJ/kg。

例如，若将一个盛满低温 R12 液体的容器敞开口，放在密闭的被冷却空间内，由于被冷却空间内空气的温度高于 R12 的沸点，所以 R12 液体将吸热而汽化，使被冷却空间内空气温度逐渐下降，这个降温过程直到容器内的 R12 液体汽化完为止。为了将汽化的 R12 蒸气回收使用，需将它再冷却成液体，如用环境介质（如大气或水）来冷凝，蒸气的冷凝温度就要比环境介质的温度稍高一些。我们知道，压力较高的蒸气其冷凝温度也较高，因此只要将 R12 蒸气用压缩机压缩到所需的冷凝温度相对应的饱和压力，就能使环境介质来冷凝它，使在被冷却空间吸热汽化的 R12 蒸气重新冷凝成液体。冷凝后制冷剂液体的温度还高于被冷却空间空气的温度，因此必须让冷凝后的制冷剂液体降压、降温，使其温度低于被冷却空间的温度，这样降压、降温后的制冷剂液体就可以在被冷却空间内重新吸热汽化。

制冷剂在一个封闭的系统中，只消耗压缩机的功就能反复地实现制冷剂由液体变为蒸气，再由蒸气变为液体的相态变化，并通过这种相态变化将低温处的热量转移到高温处去，这就是蒸气压缩式制冷的基本工作原理。

二、蒸气压缩式制冷循环系统的组成及工作过程

1. 蒸气压缩式制冷循环系统的组成

压缩制冷循环系统主要由压缩机、冷凝器、膨胀阀以及蒸发器四部分组成，并通过管道将它们连接成一个密封的循环系统，制冷剂在系统中不断地循环流动，发生状态变化，如图 2-3-1 所示。

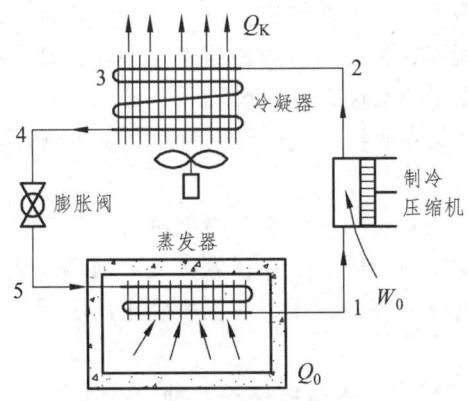

图 2-3-1　蒸气压缩式制冷机原理

（1）蒸发器。

蒸发器由一组或几组盘管组成。低温液态制冷剂进入蒸发器盘管流动时，通过管壁吸收盘管周围介质（空气或水）的热量而沸腾汽化（工程上简称为蒸发），使盘管周围的介质温度降低或保持一定的低温状态，从而达到制冷的目的。

可见，蒸发器是使低温液态制冷剂与需要制冷的介质交换热量的换热器。因此，蒸发器盘管应置于需要制冷的空间介质中。例如，电冰箱或冷库的蒸发器放在冷藏室或冷冻室内；房间空调器的蒸发器放在空调房间的墙内侧，并作空气冷却器；冷藏车的蒸发器放在需要冷却降温的货物间内等。

制冷剂在蒸发器盘管内沸腾汽化时保持温度和压力不变，相应的温度和压力称为蒸发温度和蒸发压力。蒸发温度随蒸发压力的增大而升高，它们有确定的对应关系。同时，通过控制或调节蒸发压力即可控制或调节蒸发温度。由于蒸发温度通常都很低，因而对应的蒸发压力也较低。相对于冷凝器，制冷剂在蒸发器中处于低温、低压状态。

制冷剂在蒸发器中沸腾汽化时从制冷空间介质吸收的热量，就是制冷系统的制冷量。

（2）压缩机。

压缩机的作用就是将从蒸发器流出的低压制冷剂蒸气压缩，使制冷剂蒸气压力提高到与冷凝温度相对应的冷凝压力，从而保证制冷剂蒸气进入冷凝器后在常温下被冷凝液化。制冷剂蒸气经压缩机压缩后，温度也将会升高。因此，相对于蒸发器，经过压缩机进入冷凝器的制冷剂处于高温、高压状态。

一般压缩机是由电动机带动压缩蒸气来做功的。因此，压缩机的作用实质上是消耗外功，迫使制冷剂把从制冷空间（低温热源）吸收的热量排放给环境（相对于制冷空间为高温热源）。这与热力学第二定律是一致的。因为热力学第二定律表明，热量不能自发地从低温物体传给高温物体。

（3）冷凝器。

为了使制冷剂能被反复利用，需将来自压缩机的制冷剂蒸气冷凝还原成液态。冷凝器就是使气态制冷剂向环境介质放热而冷凝液化的换热器。

制冷剂蒸气在冷凝器内冷凝液化时也保持温度和压力不变，相应的温度和压力称为冷凝温度和冷凝压力。冷凝温度随冷凝压力的增大而升高，它们也有确定的对应关系。这种对应关系也可利用其饱和蒸气表或压焓图查取。

从经济和方便的角度考虑，用来使制冷剂蒸气冷凝的冷却介质应是常温的空气或水。利用流动空气来冷却的冷凝器，称为风冷式冷凝器；利用流动水来冷却的冷凝器称为水冷式冷凝器，流经水冷式冷凝器的水称为冷却水。

制冷剂在冷凝器中向冷却介质排放的热量称为冷凝器的热负荷。

（4）节流装置。

由于在冷凝器中用空气或常温的水来使制冷剂蒸气冷凝，冷凝温度就高于蒸发温度，对应的冷凝压力也高于蒸发压力。所以，在进入蒸发器前必须使它降温、降压。为此，让冷凝液先流经节流装置或绝热节流，将压力和温度降至所需要的蒸发压力和蒸发温度后再进入蒸发器蒸发制冷。

液态制冷剂在节流的过程中，因吸收摩擦热将有少量液体汽化为蒸气（称为闪发蒸气），因此节流装置出口的制冷剂是干度很低的低温低压湿蒸气。

常用的节流装置有手动节流阀、浮球节流阀、热力膨胀阀或毛细管。在城轨车辆空调机组制冷系统中，常用毛细管、热力膨胀阀作为节流装置。

2. 蒸气压缩式制冷循环系统的工作过程

制冷剂在变为蒸气之后，需要对它进行压缩、冷凝，继而进行再次汽化吸热。对制冷剂蒸气只进行一次压缩，称为蒸气单级压缩。工作过程如下：

（1）低温低压的制冷剂液体在蒸发器中吸收被冷却空间的热量而蒸发成低温低压的蒸气后被压缩机吸入。

（2）压缩机消耗一定的机械功将制冷剂压缩成压力、温度较高的蒸气并排入冷凝器。

（3）高压、高温的制冷剂蒸气在冷凝器内被环境空气或水冷却，制冷剂蒸气放出热量而被冷凝成液体。

（4）高温、高压的制冷剂液体经过节流装置节流降压，同时温度也降低，然后再进入蒸发器。

此时的制冷剂液体已变为低温、低压状态。在蒸发器中，低压、低温的制冷剂液体又吸收冷却空间的热量，蒸发成低压、低温的蒸气，再被压缩机吸入，如此周而复始地循环。

制冷剂在蒸发压力下沸腾，蒸发温度低于被冷却物体或流体的温度；压缩机消耗一定的机械功不断地抽吸蒸发器中产生的蒸气，并将其压缩到冷凝压力，然后送往冷凝器；在冷凝压力下等压冷却和冷凝成液体，制冷剂冷却和冷凝时放出的热量传给冷却介质（一般为水或者空气），与冷凝压力相对应的冷凝温度一定要高于冷却介质的温度；冷凝后的液体通过膨胀阀或其他节流元件进入蒸发器。当制冷剂通过膨胀阀时，压力从冷凝压力降到蒸发压力，部分液体气化，剩余液体的温度降至蒸发温度，因此离开膨胀阀的制冷剂会变成温度为蒸发温度的两相混合物。混合物中的液体经过蒸发器蒸发，从被冷却物体中吸取它所需要的气化潜热。混合物中的蒸气通常称为闪发蒸气，在它被压缩机重新吸入之前几乎不再起吸热作用。

因此在整个循环过程中，压缩机起着压缩和输送制冷剂蒸气并造成蒸发器中低压力、冷凝器中高压力的作用，是整个系统的心脏。膨胀阀对制冷剂起节流降压作用并调节进入蒸发器的制冷剂流量大小。蒸发器是输出冷量的设备，制冷剂在蒸发器中吸收被冷却物体的热量，从而达到制冷的目的。冷凝器是输出热量的设备，从蒸发器中吸取的热量连同压缩机消耗的功所转化的热量的冷凝器中被冷却介质带走。在整个循环过程中，根据热力学第二定律，压缩机所消耗的功起了补偿作用，从而能够使得制冷剂不断从低温物体中吸热，并向高温物体放热。

3. 压焓图

在制冷系统中，制冷剂的状态参数时刻都在变化，在工程计算和应用上为方便起见，制作了制冷剂的压-焓图，制冷剂的压焓图又称 $\lg p\text{-}h$ 图。

压焓图是根据 1 kg 制冷剂的状态变化绘制的。以压力为纵坐标，比焓为横坐标的直角坐标图，为了缩小图的尺寸，一般纵坐标以压力的对数值 $\lg p$ 来绘制，横坐标表示比焓 h，标度是均匀的。纵坐标表示压力 p，由于采用对数坐标，标度不均匀。

压焓图曲线的含义可以用一点（临界点）、二线（饱和液体线、饱和蒸气线）、三区（液相区、两相区、气相区）、五态（过冷液状态、饱和液状态、过热蒸气状态、饱和蒸气状态、湿蒸气状态）和八线（等压线、等焓线、饱和液线、饱和蒸气线、等干度线、等熵线、等比体积线、等温线）来概括，如图 2-3-2 所示。

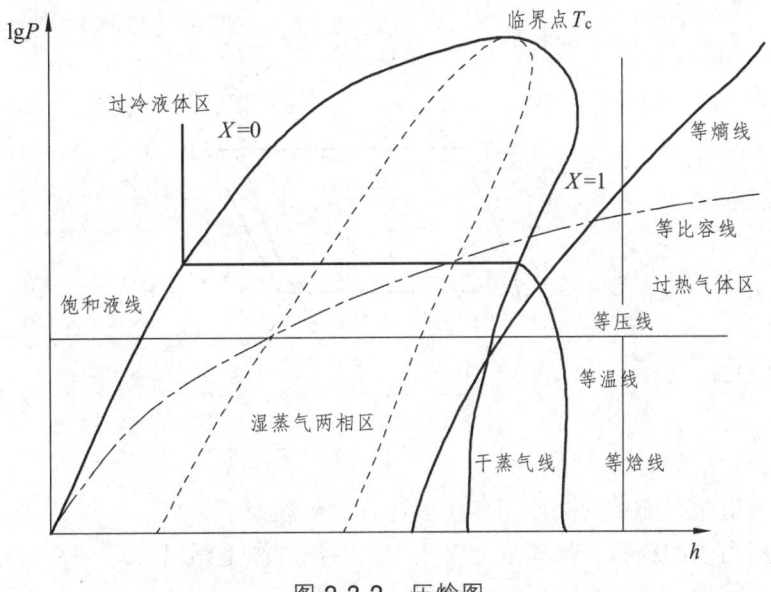

图 2-3-2　压焓图

临界点 Tc 左边的粗实线为饱和液体线，线上的任何一点代表一个饱和液体状态，临界点 Tc 右边的粗实线为饱和蒸气线，线上任何一点代表一个饱和蒸气状态。

这两条粗实线将图分为三个区域：饱和液体线的左边为过冷液体区，饱和气线的右边是过热蒸气区，两条线之间的区域为两相区，制冷剂在该区域内处于气、液混合状态（湿蒸气区）。

在制冷系统中，蒸发与冷凝过程主要在湿蒸气区进行，压缩过程则是在过热蒸气区内进行。

理想制冷循环压焓图如图 2-3-3 所示。

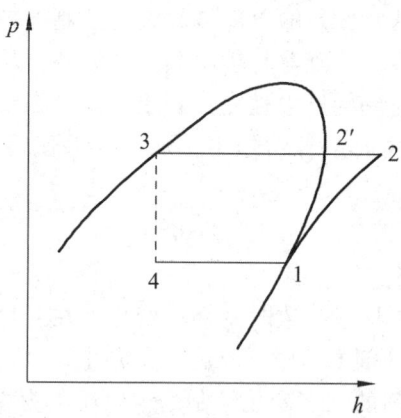

图 2-3-3　理想制冷循环压焓图

点 1 表示制冷剂进入压缩机的状态，点 2 表示制冷剂出压缩机时的状态，也就是进冷凝器时的状态，点 3 表示制冷剂出冷凝器时的状态，点 4 表示制冷剂出节流阀时的状态，也就是进入蒸发器时的状态。

实际制冷循环是具有过冷与过热过程的循环，目的是提高制冷量，防止吸入湿蒸气，如图 2-3-4 所示。

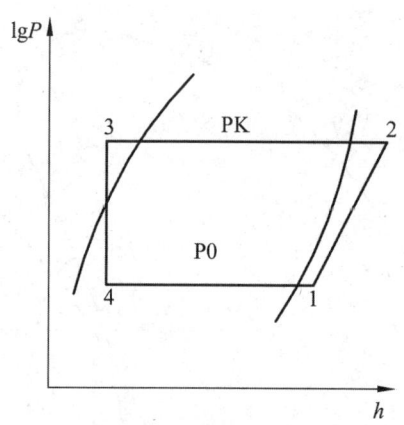

图 2-3-4　实际制冷循环压焓图

利用压焓图可进行简单的制冷循环参数计算，步骤如下：

（1）根据压力表的读数，换算成绝对压力，在压焓图上画出 P0 与 PK 两条线；

（2）在压焓图的 P0 线上找到压缩机吸气温度点 1；

（3）从压缩机吸气温度点 1 起沿等熵线向斜上方，使其与 PK 线相交，确定状态点 2；

（4）在压焓图的 PK 线上找到制冷剂过冷度温度点 3，沿焓线向下，使其与 P0 相交，确定状态点 4；

（5）查询 h_4、h_1 点参数值，计算制冷量；

（6）查询设备标称功率，并计算单位冷凝负荷 $q_k = h_2 - h_3$，单位质量制冷量 $q_0 = h_1 - h_4$。

4. 制冷剂液体过冷和吸气过热对制冷循环的影响

（1）制冷剂液体过冷的影响。

当制冷剂通过膨胀阀时，压力从冷凝压力降到蒸发压力，部分液体汽化，称为闪发。剩余液体的温度降至蒸发温度，因此离开膨胀阀的制冷剂会变成温度为蒸发温度的两相混合物。这部分闪发蒸气无法在蒸发器中通过相变吸收潜热，导致制冷量变小，称为节流损失。

在实际制冷装置中，制冷剂在冷凝器中冷凝成液体后因继续向外放热而变成过冷液体（未饱和液体）后才流出，特别在车辆制冷装置中，冷凝器采用风冷，液体的冷凝温度总是高于环境气温，从冷凝器出来的制冷剂液体在储液器和管路中流动还要不断向外界放热而继续过冷。饱和温度与过冷液体的温度的差值称为过冷度。因此，冷凝器流至节流装置前总有一定的过冷度。过冷度越大，节流损失就越小，单位质量制冷量就越大，因此制冷剂液体的过冷循环将提高制冷系数。

（2）吸气过热的影响。

在蒸气压缩制冷理论循环中，假设被压缩机吸入和从蒸发器流出的都是饱和蒸气，并且从管路中不存在热交换。但是在实际循环过程中，制冷剂的蒸气温度一般都低于被冷却介质的温度，从蒸发器流出的饱和制冷剂通过吸气管路进入压缩机时，还会从冷却介质或者外界吸收一定的热量而变成过热蒸气，故实际上压缩机吸入的通常都是过热蒸气。

如果吸入蒸气的过热热量全部都来自被制冷的室外，那么冷凝器的热负荷就会增加，过热度越大，则制冷系数和单位容积制冷量降低越多，属于有害过热。为了减少管路的有害过热，吸气管路都必须用隔热材料包扎起来。

如果吸入蒸气的过热热量全部来自被制冷的室内，那么制冷剂的单位质量制冷量就应该由蒸气制冷部分和过热阶段所吸收的热量两部分构成，此时制冷剂的制冷系数会增加，因此这种过热对制冷循环是有利的。

思考与练习

1. 制冷的方法有哪些？
2. 简述蒸气压缩式制冷原理。
3. 蒸气压缩式制冷由哪些主要部件组成？
4. 简述蒸气压缩式制冷的基本过程，并说明每个过程中制冷剂的状态变化。
5. 什么叫作过冷度、过热度？过冷、过热对制冷循环有什么影响？
6. 提高制冷系数的方法有哪些？

任务四 制冷剂和润滑油

📖 **任务目标**

（1）掌握制冷剂的作用、使用要求以及常用制冷剂的种类和性质；
（2）掌握润滑油的作用、基本要求、种类以及选用原则。

📖 **任务准备**

一、制冷剂

制冷剂又称制冷工质，它是在制冷系统中不断循环并通过其自身状态变化以实现制冷的工作物质，是制冷系统中完成制冷循环所必需的工作介质。

从理论上讲，凡是能在蒸发器中吸收被冷却介质的热量而汽化，并在冷凝器中放出热量而液化的物质都可以作为制冷剂，但作为空调制冷系统，必须要考虑所选用的制冷剂能使整个空调制冷系统安全、可靠、高效和经济地工作，因此对制冷剂是有一定要求的。

1. 制冷剂的选用原则

1）热力学方面的要求

（1）具有较大的制冷工作范围：在常压下的沸点要低，且低于工艺要求的蒸发温度。临界温度要高、凝固温度要低，以保证制冷剂在较广的温度范围内安全工作。临界温度高，制冷剂在常温条件下能够液化，即可用普通冷却介质使制冷剂冷凝，同时能使制冷剂在远离临界点下节流而减少损失，提高循环的性能。一般来说，制冷循环越接近临界温度，节流损失越大，制冷系数越小。凝固点低，可使制冷系统安全地制取较低的蒸发温度，使制冷剂在工作温度范围内不发生凝固现象。

（2）具有适当的工作压力和压缩比：蒸发压力最好接近且稍高于大气压力，因为当蒸发器中制冷剂的压力低于大气压力时，外部的空气可能从不严密处漏入制冷系统中，这样漏入的空气不但会降低制冷装置的制冷能力，而且由于空气中有水蒸气，对设备和管路产生腐蚀；同时在低温部分的节流孔口处还可能发生"冰塞"现象。冷凝压力不宜过高，一般不超过 2.2 MPa。这样能减少制冷设备承受的压力，同时可降低对冷凝器密封性的要求，从而减少金属消耗量和降低制冷剂渗漏的可能性。如果压力过高，不仅制冷剂有向外渗漏的可能，而且还会增加循环中功的消耗。冷凝温度是根据冷却介质的温度和冷凝器的构造来确定的。

（3）单位质量和单位体积制冷量要大：制冷剂单位容积的制冷能力应尽可能大，以便提高制冷效率，减小制冷剂的循环量。对于一台压缩机来说，在一定的工作条件下，如果所使用的制冷剂单位容积制冷能力大，则其制冷量也就大，这样制冷剂的循环量就少，因此可以有效减小压缩机和系统的尺寸。一般同一种制冷剂在不同的蒸发温度和冷凝温度下，其单位容积的制冷能力也是不一样的，即单位容积制冷量不相同，同时不同的制冷剂即使工作在相同的温度条件下，其单位容积制冷量也是各不相同的。在蒸发温度下的气化潜热值应尽可能大，单位体积冷冻能力要大，这样完成相同的冷冻任务需要的制冷剂的循环量就小，就可以使用小气缸的压缩机并降低压缩机的耗电量。

（4）绝热指数低：绝热指数越小，压缩机排气温度越低，对提高压缩机效率和改善压缩机润滑越有利。

2）物理化学方面的要求

（1）要求制冷剂的黏度和比重尽量小。黏度和比重小可以减少制冷剂在制冷系统中流动阻力，有利于制冷剂的循环和降低压缩机的功耗，并且可缩小系统的管径，降低金属的消耗量。

（2）要求制冷剂的导热系数与放热系数尽量大，提高换热器的传热效率，减少传热面积。

（3）要求制冷剂有一定的溶水性。制冷剂最好不含水分，但实际上制冷系统中难免渗入极少量的水分，如制冷剂能溶解少量的水分，在蒸发温度低于 0 ℃ 时，系统就不易产生"冰塞"现象而影响制冷装置的正常运转。

（4）要求制冷剂的热化学稳定性好，高温下不易分解。制冷剂与油、水混合时对金属材料不应有明显的腐蚀作用。对制冷机的密封材料的膨润作用要尽可能小。

（5）满足与润滑油的溶解性要求。制冷剂在润滑油中的溶解性可分为完全溶解、微溶解和完全不溶解。当制冷剂与润滑油完全溶解时，能为机件润滑创造良好的条件，在冷凝器等换热器的换热面上不易形成油膜，传热效果好。但当制冷剂与润滑油互溶时，会使制冷剂的蒸发温度提高，使润滑油的黏度降低，还会使制冷剂沸腾时泡沫增多，蒸发器中的液面不稳定及在运行时使制冷机的耗油量增大，也使系统中的油不易排出。当制冷剂与润滑油完全不溶时，制冷系统的蒸发温度比较稳定，在制冷设备中制冷剂与润滑油易于分离，并在热交换器换热表面形成油膜而影响换热。微溶解于油的制冷剂的优缺点介于两者之间。

（6）在密封式的压缩机系统中，电机线圈与制冷剂、润滑油直接接触，因此要求制冷剂应具有良好的电绝缘性能。

3）安全、环境方面的要求

（1）要求制冷剂在工作温度范围内不燃烧、不爆炸，应避免使用易燃和易爆的制冷剂。必须使用时，一定要有防火、防爆安全措施。

（2）要求制冷剂无毒或低毒，相对安全性好，对金属不起腐蚀作用，与润滑油不起化学反应，高温下不分解，对人体无毒害。由于某些制冷剂带有一定的毒性和危险性，要求所选择的制冷剂应具有易于检漏的特点，以保证运行的安全。

（3）万一泄漏的制冷剂与食品接触时，要求食品不会变色、变味，不会被污染，空调用制冷剂应对人体的健康无害，无刺激性气味。

（4）要求制冷剂对地球温室效应影响较小，对大气中臭氧层没有破坏作用。

4）经济性方面的要求

制冷剂的生产工艺简单、价廉、易得。

除了上述提到的一些对制冷剂的要求外,针对不同形式的蒸气压缩式制冷装置对制冷剂还会有一些特殊要求。例如离心式制冷装置就要求制冷剂的分子量要大,这样可以提高级的压缩比,使得一定冷凝压力和压力范围内的级数减少;而活塞式制冷装置则要求制冷器的汽化潜热和单位容积制冷量要大,以便缩小压缩机的尺寸并且减小制冷剂的循环量。封闭式压缩机中,制冷剂与电机导线相接触,因此不能使用像氨一类的会与铜发生化学反应的制冷剂。在石油、化学等工业用的制冷装置中,因其制冷剂使用量很大,考虑其经济效益一般会采用碳氢化合物作制冷剂。实际应用中,针对不同的工作条件和不同的制冷装置可选用不同的制冷剂。

2. 常用制冷剂的种类

1)制冷剂的分类

可以当作制冷剂的物质有几十种,但目前工业上常用的不过十余种。按照它们在标准大气压力条件下沸腾温度的高低,一般可将其分为三大类:低温制冷剂、中温制冷剂和高温制冷剂。

(1)低温制冷剂:冷凝压力大于 2 MPa,正常汽化温度低于 70 ℃,主要有 R13、R14 和 R503 等,适用于低温制冷装置及复叠式制冷的低温部分。

(2)中温制冷剂:冷凝压力在 0.3~2 MPa,正常汽化温度在 0~70 ℃,主要有 R12、R22 和 R502 等,适用于电冰箱、中小型空调器及城轨车辆空调。

(3)高温制冷剂:冷凝压力在 0.2~0.3 MPa,正常汽化温度大于 0 ℃,主要有 R11、R21 和 R114 等,多用于空调系统的离心式压缩机(如中央空调)。

按照它们的组成分类主要有:无机化合物制冷剂、氟利昂制冷剂、碳氢化合物制冷剂、混合制冷剂(包括共沸混合物制冷剂和非共沸混合物制冷剂)。

2)制冷剂的表示方法

为书写方便,我国国家标准 GB/T 7778—2017《制冷剂编号方法和安全性分类》规定了各种通用制冷剂的代号,以代替其化学名称、分子式或商业名称。标准中规定用字母 R 和它后面的一组数字或字母作为制冷剂的代号。字母 R 表示制冷剂,后面的数字或字母则根据制冷剂的种类及分子式组成,按一定的规则编写。

(1)无机化合物。

作为制冷剂的无机化合物有氨、二氧化碳、水等。对于这类制冷剂,其代号 "R" 后的第一位数为 7,7 后面的数字为该物质的分子量的整数部分,其简写符号规定为 R7××。例如:

	NH_3	H_2O	CO_2	SO_2	N_2O
分子量的整数部分:	17	18	44	64	44
符号表示:	R717	R718	R744	R764	R744a

上例中,因为 CO_2 和 N_2O 分子量的整数部分相同,为区别起见,规定用 R744 表示 CO_2,R744a 表示 N_2O。

(2)氟利昂和烷烃类。

氟利昂是饱和碳氢化合物的氟、氯、溴衍生物的总称。目前用作制冷剂的主要是甲烷和乙烷的衍生物。饱和碳氢化合物的分子式为 C_mH_{2m+2}。氟利昂的分子通式为 $C_mH_nF_xCl_yBr_z$,

它们的简写符号规定为 $R_{(m-1)(n+1)}B_{(z)}$。每个括号是一个数字，该数字数值为零时省去不写，若 z 为零时，与字母 B 一起省略，同分异构体则在其最后加小写英文字母以示区别。

在大气臭氧层问题逐渐引起人们注意后，为了方便判别制冷剂对大气臭氧层的破坏力，不含氢的氟利昂称作氯氟化碳，写成 CFCs，是公害物质，属于限制和禁用的物质；含氢的氟利昂称作氢氯化碳，写成 HCFC，是低公害物质，属于过渡性物质；而不含氯的氟利昂称作氢氟化碳，写成 HCF，是无公害物质，正是人们要研究和开发的替代物。

（3）混合制冷剂。

混合制冷剂是由两种或两种以上的制冷剂按一定的比例相互溶解而成的混合物，分为共沸混合制冷剂和非共沸混合制冷剂。

① 非共沸混合制冷剂。

非共沸混合制冷剂没有共沸点，在恒定的压力下蒸发或冷凝时，其蒸发温度或冷凝温度及气相和液相的组分，均不能保持恒定。非共沸制冷剂在组分不同、混合比不同时，会显示不同的热力学性质，因此可满足各种制冷要求。与其他混合物类似，混合制冷剂的性质与构成它的各纯质制冷剂的性质有着紧密的关系。可以利用混合制冷剂的这一特性，实现各纯质制冷剂的优势互补。例如，有些纯质制冷剂，它们除了可燃性以外，其他性质都较好，就可以在这纯质制冷剂中，加入一定量的不可燃制冷剂，构成混合制冷剂，使可燃性降低。又例如，有些纯质制冷剂制冷系数大，但容积制冷量太小，为了提高容积制冷量，就可以在这一纯质制冷剂中，加入一定量的容积制冷量大的制冷剂，构成混合制冷剂，使容积制冷量增大；此外，还可以利用混合制冷剂的特性，找到在一定的压力下，具有所需要的相变温度的混合制冷剂。混合制冷剂所有这些特性，使得它们在传统制冷剂替代物的研究中，得到了广泛的应用。

在使用上，使用非共沸制冷剂的麻烦之处，是当制冷装置中发生制冷剂泄漏时，剩余部分在系统内混合物中的质量分数就会改变。因此，需要向系统中补充制冷剂，使其达到原来的数量和质量分数，并需通过计算来确定两种制冷剂的充灌量。这一特点在一定程度上限制了非共沸混合制冷剂的应用。

非共沸混合制冷剂的简写符号为 R4×。×代表一组数字，这组数字为该制冷剂命名的先后顺序号，从 00 开始。构成非共沸混合制冷剂的纯物质种类相同，但成分不同，则分别在最后加上大写英文字母以示区别。例如，最早命名的非共沸混合制冷剂写作 R400，以后命名的按先后次序分别用 R401、R402、……、R407A、R407B、R407C 等表示。

② 共沸混合制冷剂。

共沸混合制冷剂在一定的蒸发压力下蒸发时，具有几乎不变的蒸发温度，而且蒸发温度一般比组成它的单组分的蒸发温度低。这里所指的几乎不变，是指在偏离共沸点时，泡点温度和露点温度虽有差别，但非常接近，而在共沸温度时，则泡点温度和露点温度完全相等，表现出与纯制冷剂相同的恒沸性质，即在蒸发过程中，蒸发压力不变，蒸发温度也不变。

在一定的蒸发温度下，共沸制冷剂的单位容积制冷量，比组成它的单一制冷剂的容积制冷量要大。这是因为在相同蒸发温度和吸气温度下，共沸制冷剂比组成它的单一制冷剂的压力高、比体积小的缘故。共沸制冷剂的化学稳定性较组成它的单一制冷剂好。

共沸混合制冷剂的简写符号为 R5×。×代表一组数字，从 00 开始，也是该制冷剂命名的先后顺序号。例如最早命名的共沸制冷剂写作 R500，以后命名的按先后次序分别用 R501、R502、…、R507 等表示。

在全封闭和半封闭压缩机中，采用共沸制冷剂可使电动机得到更好的冷却，电动机绕组温升减小。试验表明，在由制冷剂吸气冷却电动机的半封闭式压缩机中，采用 R502 后，电动机的温升比 R22 降低 10～20 ℃，这是由于 R502 的质量流量和热容量较 R22 大的缘故。

由于上述特点，在一定的情况下，采用共沸制冷剂可使能耗减少，例如，R502 在低温范围内（蒸发温度在-0～-30 ℃），能耗较 R22 低；而在高温范围内（蒸发温度-10～+10 ℃），能耗较 R22 高。因此，通常 R502 用在低温冷藏冷冻中，而 R22 用在空调中。

（4）碳氢化合物。

用来作为制冷剂的碳氢化合物有烷烃类（如甲烷、乙烷、丙烷）和烯烃类（如乙烯、丙烯等）。对于甲烷、乙烷、丙烷，代号表示法与氟利昂相同，如甲烷 CH_4，代号 R50。但丁烷不按上述规则，而写成 R600。此外，对于同分异构体在代号后加写字母 a、b、c，如异丁烷代号为 R600a。对于乙烯、丙烯的表示法，是在 R 后先写 1，其余数字按氟利昂的编号规则写，如乙烯 C_2H_4 代号 R1150。

3. 常用制冷剂的性质

1）氨（NH_3）

氨属于无机化合物制冷剂，是最古老的制冷剂之一，也是目前广泛被采用的中温中压制冷剂之一。氨的制冷范围为+5～-70 ℃，常用于不低于-60 ℃ 的大、中型单级或双级活塞式制冷压缩机中。氨的临界温度（133.0 ℃）高，凝固点（-77.7 ℃）较低，标准沸点为-33.3 ℃。在常况下，氨在制冷系统中的蒸发压力为 0.1～0.5 MPa，氨的冷凝压力一般为 1.0～1.6 MPa，其压力比适中。

氨有强烈的刺激性气味，故泄露易发现。氨易溶于水，在常温常压下，一个单位体积的水能溶解 700 单位体积的氨水而形成氨水溶液。在低温下，水不会从氨液中析出而形成"冰塞"现象，所以氨系统中一般不设置干燥过滤器。氨液中溶有水后，其蒸发温度稍有提高，同时对金属有腐蚀作用，故规定氨的允许含水量不超过 0.2%。

2）氟利昂

（1）R12。

R12 即二氟二氯甲烷（CCl_2F_2），是一种烷烃的卤代物，这是目前应用较为广泛的一种中压中温制冷剂，标准蒸发温度为-29.8 ℃，凝固温度为-155 ℃，冷凝压力一般为 0.78～0.98 MPa，单位容积标准制冷量约为 288 $kcal/m^3$（1 kcal≈4 186 J）。R12 是一种无色、透明、气味很弱、几乎无毒性、不燃烧、不爆炸，较为安全的制冷剂。但是遇明火或者温度达到 400 ℃ 以上时，会分解出对人体有害的光气，当 R12 在空气中容积浓度超过 80%会使人窒息。

R12 液体能与矿物性润滑油无限溶解，由于这一特性，在冷凝器中的润滑油不易在管壁上形成油膜而影响传热，在储液器中，R12 液体也不会与油分离。但其吸水性很差，低温状态下水易析出而形成冰堵。因此，在小型氟利昂制冷装置中不设分油器，而设干燥器，系统中的设备和管道在充灌 R12 前必须经过干燥处理，严格限制含水量，同时规定

R12 产品中的含水量不得超过 0.0025%。

R12 对一般金属没有腐蚀作用，但能腐蚀镁及含镁超过 2%的铝镁合金。R12 对天然橡胶和塑料等有机物有膨胀作用，故设备中不能使用一般天然橡胶做密封垫片，而应采用丁腈橡胶或氯乙醇等人造橡胶。R12 的渗透性很强，铸件的极细缝隙、螺纹结合处等都可能会泄露，因此对铸件质量及系统的密封性要求较高。

R12 在大气中分解后会释放出氯原子，对臭氧层有严重破坏作用，导致大气中臭氧浓度下降，产生温室效应，危及人类赖以生存的自然环境。因此 R12 已受到各国限用及禁用。

（2）R22。

R22 即二氟一氯甲烷（$CHClF_2$）也是烷烃的卤代物，其标准沸点为-40.8 ℃，凝固温度约为-160 ℃，是一种较为常用的中温制冷剂。R22 无色，气味很弱，不燃烧，不爆炸，很多性质与 R12 相似，但其毒性比 R12 稍大，单位容积制冷量比 R12 也大得多。R22 也属于不溶于水的物质，系统中含水量超标则可能会引起冰堵和"镀铜"现象，因此一般限制含水量在 0.0025%之内。

R22 能部分地与润滑油互溶，在系统高温侧部分（冷凝器中）R22 与油完全溶解；在低温侧部分（蒸发器中）R22 与油的混合物出现分层现象，上层主要是油，下层主要是 R22，因此需要采取专门的回油措施。R22 对金属的腐蚀性以及泄露性与 R12 相似，但它的单位容积制冷量比 R22 高 40%左右，并且它对大气臭氧层的破坏作用相对比较轻微，因此可以作为 R12 的过渡性替代制冷剂，一般在空调、冷藏、低温设备，离心式、活塞式和回转式压缩机系统中均有应用。

（3）R134a。

R134a 属于 HFC 类物质，是一种新型制冷剂，R134a 作为 R12 的替代制冷剂而提出，它的许多特性与 R12 很接近，R134a 也被用于离心式制冷机中，作为 R11 的替代制冷剂。目前，上海地铁 2 号线、广州地铁 1 号线车辆空调机组制冷剂采用 R134a。

R134a 的临界压力比 R12 略低，温度及液体密度均比 R12 略小，标准沸点略高于 R12 液体，气体的比热容均比 R12 大。两者的饱和蒸气压在低温时 R134a 略低，大约在 17 ℃时相等，高温时 R134 略高。因此，一般情况下，R134a 的压比要略高于 R12，但它的排气温度比 R12 低，对压缩机工作更有利。两者的黏性相差不大。

R134a 的毒性非常低，在空气中不可燃，安全类别与 R12 一样，为 A1，是很安全的制冷剂。与 R12 相比，R134a 具有优良的迁移性质，其液体及气体的热导率显著高于 R12；研究表明，在蒸发器和冷凝器中，R134a 的传热系数比 R12 分别要高 35%～40%和 25%～35%。

R134a 与矿物润滑油不相溶，但在温度较高时，能完全溶解于多元烷基醇类（PAG）和多元醇酯类（POE）合成润滑油；在温度较低时，只能溶解于 POE 合成润滑油。

R134a 的化学稳定性很好，然而由于它的溶水性比 R12 要强得多，这对制冷系统很不利。即使少量水分存在，在润滑油等的一起作用下，将会产生酸、CO 或 CO_2，将对金属物产生腐蚀作用，或产生"镀铜"现象。因此，R134a 对系统的干燥和清洁性要求更高。而且，不能用与 R12 相同的干燥剂，必须用与 R134a 相容的干燥剂，如 XH-7 或 XH-9 型分子筛。R134 对钢、铁、铜、铝等金属均未发现有相互化学反应的现象，仅对锌有轻微的作用。R134a 对塑料无显著影响，除了对聚苯乙烯稍有影响外，其他的大多可用。和塑料相比，合成橡胶受 R134a 的影响略大，特别是氟橡胶。

与其他 HFC 类制冷剂一样，R134a 分子中不存在氯原子，应该用专门适合于 R134a 的检漏仪检漏。

（4）R407C。

常温常压下，R407C 是一种不含氯的氟代烷非共沸混合制冷剂，它是作为 R22 的替代物而提出的，为无色气体，有轻微的气味；化学稳定性好，与活泼金属、碱金属、碱土金属（如铝、锌、钡等）不相容。R407C 是环保型制冷剂，用于替代 R22 和 R502，具有清洁、低毒、不燃、制冷效果好等特点。

广州地铁 2 号线车辆和深圳地铁车辆空调机组均采用新型环保制冷剂 R407c。在压力为 1 标准大气压时，其泡点温度为-43.4 ℃，露点温度为-36.1 ℃，与 R22 的沸点较接近。与其他 HFC 制冷剂一样，R407c 也不能与矿物润滑油互溶，但能溶解于聚酯类合成润滑油。研究表明，在空调工况（蒸发温度约 7 ℃）下，R407c 容积制冷量及制冷系数比 R22 略低（约 5%）。因此，将 R22 的空调系统换成 R407C，只要将润滑油和制冷剂改换就可以了，而不需要更换制冷压缩机，这是 R407C 作为 R22 替代物的最大优点。但在低温工况（蒸发温度＜-30 ℃）下，虽然其制冷系数比 R22 低得不多，但它的容积制冷量比 R22 要低得多（约 20%），这一点在使用时要特别注意。此外，由于 R407c 的泡点、露点温差较大，在使用时最好将热交换器做成逆流形式，以充分发挥非共沸混合制冷剂的优势。

3）R290

制冷剂 R290，即丙烷，是一种可以从液化气中直接获得的天然碳氢制冷剂。与氟利昂这种人工合成制冷剂相比，天然工质 R290 的分子中不含有氯原子，因而 ODP 值为零，对臭氧层不具有破坏作用。此外，与同样对臭氧层无破坏作用的 HFC 物质相比，R290 的 GWP 值接近 0，对温室效应没有影响。目前在德国 R290 已经用于家用热水器和空调系统中。

目前，我国空调行业使用较多的制冷剂是 HCFC 物质 R22。R290 与 R22 的标准沸点、凝固点、临界点等基本物理性质非常接近，具备替代 R22 的基本条件。在饱和液态时，R290 的密度比 R22 小，因此相同容积下 R290 的灌注量更小，试验证明相同系统体积下 R290 的灌注量是 R22 的 43%左右。另外，由于 R290 的汽化潜热大约是 R22 的 2 倍左右，因此采用 R290 的制冷系统制冷剂循环量更小。R290 具有良好的材料相容性，与铜、钢、铸铁、润滑油等均能良好相容。

虽然 R290 具有上述优势，但其"易燃易爆"的缺点是目前限制其大规模推广的最大阻碍。R290 与空气混合能形成爆炸性混合物，遇热源和明火有燃烧爆炸的危险。提高 R290 安全性的手段包括减小灌装量、隔绝着火源、防止制冷剂泄漏及提高泄漏后的安全防控能力等。

二、润滑油

空调压缩机是空调系统的关键设备，而空调系统有相对运动的零件，必须进行润滑以减少摩擦，并增加密封性能，因此空调系统中必须保持一定量的润滑油，压缩机中的润滑油对空调系统运行的可靠性、稳定性和使用寿命等方面均具有重要影响。空调系统中的压缩机各部件能够正常工作保障空调系统实现制冷和制热，离不开润滑油的作用。

润滑油保证压缩机正常运转，对运动部件起润滑与冷却作用，在保证压缩机运行的可靠性和使用寿命中起着极其重要的作用。

（1）将油输送到各运动部件的摩擦面，形成一层油膜，降低摩擦功，带走摩擦热，减少运动零件的摩擦量，提高压缩机的可靠性和延长机器的使用寿命。

（2）由于润滑油带走摩擦热，不致使摩擦面的温升太高，因而防止运动零件因发热而"卡死"。

（3）对于开启式压缩机，在密封件摩擦面间隙中充满润滑油，既起到润滑作用，又可防止制冷剂的泄漏。

（4）润滑油流经润滑面可带走机械杂质和油污，起到清洗作用。

（5）润滑油能在各零件表面形成油膜保护层，防止零件的锈蚀。

（6）能量调节。在压缩机中，通过润滑油推动能量调节部件运动，改变压缩机的排气量，达到调节制冷量的作用。

1. 对润滑油的基本要求

在空调制冷系统中，压缩机润滑油和制冷剂的相互接触是不可避免的。各种制冷剂与相应的润滑油之间的溶解程度不同，有完全溶解、部分溶解、完全不溶解三种情况。所以在压缩机运转时，润滑油和制冷剂会一起由压缩机排气口进入到空调管路中，如果润滑油不能及时回到压缩机，就会导致压缩机缺油，影响压缩机的使用寿命。制冷剂与润滑油溶解会使润滑油变稀，黏度下降，影响压缩机润滑效果。因此对润滑油的要求如下：

（1）润滑油的凝固点要低。一般家用电冰箱和家用空调器采用凝固点低于-30 ℃的润滑油。

（2）要有适当的黏度。如果黏度太小，在摩擦面不易形成正常的油膜厚度，会加速机械磨损，甚至发生拉毛气缸、抱轴等故障，机械密封性能也不好，制冷剂容易泄漏；如果黏度太大，润滑和密封性能虽好，但流动阻力较大，制冷压缩机的单位制冷量消耗的功率会增大，耗电量增加。

（3）有较好的黏温性能和较高的闪点。制冷压缩机在工作中，气缸等处的温度高达130～150 ℃，所以要求润滑油的黏度在温度变化时其变化要小，闪点要高，不会使润滑油在温度高的情况下炭化（在规定的条件下，加热润滑油，润滑油的蒸气和周围空气的混合气，一旦与火焰接触，即发生闪火现象的最低温度，称为润滑油的闪点）。

（4）要有良好的化学稳定性和抗氧化安定性。在与制冷剂及金属共存的系统中，高温会促使润滑油发生化学反应，导致油的分解、劣化，生成沉积物和焦炭。且润滑油分解后产生的酸会腐蚀电气绝缘材料。因此，在全封闭式的制冷压缩机内，润滑油在制冷系统内与制冷剂经常接触，一般要求能够使用10～15年以上。

（5）不含水及酸之类杂质，要有良好的电气绝缘性能。在半封闭和全封闭式制冷压缩机中，电动机绕组要与润滑油经常接触，所以要求润滑油不能破坏电动机的绝缘物并有良好的绝缘性能。

除了以上几项指标外，还有一些其他的物理性能指标。只有润滑油的这些指标符合要求，才能应用于制冷系统中。现今大部分制冷系统要求润滑油与制冷剂在系统的工作温度和压力范围内能与制冷剂相溶,要有良好的化学稳定性、润滑性能以及防镀铜性能。

2. 润滑油的种类

润滑油按制造工艺可分成两大类:

(1)天然矿物油,简称矿物油,即从石油中提取的润滑油。作为石油的馏分,矿物油通常具有较小的极性,它们只能溶解在极性较弱或非极性的制冷剂中,如 R600a、R22 等。

(2)人工合成油,简称合成油,即按照特定制冷剂的要求,用人工化学的方法合成的润滑油。合成油主要是为了弥补矿物油难以与极性制冷剂互溶的缺陷而提出的,因此,合成油通常都有较强的极性,它们能溶解在极性较强的制冷剂中,如 R134a、R717 等。人工合成润滑油主要有聚醇类、聚酯类、极性合成碳氢化合物等。

国际标准化组织根据冷冻机油的组成特性、蒸发器的操作温度和所用制冷剂的类型,把冷冻机油分为 DRA~DRG 七个品种(ISO 6743/3B—2003)。我国参照国际产品标准,制定了冷冻机油国家标准 GB/T 16630—2012。润滑油分类及各品种的应用见表 2-4-1。

表 2-4-1 润滑油分类及各品种的应用

主要应用	制冷剂	润滑剂分组	润滑剂类型	代号	典型应用
制冷压缩机	NH₃(氨)	不相溶	深度精制的矿油(环烷基或石蜡基),合成烃(烷基苯,聚α烯烃等)	DRA	工业用和商业用制冷
		相溶	聚(亚烷基)二醇	DRB	工业用和商业用制冷
	HFCs(氢氟烃类)	相溶	聚酯油,聚乙烯醚,聚(亚烷基)二醇	DRD	车用空调、家用制冷、民用商用空调、热泵、商业制冷(包括运输制冷)
	HCFCs(氢氯氟烃类)	相溶	深度精制的矿油(环烷基或石蜡基),烷基苯,聚酯油,聚乙烯醚	DRE	车用空调、家用制冷、民用商用空调、热泵、商业制冷(包括运输制冷)
	HCs(烃类)	相溶	深度精制的矿油(环烷基或石蜡基),聚(亚烷基)二醇,合成烃(烷基苯,聚α烯烃等),聚酯油,聚乙烯醚	DRG	工业制冷、家用制冷、民用商用空调、热泵

3. 润滑油的选择

润滑油的选择主要取决于制冷剂种类、压缩机型式和运转工况(蒸发温度、冷凝温度)等,一般是使用制冷机制造厂推荐的牌号。选择润滑油时,首先要考虑的是该润滑油的低温性能和对制冷剂的相溶性。从压缩机出来随制冷剂一起进入蒸发器的润滑油由于温度的降低,如果制冷剂对润滑油的溶解性能不好的话,则润滑油要在蒸发器传热管壁面上形成一层油膜,从而增加热阻,降低系统性能。

值得指出的是，极性润滑油如聚酯类油和聚醇类油都具有很强的吸水性，这一特性对制冷系统极其不利，在使用时要加以特别注意。

选择润滑油除了考虑与制冷剂的互溶性以外，还要考虑润滑油的黏度。

思考与练习

1. 制冷剂的作用是什么？有哪些分类？
2. 什么是共沸制冷剂？共沸混合物类制冷剂有什么特点？
3. 选择制冷剂时有哪些要求？
4. 使用 R134a 时应注意什么问题？
5. 为什么要严格控制氟利昂制冷剂中的含水量？
6. 润滑油的作用是什么？
7. 选择润滑油时应考虑哪些因素？

项目三　制冷压缩机

📜【项目描述】

制冷压缩机是蒸气压缩式制冷装置中的一个重要部分，它是推动制冷剂在制冷系统中不断循环的动力，起着压缩和输送制冷剂蒸气的作用。在蒸气压缩式制冷系统中，各种类型的制冷压缩机对系统的运行性能、噪声、振动、维护和使用寿命有着直接的影响。根据数据统计，制冷压缩机的耗电量占制冷装置总耗电的60%以上，因此，在车辆空调压缩式制冷装置中，选择合适的压缩机可以提高整个系统的制冷效果，实现节能降耗，获得最佳的经济效益。

活塞式制冷压缩机发展较早，技术也较成熟，应用最广泛，特别适用于中、小型制冷装置，早期在一般车辆的空调系统中大多采用活塞式压缩机。目前城轨车辆空调多采用螺杆式和涡旋式压缩机，这两种压缩机具备结构简单、效率高、体积小及振动小等优点，为保证其可靠性和使用寿命要求，基本为全封闭式结构。本项目主要介绍几种制冷压缩机的工作原理、结构和工作过程。

📜【学习目标】

目标类型	目标要求
知识目标	（1）了解制冷压缩机的分类； （2）掌握三种制冷压缩机（活塞式、螺杆式、涡旋式）的基本结构和工作原理； （3）掌握三种压缩机的工作过程； （4）了解影响压缩机性能的因素
技能目标	（1）能指出压缩机的主要部件及其作用； （2）能拆装压缩机
情感目标	（1）能进行团队协作； （2）积极参与学习过程，遵守秩序，服从安排

📜【建议学时】

8学时。

任务一 活塞式制冷压缩机认知

📖 任务目标

通过对活塞式制冷压缩机的认知学习,能够熟悉活塞式制冷压缩机的作用、构造及工作原理,进行活塞式制冷压缩机的拆装、检修维护。

📖 任务准备

一、制冷压缩机的分类

1. 按工作原理分类

制冷压缩机按工作原理不同可分为容积型和速度型两大类,如图 3-1-1 所示。

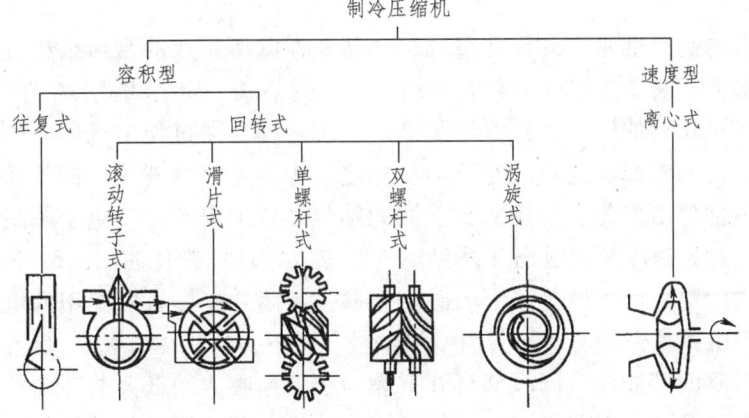

图 3-1-1 制冷压缩机分类及结构示意图

容积型压缩机是通过改变工作容积来完成气体的压缩和输送,低压气体受到压缩,体积被强制缩小,从而达到提高压力的目的。按照压缩部件的运动特点可分为两种形式:往复活塞式和回转式,回转式又可根据压缩机的结构特点分为滚动转子式(又称旋转式)、滑片式、螺杆式、涡旋式等。活塞式压缩机是通过活塞在气缸内做往复运动来改变工作容积,螺杆式压缩机是通过螺杆在气缸中做旋转运动来改变工作容积。车辆上主要用到的压缩机是活塞式、螺杆式、涡旋式。

速度型压缩机是使气体在高速转动的叶轮中提高速度,然后再使之缓慢减速,让动能转化成压力能,使气体的压力升高。目前常用的速度型压缩机是离心式压缩机,由于其转速高,工质在叶轮中的流速很大,叶轮尺寸又受加工工艺的限制不能太小,因而一般输气量很大,适用于大型制冷装置。

活塞式压缩机具有高速、多缸、能量可调、热效率高、适应于多种制冷剂等优点;其缺点是结构复杂、易损件多、检修周期短、对湿行程敏感、有脉冲振动及运行平稳性差。活塞式压缩机发展历史悠久，具有丰富的设计、制造和运行的经验，至今在各个领域中依然被广泛采用和得到发展。

螺杆式压缩机具有结构简单、易损件少、体积小、重量轻、单机压缩比大、对湿行程不敏感、振动小、对基础要求低、输气系数高、排气温度低及热效率高、制冷量可调的优点；其缺点是噪声较大，耗油量大，油路系统和辅助设备比较复杂。新型螺杆式制冷压缩机运行经济性、可靠性和寿命等均已超过活塞压缩机。

全封闭涡旋式压缩机是当前最先进的制冷压缩机，在抗振动、抗液击以及频繁起停等方面具有优异的性能，特别适合于冲击和振动大的运输工具。与其他型式的压缩机相比，它具有噪声低、振动小、效率高和寿命长的特点，压缩机寿命>50 000 h。

旋转式压缩机在国内外已普遍用于房间空调器中，几乎取代了活塞式压缩机，日本在铁路客车空调装置中也开始采用旋转式压缩机。旋转式压缩机与活塞式压缩机相比，有结构简单、体积小、重量轻、容积效率高、运行平稳、噪声和振动小、可靠性强等优点。但旋转式压缩机也存在一些不利因素，如主要零件加工精度要求高、电动机绝缘等级高、起动转矩较大等。这些问题随着科技的发展已基本解决，因此旋转式压缩机在国内正快速发展。

2. 按密封结构形式分类

制冷系统内的制冷剂是不允许泄漏的，从防止泄漏所采取的密封结构方式或压缩机与电机连接形式来看，制冷压缩机可分为开启式、半封闭式、全封闭式。

开启式压缩机功率的原动机独立于制冷剂系统之外，通过伸出机体之外的主轴、传动装置（联轴器、传动带或变速箱）与原动机相连。为防止制冷剂蒸气的外泄和外界空气的渗入，必须在主轴伸出部位上采用防止泄漏的轴封装置加以密封。由于轴封装置不可能实现绝对可靠的密封，制冷剂的泄出和外界空气的渗入是难以避免的。

采用封闭式的结构可以避免或大大减少渗漏。封闭式压缩机所配用的电动机与压缩机共同组装在一个机体（壳）内，并共用一根主轴，且不伸出机体（壳），因而不需设置轴封装置，减少了泄漏的可能性，同时又可降低噪声。使用吸入的低温制冷剂冷却电动机，有利于机器的小型轻量化。但制冷剂和电动机直接接触，因此要求电动机的绝缘材料能耐油和耐制冷剂的腐蚀，且压缩机的油泵能正反转工作。

半封闭式与全封闭式压缩机的区别在于：前者的机体、气缸盖装配后如有必要仍可卸拆，其密封面以法兰连接，靠垫片或垫圈密封；而后者是压缩机和电动机全部安装在一个封闭罩壳内，罩壳全部焊死，不能拆卸，这样可大大减轻压缩机的质量。但封闭式压缩机不易拆卸，修理不便，因此对机器零部件的加工、装配质量、可靠性和使用寿命要求较高，它们应能保证10~15年使用期限。氨含有水分时会腐蚀铜，因此，氨压缩机一般均为开启式，半、全封闭系统都不能使用工质氨。

随着压缩机本身可靠性和耐久性不断得到提高和压缩机紧凑轻量化的追求，制冷压缩机从开启式逐渐向封闭式发展是很自然的，如在日本，功率在15~22 kW的活塞式压缩机中，90%以上实现了半封闭化；对于不能依赖外界维修的船舶、车辆以及边远地区，便于现场维修的开启式压缩机还是有它的优势。对于小型制冷压缩机而言，业内人士一般将开启式活塞压缩机称为第一代，全封闭活塞压缩机称为第二代，旋转（滑片）式压缩机称为第三代，涡旋式压缩机称为第四代，现在正在开发的环形压缩机即为第五代小型制冷压缩机。

不同密封结构形式制冷压缩机的区别见表3-1-1。

表 3-1-1　不同密封结构形式制冷压缩机的区别

种类	制冷量	拆卸	轴封	工质氨
开启式	大	易	有	可用
半封闭	中	易	无	否
全封闭	小	否	无	否

3. 按压缩机使用的制冷剂分类

按使用的制冷剂种类，制冷压缩机可分为氨压缩机、氟利昂压缩机、二氧化碳压缩机和碳氢化合物压缩机等。不同制冷剂对材料及结构的要求也不同，如氨对铜有腐蚀，故氨压缩机中不允许使用铜质零件（磷青铜除外）；氟利昂渗透性较强，对有机物有溶胀作用，故对压缩机的材料及密封机构均有较高的要求。

4. 按制冷量分类

制冷压缩机按标准工况下制冷量的大小分为小型、中型和大型三种类型。标准工况制冷量小于 58 kW 为小型，标准工况制冷量在 58～580 kW 为中型，大于 580 kW 的为大型。

除以上分类，压缩机还可以按照排气压力、容积流量、蒸发温度、转速、压缩机的气缸布置形式等分类。

二、活塞式制冷压缩机

1. 活塞式压缩机的基本结构及命名

活塞式制冷压缩机的结构形式有很多种，但其基本组成不外乎以下几部分（见图3-1-2）：

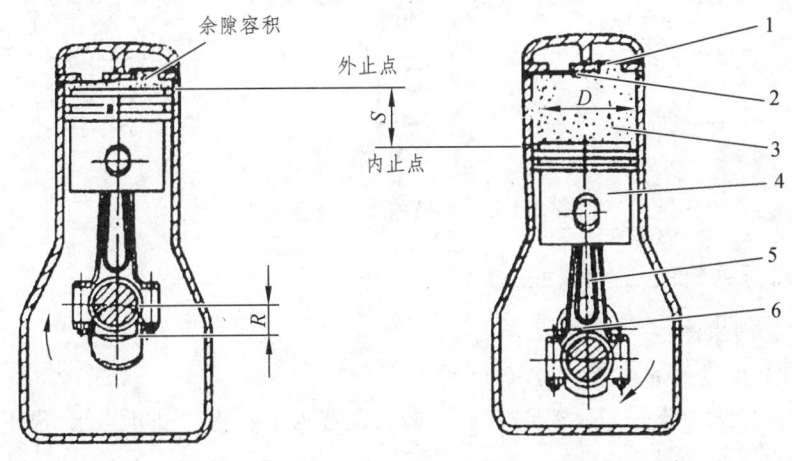

1—排气阀；2—吸气阀；3—气缸；4—活塞；5—连杆；6—曲轴。

图 3-1-2　活塞式压缩机的基本结构

（1）机体组件——由机体和各种盖板组成；
（2）容积可变的工作空间——由气缸、活塞和吸、排气阀片组成；
（3）传动机构——由曲轴、连杆等构成；
（4）润滑和密封设施——由油泵、轴封等构成（小型压缩机没有油泵，封闭式压缩机没有轴封）。

目前，国内生产厂家在样本等资料上，仍习惯于沿用老的压缩机型号表示方法，即

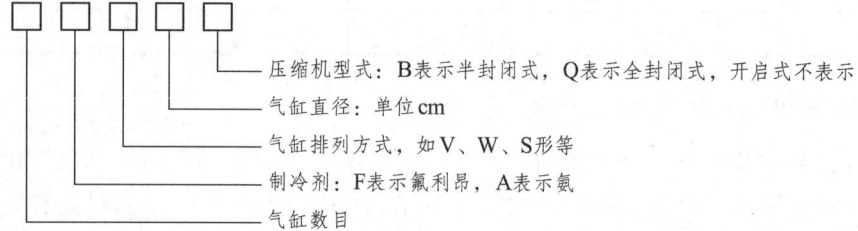

如 4FS7B 型压缩机表示四缸、制冷剂为氟利昂、气缸布置形式为 S 形、气缸直径 70 mm、半封闭式结构。

活塞式压缩机按气缸的布置方式分类，有卧式、立式、V 形、W 形及 S 形等几种（见图 3-1-3）。为了适应高转速和系列化生产的要求，现代中、小型活塞式压缩机已由过去的大缸径、直立式布置改为小缸径、多缸、V 形、W 形、S 形布置，这不但改善了压缩机的运动平衡性能，而且使结构也较为紧凑。

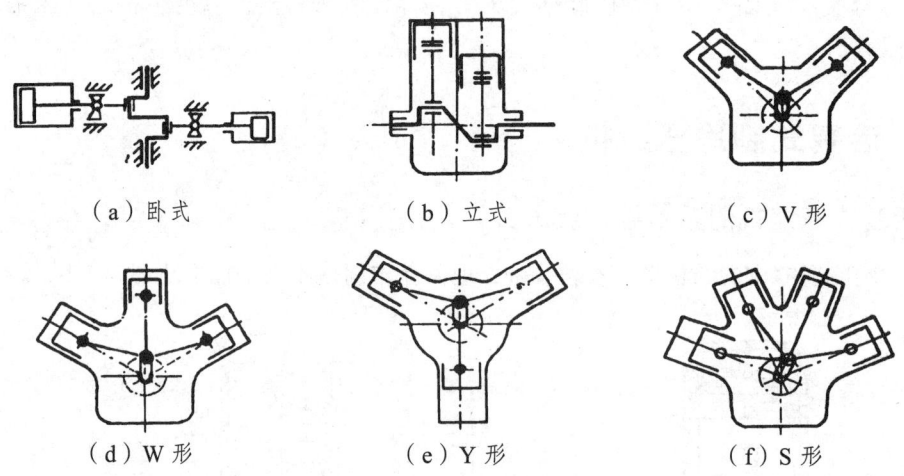

（a）卧式　　　　　（b）立式　　　　　（c）V 形

（d）W 形　　　　　（e）Y 形　　　　　（f）S 形

图 3-1-3　气缸的不同布置方式

2. 活塞式压缩机的工作过程

（1）有关名词术语：
① 活塞的上止点及下止点。
活塞在气缸内做上下往复运动时，最上端的位置为上止点（外止点），最下端的位置为下止点（内止点）。
② 活塞行程。
上止点与下止点之间的距离称为活塞行程或冲程，它是曲柄半径的 2 倍，通常用 S 表示。

③ 气缸工作容积。

上下止点之间气缸工作室的容积，用 V_g 表示。

④ 余隙容积。

当活塞运动到上止点时，活塞顶面与气阀座之间的容积、第一道活塞环以上的环形空间以及气阀通道这三部分容积组成余隙容积，余隙容积与气缸工作容积之比称为相对余隙容积。

（2）理想工作过程。

压缩机的理想工作过程基于四点假设：① 压缩机没有余隙容积；② 吸气与排气过程中没有阻力损失；③ 气缸壁和气体之间没有热量交换；④ 没有泄漏。

压缩机在理想工作过程中每完成一个工作循环，要经历吸气、压缩和排气三个过程，如图 3-1-4 所示。

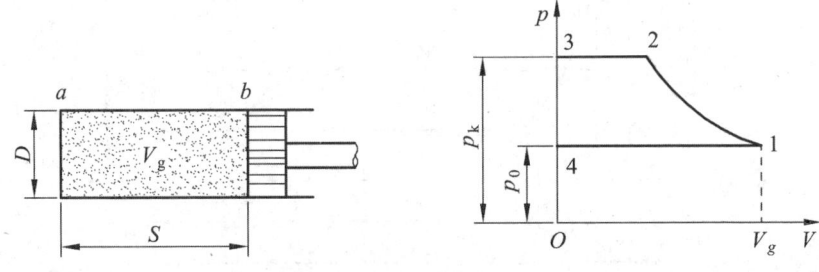

图 3-1-4　压缩机的理想工作过程

图 3-1-4 中 4—1 为吸气过程，活塞从上止点位置（点 4）开始向右移动，吸气阀打开，吸气过程开始。压缩机吸入从蒸发器中蒸发出来的压力为 P_0 的制冷剂蒸气，吸气过程直至活塞运行到下止点为止。

1—2 表示绝热压缩过程，活塞从下止点向左移动，压力升高，吸气阀关闭，气体被绝热压缩，压缩过程直至气缸内气体压力增大到冷凝压力 P_k 为止。

2—3 表示排气过程，当气体压力达到 P_k 时，活塞继续左移，排气阀即被顶开，高压气体在 P_k 下等压排出，排气过程直至活塞运行到上止点为止。

排气结束后，压缩机再重新开始吸气、压缩、排气三个过程，如此循环下去。

（3）实际工作过程。

实际工作中活塞运动到上止点时，为了保证活塞顶部不会撞击气缸端部，活塞顶部与气缸端部会留有一定距离，这部分环形容积以及气阀通道的容积合称余隙容积。由于余隙容积的存在，当活塞运动到上止点时，缸内气体不可能全排出，而在余隙容积内存留有高压气体。当活塞由上止点开始向下运动时，余隙容积内气体的压力大于吸气管内低压蒸气的压力，吸气阀在压差作用下不能打开，吸气管内的气体不能进入气缸，而残留在气缸内的高压蒸气因容积增大而膨胀，压力开始下降，直至气缸内的气体压力下降到稍低于吸气管内的压力 P_0 时，吸气阀才自动开启，开始吸气过程。由此可知，压缩机的实际工作过程是由膨胀、吸气、压缩、排气四个工作过程组成的。

图 3-1-5 中的 3′—4′为膨胀过程，4′—1′为吸气过程，1′—2′为压缩过程，2′—3′为排气过程，与图 3-1-4 相比，实际循环多一个膨胀过程。此外，在吸气、排气时存在有压力损失和压力波动，在整个工作过程中气体同气缸、活塞间有热量交换和摩擦，同时通过气缸与活

塞之间的间隙及吸气阀、排气阀还有气体泄漏。因此，实际压缩机的工作过程与理论有较大区别，归纳为以下四点：

① 压缩机有余隙容积，使得吸气量小于气缸总容积。

② 吸、排气过程有阻力损失，使得吸气压力＜蒸发压力，排气压力＞冷凝压力，压缩机吸气管和排气管的气体压力差比理想情况大，压缩机做功增多。

③ 吸、排气过程中与外界有热量交换，使得气体受热膨胀，吸气量进一步减少。

④ 吸、排气阀和活塞环等处还有漏泄损失，以及在工作时运动机构的摩擦面要消耗摩擦功等。

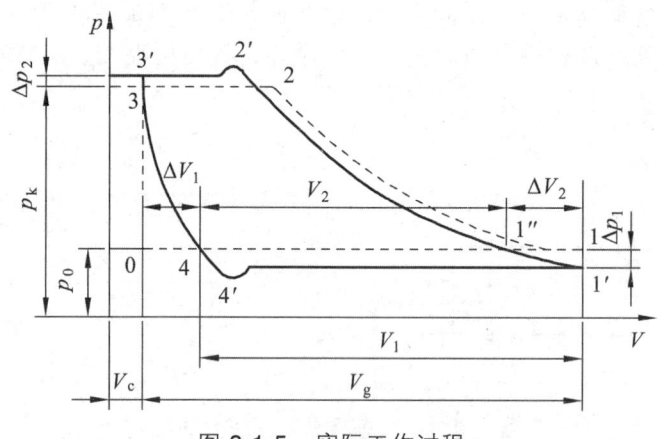

图 3-1-5　实际工作过程

由于这些因素的影响，使得压缩机实际工作过程的输气量要小于理论过程，而功率消耗则大于理论过程。

3. 活塞式压缩机的典型结构及部件

（1）常见活塞式压缩机典型零部件结构。

① 机体。

机体是支承压缩机全部质量并保证各零部件之间有正确的相对位置的部件。机体包括气缸体和曲轴箱两个部分。安装气缸套的部位称为气缸体，安装曲轴的部位称曲轴箱。装在机体上的还有气缸盖、轴承座等零部件。机体是整个压缩机的支架，因而要求其有足够的强度和刚性。一般采用高强度灰铸铁（HT20～40）铸成一个整体。

机体的结构形式有很多，有的带气缸套，有的气缸是直接在机体上加工而成的。高速多缸压缩机的机体常采用气缸体和气缸套分开的结构形式，这种结构形式的机体刚性好、结合面少、结构简单，气缸套和机体可分别采用不同的材料，对气缸体的要求低，所以为国内外高速多缸的压缩机广泛采用。

图 3-1-6 所示为气缸及缸套示意图。

② 活塞组。

活塞组是活塞、活塞销、活塞环等的总称。活塞组在连杆的带动下，在气缸内做往复运动，在气阀部件的配合下完成吸入、压缩和输送气体的作用。典型的筒形活塞组部件如图 3-1-7 所示，它由活塞、气环、油环、活塞销、弹簧挡圈组成。

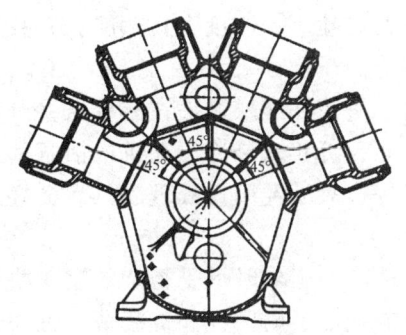 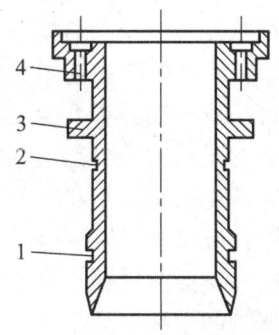

1—密封圈环槽；2—挡环槽；3—凸缘；4—吸气孔。

图 3-1-6　气缸及缸套示意图

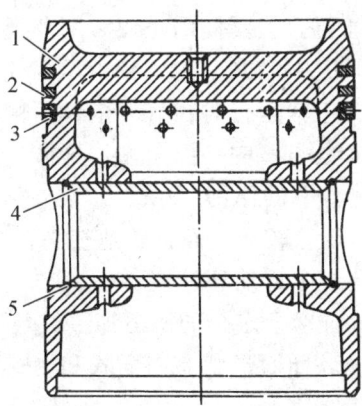

1—活塞；2—气环；3—油环；4—活塞销；5—弹簧挡圈。

图 3-1-7　筒形活塞组部件

活塞（见图 3-1-8 和图 3-1-9）可分为筒形和盘形两大类。我国系列制冷压缩机的活塞均采用筒形结构，它由顶部、环部和裙部三部分组成。活塞顶部组成封闭气缸的工作面。活塞顶部形状为下凹或锥形，是为了适应气阀组的结构，以达到减少余隙容积的目的。

图 3-1-8　平顶活塞　　　　　图 3-1-9　凹顶活塞

活塞环部的外圆上开有安装活塞环的环槽，环槽的深度略大于活塞环的径向厚度，使活塞环有一定的活动余地。装油环的环槽中钻有回油孔，使油环刮下的油，通过回油孔回到曲轴箱，以减少润滑油被带走的数量。小型活塞没有气环和油环，它们通常在活塞外圆车削出一道或几道环槽，以便达到曲径密封的作用。

活塞裙部在气缸中起导向作用并承受侧压力。由于销座部分壁较厚，为了避免活塞受热后因膨胀不均匀而影响活塞的正常工作，因而裙部往往做成椭圆状或在销座端的活塞外圆上制成凹陷形状。对于小型铸铁活塞，因其尺寸小，刚度大，热膨胀系数又小，所以也可不必在裙部加工成凹陷状或椭圆状。

活塞的材料一般为铜硅铝合金或灰铸铁。灰铸铁活塞过去在制冷压缩机中应用较广，但由于铸铁活塞的质量大且导热性能差，因此，近年来制冷压缩机的活塞都采用铝合金活塞。铝合金活塞的优点是质量小、导热性能好，表面经阳极处理后具有良好的耐磨性。但铝合金活塞比铸铁活塞的机械强度低、耐磨性差。

活塞销是用来连接活塞和连杆小头的零件，在工作时承受复杂的交变载荷。活塞销的损坏将会造成严重的事故，故要求其有足够的强度、耐磨性和抗疲劳、抗冲击的性能。因此，活塞销通常用 20 号钢、20Cr 钢或 45 号钢制造。为了防止活塞销轴向位移而伸出活塞时擦伤气缸，销座孔内可以采用软金属塞或采用弹簧挡圈，也有采用螺钉固定。

活塞环包括气环和油环。气环的主要作用是使活塞和气缸壁之间形成密封，防止被压缩蒸气从活塞和气缸壁之间的间隙中泄漏。为了减少压缩气体从环的锁口泄漏，多道气环安装时锁口应相互错开。压缩机正常运行时，气环依靠两侧压力差和本身的弹力，使工作面与气缸壁紧贴，另外环的端面也与槽的一面紧贴。这样，气体经过这两对紧贴面时，便产生很大的节流，起到阻止气体泄漏的作用。

制冷压缩机由于压力较低，压差较小，而且转速较高，故一般采用 1~2 道气环即能满足密封要求，一般在气环下面装有 1 道油环。

油环的作用是布油和刮去气缸壁上多余的润滑油。气环可装 1~3 道，油环通常只装 1 道且装在气环的下面。常见的油环断面形状有斜面式和槽式两种，斜面式油环安装时斜面应向上。

③ 连杆。

连杆（见图 3-1-10 和图 3-1-11）的作用是将活塞与曲轴连接起来，将曲轴的旋转运动变为活塞的往复运动。连杆与曲轴相连的一端称连杆大头，做旋转运动；另一端通过活塞销与活塞相连的部分，称为连杆小头，做往复运动；大头与小头之间称为连杆体，做往复与摆动的复合运动。连杆体在工作时承受拉、压交变载荷，故一般用优质中碳钢锻造或用球墨铸铁（如 QT40-10）铸造，杆身多采用工字形截面且中间钻一长孔作为油道。

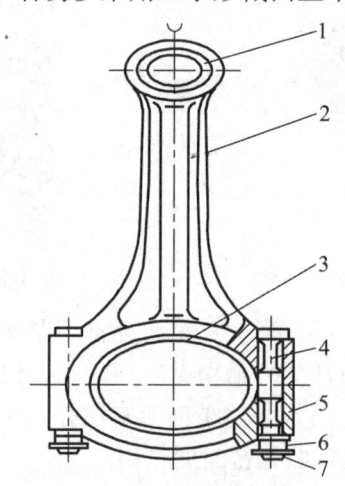

1—小头衬套；2—连杆体；3—大头轴瓦；4—连杆螺栓；5—大头盖；6—螺母；7—开口销。

图 3-1-10　连杆组部件

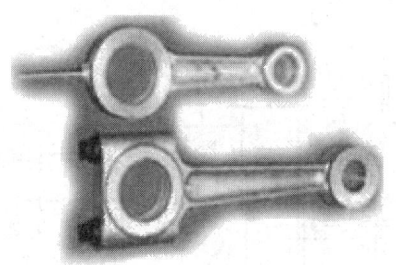

图 3-1-11　连杆示意图

连杆大头有剖分式和整体式两种，小型封闭式压缩机广泛采用整体式。连杆小头一般为整体式圆环形结构。

连杆小头通过活塞销与活塞相连，销孔中加衬套以提高耐磨、耐冲击能力。连杆小头衬套常用锡磷青铜 ZQSn10-1 做成整体筒状，外圆面车有环槽并钻有油孔，内表面开有轴向油槽。

连杆大头与曲轴连接。连杆大头一般做成剖分式，以便于装拆和检修。为了改善连杆大头与曲柄销之间的磨损状况，大头孔内一般均装有轴承合金轴瓦即连杆大头轴瓦。连杆大头轴瓦分薄壁和厚壁两种，系列制冷压缩机都采用薄壁轴瓦。轴瓦的上瓦与连杆油孔相应的地方也开有油孔。剖分式的连杆大头内孔是与连杆大头盖单配加工完成的，因此它们之间没有互换性，装配时要对方向记号，并由定位装置来确保大头内圆的正确形状。连杆螺栓用于连接剖分式连杆大头与大头盖。连杆螺栓是曲柄连杆机构中受力严重的零件，它不仅受反复的拉伸且受振动和冲击作用，很容易松脱和断裂，以致引起严重事故。所以对连杆螺栓的设计、加工、装配均有严格要求。连杆螺栓常用 40Cr、45Cr 钢等制造，且采用细牙螺纹，其安装时要求有一定的预紧力，以免在载荷变化时连杆大头上下瓦和曲柄销之间松动敲击，加速机器零件的损坏。

④ 曲轴。

曲轴是活塞式制冷压缩机的主要部件之一，传递着压缩机的全部功率。其主要作用是将电动机的旋转运动通过连杆改变为活塞的往复直线运动。曲轴在运动时，承受拉、压、剪切、弯曲和扭转的交变复合负载，工作条件恶劣，要求具有足够的强度和刚度、耐磨性和抗疲劳性，故曲轴一般采用 40、45 或 50 号优质碳素钢锻造，但现在已广泛采用球墨铸铁铸造。

在中小型制冷压缩机中，最为常见的是曲拐轴（见图 3-1-12）和偏心轴（见图 3-1-13）两种类型。曲拐轴简称曲轴，它由主轴颈、曲柄和曲柄销（又称连杆轴颈）三部分组成。偏心轴多用于小型全封闭或半封闭式压缩机中。

⑤ 气阀组与轴封。

气阀（见图 3-1-14）是压缩机的一个重要部件，属于易损件。它的质量及工作的好坏直接影响压缩机的输气量、功率损耗和运转的可靠性。气阀包括吸气阀和排气阀，活塞每上下往复运动一次，吸、排气阀各启闭一次，从而控制压缩机并使其完成吸气、压缩、排气、膨胀等四个工作过程。阀门启闭工作频繁且对压缩机的性能影响很大，因此气阀需满足如下要求：气体流过阀门时的流动阻力要小，要有足够的通道截面，通道表面应光滑，启闭及时、关闭严密、坚韧、耐磨。

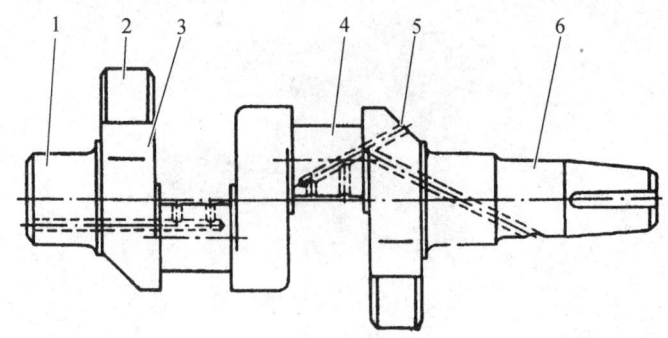

1—主轴颈（连接油泵端）；2—平衡块；3—曲柄；4—曲柄销；5—油孔；6—轴颈（连接轴封处）。

图 3-1-12　曲拐轴

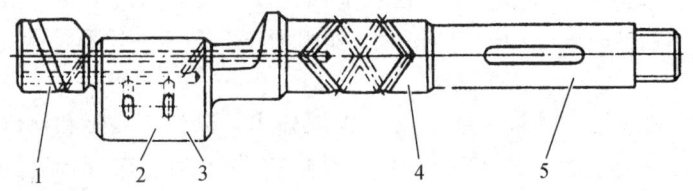

1—下主轴颈；2—油孔；3—偏心销；4—上主轴颈；5—电动机转子轴颈。

图 3-1-13　偏心轴

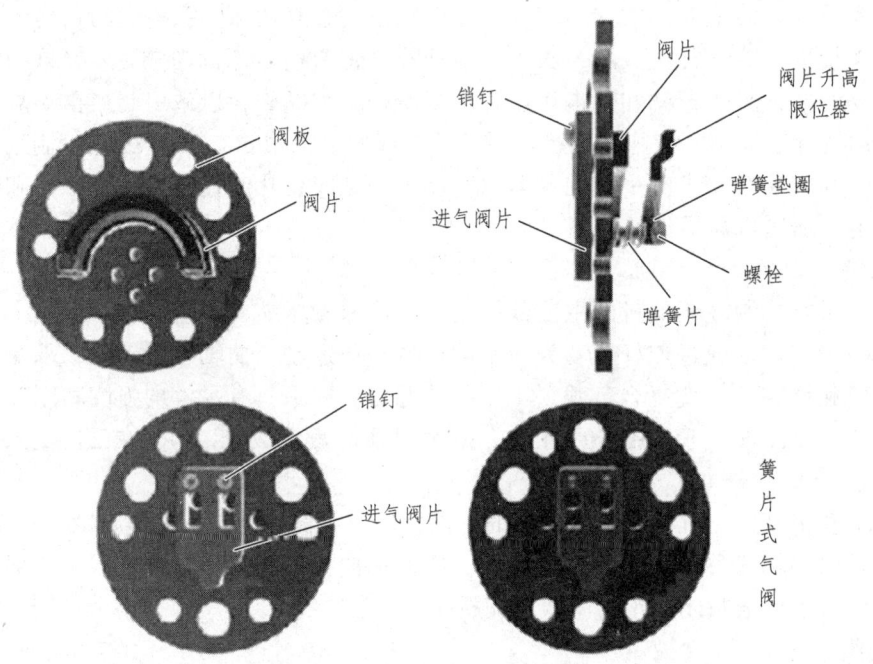

图 3-1-14　气阀组结构示意图

气阀实质上是一自动阀，气阀的启闭是依靠阀片两侧的压力差来实现的。气阀的结构形式也是多种多样，最常见的有环片阀、簧片阀两种。

环片阀是目前应用最广泛的一种，我国缸径在 70 mm 以上的中小型活塞式制冷压缩机系列均采用这种形式。环片阀的结构简单、加工方便、工作可靠。但由于阀片较厚，运动质量较大，阀片经常与导向面摩擦，工作时冲击性较大，阀片启闭不易做到迅速、及时，而使气体在阀中容易产生涡流,增大损失,故环状阀片适用于转速低于 1 500 r/min 的压缩机中。

簧片阀分舌簧阀或翼状阀。阀片一端固定在阀座上,另一端可以上下运动,以达到启闭的目的。阀片由厚度为 0.1~0.3 mm 的弹性薄钢片制成,因此质量小、惯性小、启闭迅速,适用于小型高转速压缩机。

轴封(见图 3-1-15)的作用在于防止制冷剂蒸气沿曲轴伸出端向外泄漏,或者是当曲轴箱内压力低于大气压时,防止外界空气漏入。因此,轴封应具有良好的密封性和安全可靠性,且结构简单、装拆方便,并具有一定的使用寿命。

轴封装置主要有机械式和填料式两种。目前常用的机械式轴封主要有摩擦环式和波纹管式。其中,国产系列活塞式制冷压缩机大都采用摩擦环式轴封,这种轴封由活动环(摩擦环)、固定环、弹簧及弹簧座、压圈和两个 O 形耐油橡胶圈所组成。活动环槽内嵌一橡胶密封圈并与活动环一同套装在轴上,在弹簧力和压圈的作用下,活动环与橡胶圈一同被压紧在轴上且使活动环紧贴在固定环上。工作时弹簧座与弹簧、轴上橡胶密封圈及活动环随同曲轴一起转动,固定环及其上的橡胶圈则固定不动。故工作时活动环和固定环做相对运动,紧贴的摩擦面起防止制冷剂往外泄漏的密封作用,轴上橡胶圈用来密封轴与活动环之间的间隙,固定环上的耐油橡胶密封圈起防止轴封室内润滑油外泄的作用。

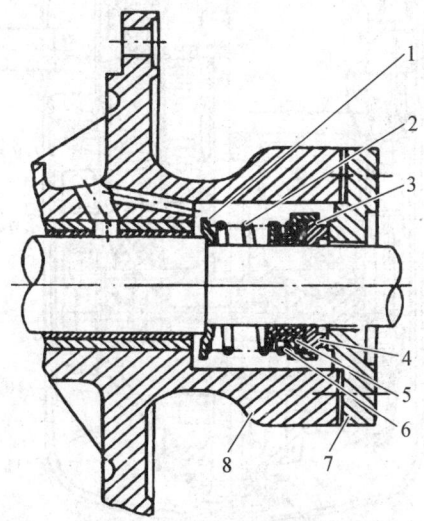

1—托板;2—弹簧;3—钢圈;4—动摩擦环;5—橡胶密封圈;6—钢壳;7—压板;8—轴承座。

图 3-1-15 轴封的组成

⑥ 能量调节装置。

在制冷系统中,随着冷间热负荷的变化,其耗冷量也有变化,因此压缩机的制冷量也应作必要的调整。压缩机制冷量的调节是由能量调节装置来实现的,压缩机的能量调节装置实际上就是排气量调节装置。它的作用有二:一是实现压缩机的空载启动或在较小负荷状态下启动;二是调节压缩机的制冷量。压缩机排气量的调节方法有:顶开部分气缸的吸气阀片;改变压缩机的转速;用旁通阀使部分缸的排气旁通回吸气腔;改变附加余隙容积的大小。顶开气缸吸气阀片的调节方法是一种广泛应用的调节方法,国产系列活塞式制冷压缩机,均采用顶开部分气缸吸气阀片的输气量调节装置。顶开部分气缸吸气阀片的输气量调节装置的原理很简单,即用顶杆将部分气缸的吸气阀片顶起,使之常开,使活塞在压缩过程中,压力不能升高,吸入蒸气又通过吸气阀排回吸气侧,故该气缸无排气量,从而达到调节输气量的目的,即能量调节。

(2)JH514YZ型压缩机部件。

JH514YZ型压缩机(见图3-1-16)是全封闭式压缩机,它被广泛使用在KLD-29型单元式空调机组中,其主要技术参数如下:

气缸直径:44.45 mm;

活塞行程:24 mm;

气缸数:3个;

转速:2 880 r/min;

制冷剂:R22;

制冷量:12.7 kW(空调工况);

电动机功率:3.7 5kW。

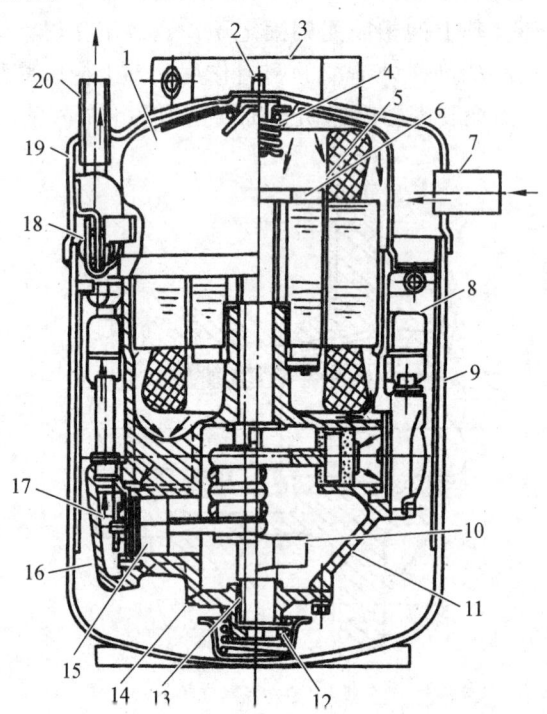

1—电动机壳;2—吊具;3—端子箱;4—上弹簧;5—定子线圈;6—转子;7—吸气管;8—排气消音器;9—下壳体;10—曲轴;11—曲轴箱;12—下弹簧;13—下轴承;14—支承架;15—活塞连杆;16—气缸盖;17—高压室;18—横弹簧;19—上壳体;20—排气管。

图3-1-16 JH514YZ压缩机结构

压缩机工作时,低压氟利昂蒸气经吸气管进入机壳内,并充满整个机壳,使电机获得较好的冷却。然后经电机定子内侧机体上的吸气通道进入机体内腔。当活塞由上至点向下运动时,低压蒸气经阀板上的吸气孔顶开吸气阀进入气缸。压缩后高温高压蒸气顶开排气阀排入高压室,再经气缸盖上与排气消音器的连接管排入排气消音器,然后通过排气消音器上的排气管排出压缩机。排气消音器不仅起消音作用,而且使高压气体压力均匀稳定。

压缩机的机壳，由 5 mm 厚的热压或冷压钢板冲压成上、下两部分，装入电机与压缩机组成的机芯后，将上、下壳焊接成一体，机壳外部只有吸气管、排气管和电源引线。为了减少机器工作时的振动，机芯通过三个减振弹簧支承在机壳上，机壳再通过橡胶减振装置与单元式机组的钢骨架连接。机芯上部是压缩机电机，下部是压缩机机体，机体下部有三个气缸呈卧式星形布置。环形的排气消音器布置在机体外部，下部有三个管分别与三个气缸相连，上部有一个管伸至机壳外。图 3-1-17 所示为机芯外观示意图。

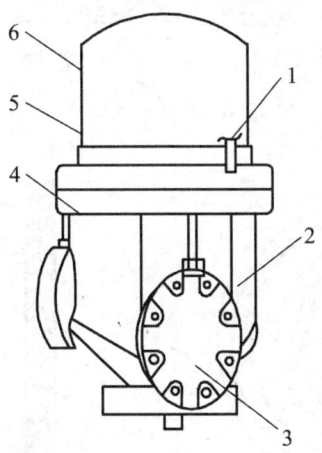

1—排气管；2—机体；3—气缸盖；4—排气消音；5—电机壳；6—电源线。

图 3-1-17　机芯外观示意图

压缩机曲轴是一根垂直安装的偏心轴，轴的上端安装电机转子铁芯，下端偏心销上套有三根整体式连杆。活塞为筒形、平顶结构。为了简化结构，活塞只有一道活塞环（为气环），气环下面开有一道油槽。图 3-1-18 所示为 JH514YZ 型压缩机活塞的结构。

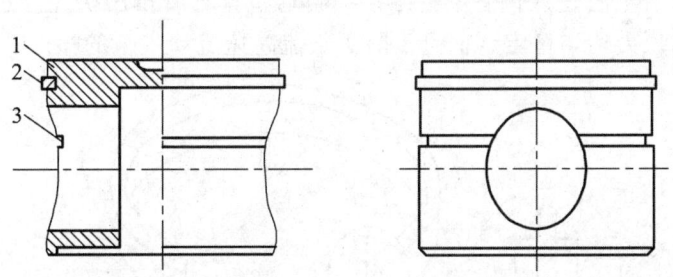

1—活塞；2—气环；3—油槽。

图 3-1-18　活塞的结构

气阀采用簧片阀。气阀组由阀板、吸排气阀片及排气阀升程限位片组成，并通过中心处的铆钉铆在一起。气阀组的总成图和阀板的结构如图 3-1-19 和图 3-1-20 所示。因簧片阀有较好的弹性，取消了吸排气弹簧。吸气时，吸气阀片向下弯曲，其升程受到阀片外圆上的四个凸台与气缸壁上相应的凹槽深度所限制。排气时，排气阀片向上弯曲，其升程受到排气阀片升程限位片的限制。

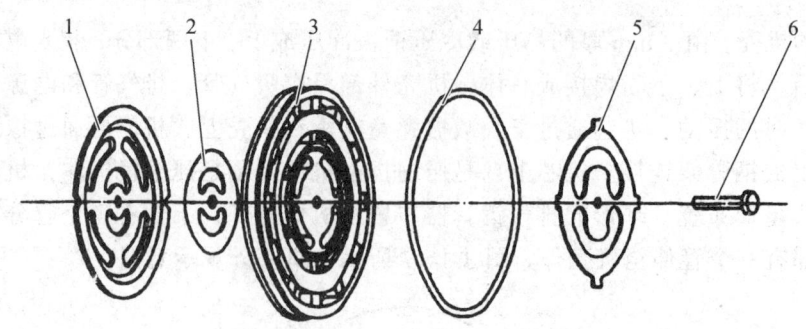

1—排气阀升程限位板；2—排气阀片；3—阀板；4—密封圈；5—吸气阀片；6—铆钉。

图 3-1-19　气阀组

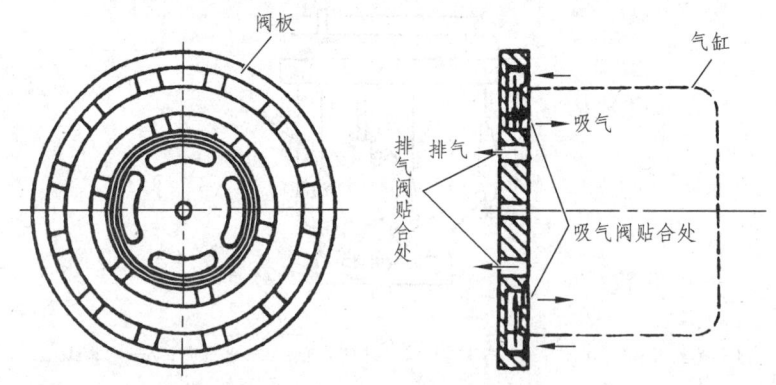

图 3-1-20　阀板的结构

排气消音器的结构如图 3-1-21 所示。它的外部下方有三根进气管，分别与三个气缸相连，上方有一根排气管，管的上部一直伸到机壳外边。它的内部分上下两层；排气管的下部伸到消音器下层底部，上下层之间只在排气管下部周围缝隙处连通。三个气缸中的高压气体首先通过三个进气管进入消音器的下层，再通过排气管排出机壳。这样不但使各气缸排出的高压气体的压力均匀稳定，而且消除了气流高速流动带来的噪声。

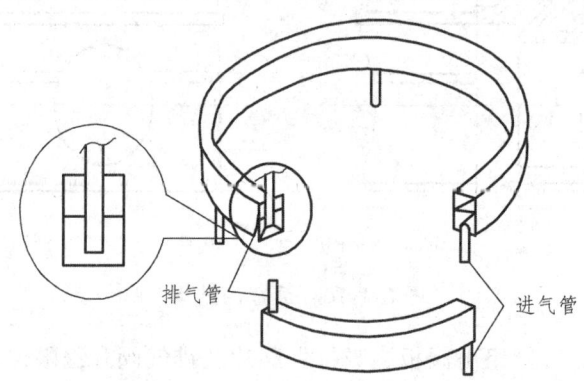

图 3-1-21　排气消音器的结构

JH54YZ 型压缩机的润滑是利用曲轴上的油孔甩油进行的。在曲轴的中心线及偏离中心线 3 mm 处开有两个贯通的纵向油孔，当曲轴高速转动时，润滑油在离心力的作用下，向上沿轴向吸入并流向各摩擦副。

压缩机的电动机有时会因负载过大、压缩机的间断操作过于频繁、环境温度过高、气缸和活塞间严重漏泄、系统管路堵塞、高温工况下冷却条件不好等原因而引起温度过分升高导致烧损。因此，为了防止电机绕组过热，在电机定子绕组中预埋了温度继电器，当温度过高或电流过大时，切断电动机控制电路的电源，使压缩机停车。

知识拓展

活塞式压缩机的性能参数

（1）输气系数 λ。

活塞式制冷压缩机的实际工作中，吸入的制冷剂蒸气容积并不等于活塞的排量，因上述实际过程与理论过程的不同，实际输气量永远小于理论输气量，两者之间的比值称为输气系数，用 λ 表示，λ 的大小反映了实际工作过程中存在的诸多因素（余隙容积、吸排气阀阻力、热交换、泄漏）对压缩机输气量的影响，也表示了压缩机气缸工作容积的有效利用程度，故也称为压缩机的容积效率。

（2）压缩机的功率和效率。

① 指示功率与指示效率。

单位时间内所消耗的指示功，称为压缩机的指示功率。理想循环中压缩 1 kg 制冷剂所消耗的功 W_{th}，与实际循环中所消耗的功 W_i 的比值，称为压缩机的指示效率，用 η_i 表示。

② 轴功率、摩擦功率与机械效率。

由原动机传到曲轴上的功率称为轴功率，用 P_e 表示。轴功率的一部分直接用于压缩气体，称为指示功率，用 P_i 表示；另一部分用于克服曲柄连杆机构等的摩擦阻力，称为摩擦功率，用 P_m 表示，润滑油泵消耗的功率也包括在摩擦功率之内。

$$P_e = P_i + P_m$$

P_i 与 P_e 之比值称为机械效率，用 η_m 表示，制冷压缩机的机械效率一般在 0.75~0.9。提高 η_m 可以从这几方面着手：选用合适的气缸间隙，适当减少活塞环数；选用合适的润滑油；加强曲轴、曲轴箱等零件刚度，降低摩擦表面的粗糙度。

指示效率 η_i 与机械效率 η_m 的乘积，称为压缩机的轴效率，用 η_e 表示。一般 η_e 在 0.6~0.7。

（3）能耗指标。

性能系数 COP：指一定工况下制冷压缩机的制冷量 Q_0 与所消耗轴功率的比值；可用来评价压缩机运转时的经济性，COP=Q_0/P_e。

能效比 EER：制冷压缩机输入单位功 P_{in} 所产生的制冷量，用于评价制冷机的经济性。

压缩机各类功率之间的关系如图 3-1-22 所示。

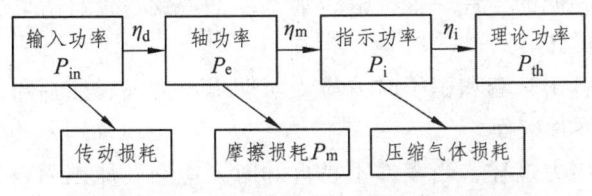

图 3-1-22　压缩机各类功率之间的关系

（4）压缩机的工况。

压缩机的工况用稳定工作时的吸入压力饱和温度、吸入温度、排出压力饱和温度和制冷剂液体温度等温度数值来表示。压缩机的制冷量和轴功率等参数是随着工况条件变化而变化的，因此不指出压缩机的工作条件而比较它的制冷量的大小是没有意义的。为了对压缩机的性能加以对比，根据我国的具体情况，规定了名义工况、考核工况、最大轴功率工况、最大压差工况等。

名义工况：确定压缩机和压缩机组名义制冷量的工况，即铭牌工况，用来标示和比较压缩机和压缩机组的制冷量。

考核工况：是考核压缩机和压缩机组性能指标的工况。在此工况下，压缩机和压缩机组按规定条件进行试验，并作为性能比较的基准性能工况。

最大轴功率工况：用来考核压缩机噪声、振动，并依此选配电动机。

最大压差工况：用来考核压缩机零件强度、排气温度、油温、电机绕组温度。

小型压缩机名义工况见表 3-1-2。

表 3-1-2 小型压缩机名义工况   单位：℃

使用温度范围	制冷剂	吸入压力饱和温度	吸入温度	排出压力饱和温度	制冷剂液体温度
高温	R12	7	8	49	44
	R22				
中温	R12	−7	8	43	38
	R22				
低温	R12	−23	5	43	38
	R22				
	R502				

目前，许多生产厂家仍按原定的标准工况（standard condition）和空调工况（air-conditioning condition）来标示压缩机的各项性能指标，在压缩机的铭牌上分别标出其标准（工况）制冷量或空调（工况）制冷量。

实训操作

THRHYS-1 型活塞式制冷压缩机整机的拆卸和装配

（1）制冷压缩机拆卸的基本要求：

拆卸的步骤：先上后下、由外及里，先部件后零件。

拆卸形状和尺寸相同的零件，如气缸、活塞、活塞销、连杆等时，应先打上表明位号和方位的标记，然后拆卸。

拆卸时需压出或打出轴套和销子时，应先辨明退出方向，然后再用铜锤或铜棒间接锤击，以免打毛或打坏零件表面。

拆卸零件时不能用力过猛，当零件不易拆卸时，应查明原因后再进行拆卸，以免损坏零件。

拆卸过程中应定人作业，避免他人代替。

拆下的零件应按精度高低分类摆放，避免碰撞而破坏精度。

将体积小的零件清洗后装在主要零件上，以免丢失。

拆下的零件清洗后，必须涂上润滑油或浸泡在油中，防止零件表面生锈。

拆下的洁净零件应分类摆放在洁净处并用干净的物品遮盖，以免黏附灰尘。

（2）制冷压缩机的拆卸步骤：

压缩机的拆卸主要指从压缩机整机拆卸成为各个部件，通常的顺序为：

①拆卸轴封室。首先，均匀地松开轴封端盖螺栓，对称留下两只螺母暂不拆下，其余的螺母均匀地拧下。用手推住端盖慢慢取下端盖，然后顺次取出外密封圈、固定环、活动环等。注意不要碰伤固定环与活动环的密封面。

②拆卸曲轴箱侧盖。拆下螺母后即可将前后侧盖取下。若侧盖和密封垫片粘牢，可在粘合面中间位置用薄錾子剔开，注意不要损伤垫片。然后检查曲轴箱内有无脏物或金属屑等。

③拆卸气缸盖。把气缸盖上的螺母拆掉，在拆掉螺母时，两边长螺栓的螺母要最后松开。松开时两边同时进行并观察石棉垫片粘到机体部分多，还是粘到气缸盖部分多。用螺钉旋具将石棉垫片铲到一边，防止损坏。然后将螺母均匀卸下。

④拆卸阀板组。拆下气缸盖后，接着取出排气阀组和吸气阀片。要将气阀组编号，并放在一起，便于检查和重装。

⑤拆卸曲轴和活塞连杆组。将压缩机电机一侧的螺母用专用套筒或扳手拧下，取下电机转子，然后将曲轴转到合适的位置，使其从活塞大头连杆的孔中滑出。最后将活塞连同活塞连杆一起从压缩机气缸中取出。拆曲轴和活塞时要注意，曲拐部分不要碰伤后轴承座孔，活塞不要碰伤气缸壁。

（3）制冷压缩机的装配程序：

制冷压缩机的总装配是将各个组装好的部件逐一装入机体。一台制冷压缩机是由许多零部件组装而成的，整机的性能好坏与每一零件的材质、加工质量以及技术要求等都有很大的关系。仅有合格的零部件而没有合格的装配技术也会影响制冷压缩机的性能。所以装配压缩机时要按照以下的装配程序进行，以保证零部件装的又快又正确。

①清洗。首先，把各零件上的铁锈、氧化层、残存型砂及加工毛刺等消除干净，然后用汽油或煤油清洗，再用压缩空气吹干。最后放入烘箱里烘干并密封保存。

②检查零件。装配新压缩机时，各种要装配的零件都必须具有合格证明。若不能确保其合格，应按图样要求仔细地检查。若发现不合格者，应进行修理或更换。对于修理后的压缩机的装配，应按照检修的要求，对相应的零部件进行检查后再装配。

③把零件或组件组装成部件。一台现代高速多缸的制冷压缩机的零件数量很大，常达数百个，为了避免总装时搞乱搞错，提高装配效率，通常先把它们分别组装成种类不太多的部件或组件，然后再把各部分分别进行调试及合格检验。

④把各组件及部件组装成压缩机。通常情况下压缩机装配的顺序是与拆卸的顺序相反的。所以在此不再多作叙述，需要注意的是，凡是安装两个相对运动的部件时，都要在其零件的表面涂上润滑油，以减小两个相对运动部件之间的摩擦力。

实训项目

实训工作单见表 3-1-3。

表 3-1-3　实训工作单

工作单	THRHYS-1 型活塞式制冷压缩机整机的拆卸和装配			
任务	1. 了解活塞式压缩机的部件结构及作用。 2. 掌握活塞式制冷压缩机拆卸和装配的正确顺序并能实际操作。 3. 了解活塞式制冷压缩机拆卸和装配时的注意事项。			
班级		姓名		
学习小组		工作时间		
知识认知： 1. 能说出活塞式制冷压缩机的分类； 2. 认识活塞式制冷压缩机的基本构成； 3. 熟悉活塞式制冷压缩机的实际工作过程。 能力训练： 1. 能指出活塞式压缩机的关键零部件及其作用； 2. 能完成活塞式压缩机的拆装。				
实训小结：				
成绩评定： 职业素养（包括表达能力 15%、沟通能力 15%、团队合作能力 15%、实际操作能力 25%、知识掌握能力 30%）。				
评价项目	表达能力	沟通能力	团队合作能力	实际操作能力	知识掌握能力
评价结果					
指导老师评语：				
任务完成人签字：		日期：	年　月　日	
指导老师签字：		日期：	年　月　日	

思考与练习

1. 简述活塞式制冷压缩机的特点。
2. 活塞式制冷压缩机有哪些分类？
3. 活塞式制冷压缩机的实际工作过程与理论过程有哪些区别？为什么？
4. 详述活塞式制冷压缩机的实际工作过程。

任务二 涡旋式制冷压缩机认知

任务目标

通过对涡旋式制冷压缩机的认知学习，能够熟悉涡旋式制冷压缩机的构造及工作原理，进行涡旋式制冷压缩机的检修维护。

任务准备

一、涡旋式压缩机的基本结构及工作原理

涡旋式制冷压缩机是容积型压缩机的一种，它发明于 1905 年，但直到 20 世纪 80 年代初才在日本首次应用到制冷及空调领域中。原先主要应用在汽车空调及 2.2~44 kW 的家用热泵型空调器中，现城轨车辆空调大量采用该结构。

涡旋压缩机的结构如图 3-2-1 和图 3-2-2 所示。它由运动涡旋盘（动盘）、固定涡旋盘（静盘）、机体、防自转环、偏心轴等零部件组成。静盘 1 和动盘 2 的涡线呈渐开线形状，安装时两者对置相错 180°放置，这样两盘啮合时涡线在几个点上接触，并与端板配合形成一系列月牙形柱体工作容积。静盘 1 固定在机体 3 上，涡线外侧设有吸气室，端板中心设有排气孔。动盘 2 由一个偏心轴 5 带动，当原动机带动偏心轴转动时，动盘在平面上绕静盘的轴线公转。为了防止动盘的自转，结构中设置了防自转环 4。该环的上、下端面上具有两对相互垂直的键状突肋，分别嵌入动盘的背部键槽和机体的键槽内。

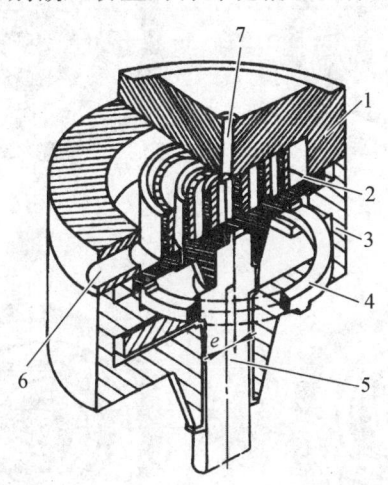

1—静盘；2—动盘；3—机体；4—防自转环；5—偏心轴；6—进气口；7—排气口。

图 3-2-1 涡旋式压缩机的基本结构

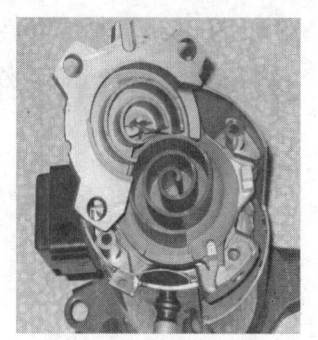

图 3-2-2　涡旋盘实物图

制冷剂蒸气由涡旋体的外边缘吸入，并被封闭在月牙形容积中，随着动盘的摆动，2个涡线上的接触点沿着涡旋面向中心推进，月牙形容积逐渐缩小，使气体受到压缩，最后由静盘中心部位的排气孔轴向排出。

二、涡旋式压缩机的工作过程

涡旋压缩机的工作过程如图 3-2-3 所示。当动盘位置处于 0°，涡旋盘的啮合线在左右两侧，由啮合线组成了封闭空间，此时完成了吸气过程，如图 3-2-3（a）所示。

当动盘顺时针方向公转 90°时，密封啮合线也移动 90°，处于上下位置，如图 3-2-3（b）所示，封闭空间的位置往中心移动，面积变小，气体被压缩。与此同时，涡旋盘的外侧打开进行吸气过程，内侧面积变小进行排气过程。

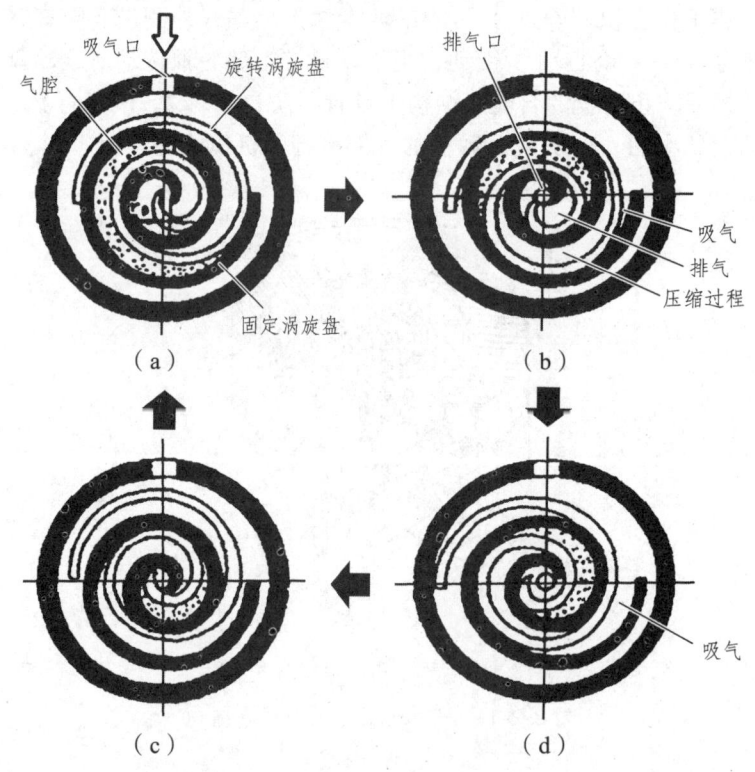

图 3-2-3　涡旋式压缩机工作过程示意图

当动盘公转 180°时，涡旋盘的外、中、内侧分别继续进行吸气、压缩和排气过程，如图 3-2-3（c）所示；动盘继续公转至 270°时，内侧排气过程结束，中间部分的气体压缩过程也结束，外侧吸气过程仍在继续进行，如图 3-2-3（d）所示。

当动盘转至原来如图 3-2-3（a）所示位置时，外侧吸气过程结束，内侧排气过程仍在进行，如此反复循环。

由以上分析可以看出，涡旋压缩机的工作过程仅有吸气、压缩、排气三个过程，而且是在主轴旋转一周内同时进行的，外侧空间与吸气口相通，始终处于吸气过程，内侧空间与排气口相通，始终处于排气过程，而上述两个空间之间的月牙形封闭空间内，一直处于压缩过程，因而可以认为吸气和排气过程都是连续的。

三、涡旋式压缩机的典型结构及特点

1. 立式全封闭涡旋式制冷压缩机

图 3-2-4 所示为一空调用立式涡旋式制冷压缩机结构总图。压缩机主要由静盘 13、动盘 14、防自转环 6、曲轴 1、机架 16、机壳 11 等组成。静盘和电动机定子安装在机壳内壁上，压缩机布置在上方，电动机置于下方。防自转环采用十字滑环结构，作用是防止动盘倾斜和自转。在动盘下设有一个背压腔 15，背压孔与中间压力腔相通，从背压孔引入气体至背压腔，使背压腔处于吸、排气压力之间的中间压力。背压腔内气体在轴向柔性支撑着动盘，平衡各月牙形空间内气体对动涡旋盘的不平衡轴向力和力矩，使得动盘可以轴向移动，以补偿运行中的磨损，保证密封效果，并且也能防止液击或压缩腔中润滑油过多时引起的过载。

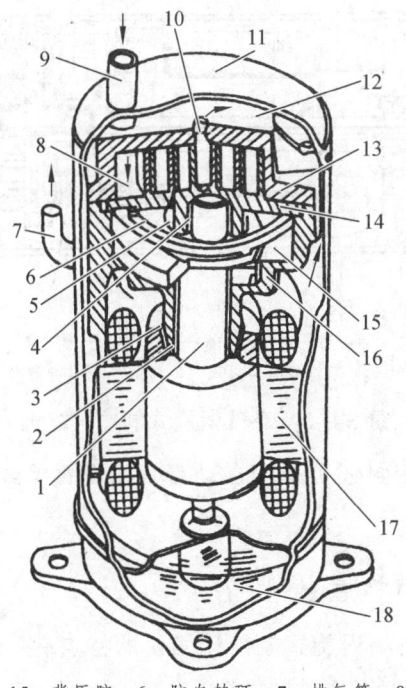

1—曲轴；2，4—轴承；3—密封；5，15—背压腔；6—防自转环；7—排气管；8—吸气腔；9—吸气管；10—排气口；11—机壳；12—排气腔；13—静盘；14—动盘；16—机架；17—电动机；18—润滑油。

图 3-2-4 立式涡旋式制冷压缩机机构总图

来自蒸发器的制冷剂蒸气由机壳 11 上部的吸气管 9 吸入至涡旋盘的外周,压缩后由静盘 13 上方的排气口 10 排至排气腔 12,然后导入下部电动机室,冷却电动机后由排气管 7 排出。曲轴 1 由机体上的轴承 2 和轴承 4 支承,轴承处和曲轴通过支架的地方装有转动密封,以保持背压腔和机壳之间的气密性。轴承的供油利用排气压力与中间压力之间的压力差,润滑油通过曲轴中心开的油孔供至各轴承处,然后排向中间压力室,再由中间压力室的背压孔导入压缩机腔,随蒸气一起排出,在机壳内两次被分离积存于机壳底部,供再循环使用。

为了防止压缩机停机时高压气体的倒流,引起压缩机动盘的倒转,在吸气管端部装有内藏式止回阀。

这类压缩机采用直接吸气、高压制冷剂蒸气经过机壳后排出的结构,优点是具有较大的排气缓冲容积、振动小、输气均匀,可以采用压力供油润滑,吸气预热小、容积效率高。缺点是高压壳体对气密性及强度要求较高,直接吸气容易因杂质、异物损坏压缩机。

还有一种结构是制冷剂蒸气经过机壳后进入吸气腔,压缩后直接从排气管排出,优点是吸气段具有较大的缓冲容积,电机的工作环境较好,壳体大部分低压,气密性及受力较好。缺点是较强的吸气预热造成容积效率下降、较小的排气缓冲容积,噪声、振动较大。

2. 卧式涡旋式制冷压缩机

图 3-2-5 所示的卧式涡旋式制冷压缩机与立式结构相比,高度大大降低,适用于地铁、公交等安装高度受限的情况,在交通运输中得到了广泛的应用。

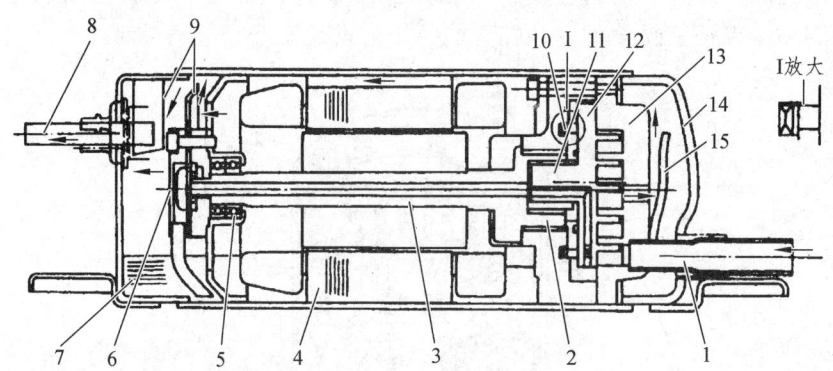

1—吸气管;2—主轴承;3—曲轴;4—电动机;5—副轴承;6—摆线形转子液压泵;7—油池;8—排气管;9—排油抑制器;10—轴向柔性密封机构;11—径向柔性密封机构;12—动盘;13—静盘;14—机壳;15—排气阀。

图 3-2-5 卧式涡旋式制冷压缩机

涡旋式压缩机轴向柔性密封还可采用在动盘背面设置波纹弹簧、设柔性止推环、顶面开油沟的方式。

3. 涡旋式制冷压缩机的特点

从结构及工作原理看,小型涡旋式制冷压缩机的特点有:

(1)相邻两室的压差小,气体的泄漏量少。

(2)没有余隙容积,故不存在引起输气系数下降的膨胀过程。

（3）机壳内腔为排气室，减少了吸气预热，提高了压缩机的输气系数。

（4）由于其吸气、压缩、排气过程是同时连续地进行，从吸气开始至排气结束需动涡旋体多次回转平动才能完成，压力上升速度较慢，因此它转矩变化幅度小，振动小，噪声小。

（5）无吸、排气阀，效率高，可靠性高；没有余隙容积中气体的膨胀过程，因而输气系数高；另外，旋转涡旋盘上所有接触线转动半径小，摩擦速度低，损失小，加之吸、排气阀流动损失小，因而效率高。

（6）由于采用柔性支承机构，抗杂质和液击能力强，一旦压缩腔内压力过高，可使动盘与静盘端面脱离，压力立即得到释放。

（7）涡旋体型线加工精度非常高，其端板平面的平面度、端板平面与涡旋体侧壁面的垂直度须控制在微米级，必须采用专用的精密加工设备以及精确的调心装配技术。

（8）密封要求高，密封机构复杂。

涡旋式压缩机结构简单，体积小，质量小，运动零部件少，易损件少，可靠性好。涡旋式压缩机同活塞式压缩机相比，体积小40%，质量减小15%，效率高10%，噪声小5 dB。但其制造需高精度的加工设备及精确的调心装配技术，这就限制了它的制造及应用。

4. 影响涡旋式压缩机性能的主要因素

造成涡旋压缩机电动机输入功率偏大的原因在实际工作过程中非常复杂，但主要有电机损耗过大，包括铜损、铁损（与电动机材料和加工工艺有关）；压缩机工作过程引起的功率消耗等，主要包括：

（1）机械摩擦。

压缩机工作时，动、定盘之间，防自转机构与配合键槽之间，曲轴与主、副轴承之间接触并发生相对滑动等，不可避免地产生摩擦损失。

① 动盘与定盘之间的摩擦损失。

动、定盘间的摩擦损失指的是压缩机工作腔内的摩擦损失，主要有：动、定盘的涡旋线、齿顶、底面的加工精度、平面度、位置度等没有达到要求造成；压缩机整机含尘量较高，或固体尘埃（如焊渣、加工余屑等）颗粒直径过大造成。从而造成压缩机工作腔内异常摩擦，严重时甚至影响压缩机正常工作。

② 防自转机构与各配合键槽之间的摩擦损失。

防自转机构在机架和动盘上分别沿垂直方向上与键槽滑动配合，在滑动过程中产生滑动摩擦损失。十字键或键槽的垂直度、平行度、光洁度、平面度超差较大时，会增大摩擦，加大功耗；立式涡旋压缩机防自转机构是直接与机架上的支撑面接触的，故在运动过程中也会产生摩擦损失。

③ 曲轴与主、副轴承之间的摩擦损失。

电动机驱动力是通过曲轴转动，从而通过轴承带动动盘旋转来完成吸气、压缩、排气的过程。由于曲轴中心线与滑动轴承的中心线重合非常困难，而且由于加工误差和装配误差的影响，曲轴和轴承常常是偏心的，因而产生的摩擦损失也是必然的。

④ 润滑油的影响。

运动部件各摩擦面、啮合面都必须有足够的润滑，才能保证压缩机安全、可靠、高效的工作，润滑不良，会加剧运动部件的磨损。如果润滑油过多，会随排气进入系统且滞留在冷凝器、蒸发器等存油弯，影响换热。

（2）流体阻力。

① 动盘运动引起的流动阻力损失：动盘旋转时，因其背面受中间压力腔中流体（包括气体、气体和润滑油的混合物）阻碍，会产生流动阻力损失，阻力大小与动盘背部结构、几何尺寸、旋转角度及流体密度有关。

② 平衡块的流动阻力损失：平衡块所在空间是具有一定压力的气体、润滑油或润滑油和气体的混合物，当平衡块随曲轴一起旋转运动时，会产生阻力损失，阻力大小与平衡块几何尺寸、流体扰动系数、黏度、密度等有关。

③ 吸、排气阻力损失：气体流动时，由于气体内部的摩擦以及气体与管壁之间的摩擦，而导致流动阻力损失。当气体通过吸气管道和吸气逆止阀时，产生阻力损失，使吸气压力降低和吸气比容升高，从而降低压缩机的实际排气量，降低了容积效率；同样，排气孔口处的流动阻力，使得压缩机实际排气压力升高，而使功耗增加。

（3）气体的泄漏（见图 3-2-6 和图 3-2-7）。

气体泄漏分为内泄漏和外泄漏两种。

① 内泄漏：指压缩机各相邻压缩腔之间、压缩腔与背压腔之间的气体泄漏，表现为高压气体向低压腔泄漏，再从低压腔压力压缩到泄漏前压力，造成重复压缩消耗功率，所以内泄漏直接结果为增加功耗。

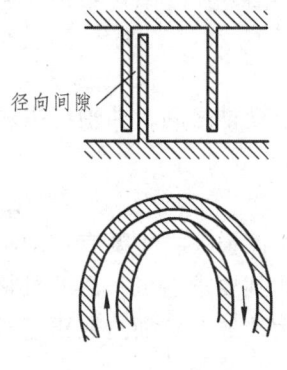 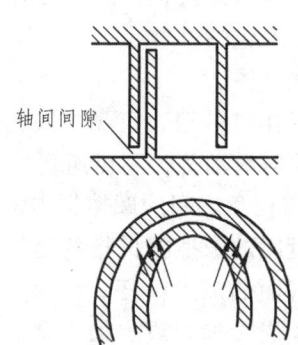

图 3-2-6　圆周泄漏　　　　　　图 3-2-7　径向泄漏

② 外泄漏：指压缩机在吸气过程中与外界（大于吸气压力的高压气体）进行气体交换，导致高压气体进入到吸气腔内膨胀，并占据空间，使得实际吸气量减少。外泄漏主要是由于定盘吸气孔 O 形环密封性差，导致高压气体进入吸气腔。外泄漏不仅使功耗增加，而且还减少吸入气体量，使排气量减少和制冷量降低。

（4）吸气预热。

吸入气体受压缩机机体或环境加热，使吸入气体比容增加，实际吸气量减小，压缩机的制冷量降低，功耗增加。有资料表明：吸气预热每增加 3 ℃，压缩机的能效比就下降 1%。

综上所述可知，影响涡旋压缩机性能的因素错综复杂的，它包括设计、制造和使用等各个环节，除以上分析的因素外，还有吸油管搅油损失、气体流动摩擦损失、动定盘材料热膨胀系数的影响、动定盘齿高选配等。

知识拓展

涡旋式压缩机密封方法

化工生产中常常会用到风机、压缩机等流体传送设备，在传递物质的过程中必然会产生能量损失。其中一部分能量损失的来源就是由于设备自身造成的，密封性的好坏决定着设备漏气损失的程度。常见的轴向密封方法有：

（1）油膜密封。涡旋盘齿端面加工油沟，涡旋盘内部加工有供油孔与油沟相连，通过润滑油实现轴向泄漏的密封。

（2）密封条密封。分别在动、静涡旋齿端面上开设沟槽，安装密封条，背向高压气体将密封条在动、静涡盘之间紧压，形成密封。密封条应该选用具有良好的密封性能、耐高温性能、耐磨性能和自润滑性能。聚四氟乙烯是常用的一种润滑材料，具有以上特点，已被广泛地应用作为密封材料，但它的缺点是尺寸稳定性差、导热性差、线膨胀系数大，在较大载荷下呈现蠕变。

（3）迷宫密封。在涡旋盘侧面或齿端面开设迷宫槽，能大大减少泄漏。齿端面迷宫槽如图 3-2-8 所示。

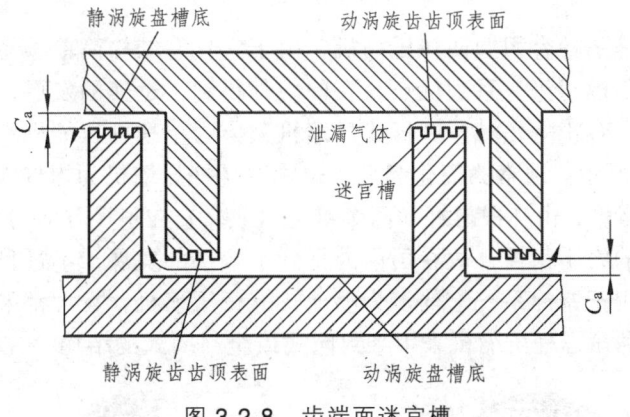

图 3-2-8　齿端面迷宫槽

（4）背压腔密封。在涡旋盘上开设背压平衡孔，把压缩室的气体引入到背压腔中，背压腔内部将充满高压气体，这部分气体将产生压力，沿轴向的压力对涡旋盘起到柔性支撑作用，驱使静涡旋盘沿轴向和动涡旋盘接触，确保轴向间隙的密封。引入背压所产生的轴向气体力的大小由压缩机的运行工况决定，压缩机变工况适应性较好。

（5）加装弹簧：在动涡旋盘背面设置波形弹簧，弹簧被压缩，产生固定的轴向力，使动、静盘轴向接触，起到轴向密封作用。与背压腔相比，此种方法压缩机启动时的摩擦磨损较大，变工况的适应性较差。

1．涡旋式制冷压缩机主要部件有哪些？

2. 涡旋式制冷压缩机工作容积由哪些部分组成？
3. 简述涡旋式制冷压缩机的工作原理。
4. 背压腔的作用是什么？

任务三　螺杆式制冷压缩机认知

📖 任务目标

通过对螺杆式制冷压缩机的认知学习，能够熟悉螺杆式制冷压缩机的构造及工作原理，进行螺杆式制冷压缩机的检修维护。

📖 任务准备

一、螺杆式压缩机的结构及部件

螺杆式压缩机是一种容积型回转压缩机，由于它具有结构简单、易损件少、转速高、排温低、对湿压缩不敏感等一系列优点，在国内外得到了迅速的发展，广泛应用于冷藏、冷冻、空调、化工、轻工等领域。螺杆式压缩机又分为单螺杆压缩机和双螺杆压缩机，如图 3-3-1 和图 3-3-2 所示。通常为简化起见，也称双螺杆压缩机为螺杆式压缩机。单螺杆压缩机，又称蜗杆压缩机，由一根螺杆和两个星轮组成。它在很多方面与双螺杆压缩机类似，而且具有更加理想的力平衡性，故在国内外得到了较快的发展，不过目前在制冷方面使用还不广泛。目前应用于制冷系统上的多为喷油式螺杆压缩机，且大都采用单级开启式结构形式，有些小型氟利昂螺杆压缩机采用半封闭式或全封闭式的结构。

图 3-3-1　单螺杆压缩机

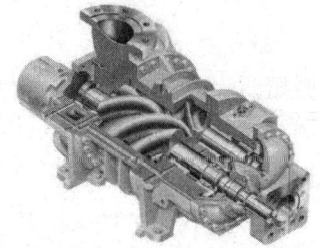

图 3-3-2　双螺杆压缩机

开启式螺杆制冷压缩机的结构如图 3-3-3 所示，它由机体（气缸体）、一对阴阳转子、吸排气端座、平衡活塞、能量调节机构、轴承、联轴器等零部件组成。

在∞字形的气缸体 1 的内部，平行配置着两个螺旋形阴阳转子 2。其中具有凸齿的转子叫阳转子，它的轴外伸，通过联轴器 10 与原动机相连，功率由此端输入，因此又叫主动转子；具有凹齿的转子叫阴转子，又称从动转子。两转子按一定的传动比（阳转子与阴转子的齿数一般为 4 : 6）做反螺纹方向转动。在主动转子和从动转子的两端部，分别装有主轴承 7（滑动轴承），用来承受径向力。在排气端装有一对推力圆柱滚子轴承 8，用以承受轴向推力。主动转子的吸气端还装有平衡活塞 4，用来减轻由于排气侧和吸气侧之间的压力差所引起的轴向推力，从而减轻推力圆柱滚子轴承所承受的轴向力。气缸体的前后设有吸排气端座。吸气孔口开在吸气端座 3 的上方，排气孔口开在排气端座 6 的下方，制冷剂按对角线方向流动。阳转子伸出端的端盖处设有摩擦环式轴封装置 9，以防制冷剂的外泄或外界空气漏入系统。在转子底部装有输气量调节机构——滑阀 5，通过油缸、活塞、传动杆，使滑阀能够轴向移动，在滑阀上还开有向气缸内喷油的喷油孔。

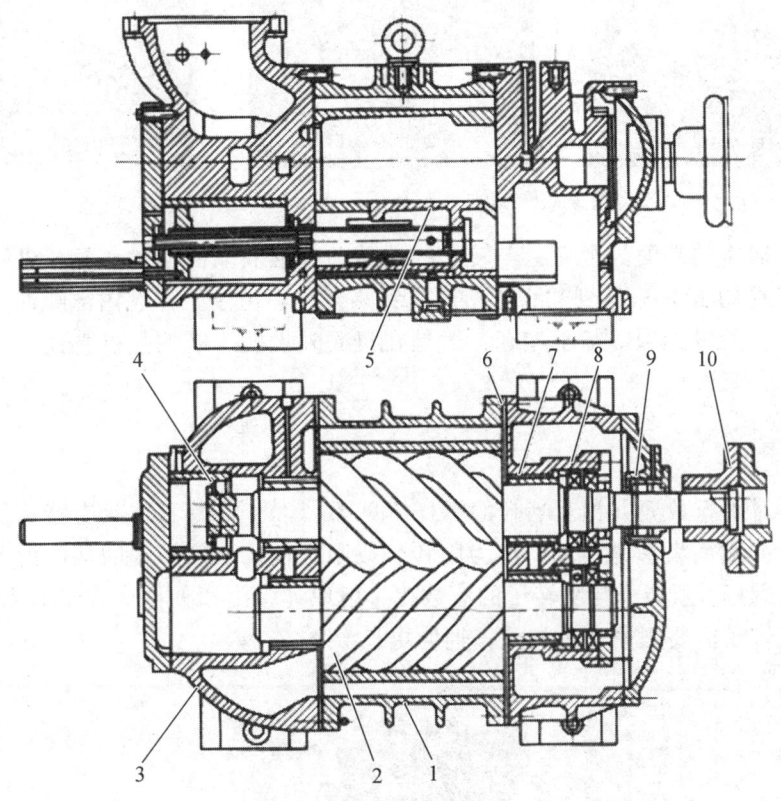

1—机体；2—阴、阳转子；3—吸气端盖；4—平衡活塞；5—滑阀；6—排气端盖；7—主轴承；
8—推力圆柱滚子轴承；9—轴封；10—联轴器。

图 3-3-3　开启式螺杆压缩机的结构

1. 机　壳

机壳一般为剖分式，它由机体（气缸体）、吸气端座、排气端座及两端端盖组成（见图 3-3-4），材料通常采用灰铸铁（如 HT200）等铸成。

吸气端座——端面上开有吸气孔口，低温低压的制冷剂气体由此进入。两个轴承孔承担转子重力，另外，吸气端座还容纳和支承着移动能量调节机构的卸荷油缸、平衡转子轴向力的平衡活塞和油缸、油腔、内油道及回油孔等，油缸体内安装油活塞，油活塞在其内移动，为能量调节提供动力。

机体——端面有呈 ∞ 形的转子工作腔，与两个转子的螺旋线外圆面贴合形成端面密封，下部为滑阀移动腔。外壁上铸有加强筋板，壁内铸有油气通道，还钻有回油孔，以便及时把润滑轴承、轴封和平衡活塞流出的油,以及二次油分离器和能量调节机构的回油等输送回气缸,随排气带走或停机后放掉。

排气端座——排气端座也设有支撑阴阳转子的轴承孔,下部铸有排气腔,在靠近气缸体的端面上开有排气孔口,与排气腔相同。排气端座容纳和支承着轴封、滑阀位移腔、油腔、内油道及回油孔等。

 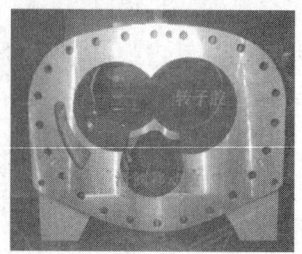 

图 3-3-4　吸气端盖、机体、排气端盖(从左往右)

吸、排气端座的端面为平面,与转子的端面贴合形成端面密封,而与机体端平面的密封采用密封胶或 O 形环来达到的,连接用螺钉来实现。由于机体有内部喷油,可直接降低缸体内部温度,所以无须冷却水夹套,而是在机壳外设肋,既加强机壳强度,也附有散热作用。

2. 转　　子

转子是一对平行放置并相互啮合的螺杆(见图 3-3-5),螺杆上具有特殊的螺旋齿形。一般主动转子的端面齿形是凸齿,称为阳转子或阳螺杆;从动转子的端面齿形是凹齿,称为阴转子或阴螺杆。阳转子与阴转子的齿数比一般取 4∶6,以使两个转子的刚度大致相等。长度上由于阳转子需要跟原动机相连,轴伸更长。

图 3-3-5　阴阳转子

阳螺杆与阴螺杆的螺旋方向相反,但它们螺旋部分的轴向长度相等,且小于螺旋导程,即螺杆扭转角小于 360°(一般为 200°~300°)。

螺旋转子的齿廓曲线称为型线。转子的端面型线有对称圆弧型线和非对称型线两种,如图 3-3-6 所示。非对称型线转子的压缩容积的密封性较好,气体压缩时,能够减少转子啮合部位的漏泄,使压缩机的输气系数提高 5%~10%。上海地铁车辆的螺杆压缩机为非对称型线。

螺杆压缩机的蒸气压缩容积是由啮合的转子和气缸内壁组成的。如果与活塞式压缩机相比,阳螺杆的凸齿相当于活塞,阴螺杆的凹齿与气缸内壁所组成的容积就相当于气缸,随着转子的旋转，压缩容积沿着转子的轴向移动，因此螺杆的一端为吸气端，另一端则为排气端，并在压缩机机体的前、后端盖上也相应地开有吸、排气口。

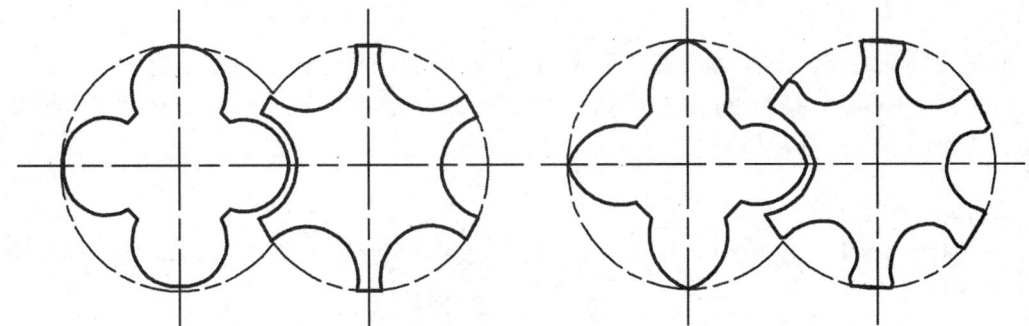

图 3-3-6　转子的端面型线

螺杆压缩机工作时，阳、阴转子的齿廓和齿槽并不直接接触，齿廓与齿槽之间，转子与气缸内壁之间都有微小的间隙。润滑系统通过喷油孔向转子啮合部位喷射润滑油，使互相啮合的转子之间及转子与气缸内壁之间形成一层密封的润滑油膜，既能避免转子啮合部位的干摩擦，又能减少压缩容积内气体的泄漏，提高输气效率。同时，呈雾状的润滑油喷入后，与制冷剂气体混合，制冷剂得到冷却，这样便能显著地降低压缩机的排气温度。因此，螺杆压缩机单级的压缩比就可达到 20。

此外，螺杆压缩机在结构上不存在像活塞式压缩机那样的吸排气阀和余隙容积，因此即使有少量的液体被吸入也不会发生"液击"现象。

3. 能量调节机构与喷油结构

能量调节机构由滑阀（见图 3-3-7）、油缸、油活塞、连接件、复位弹簧、四通换向阀（也可用四通电磁换向阀）、油管路及能量指示器等组成，它起调节制冷量的作用。

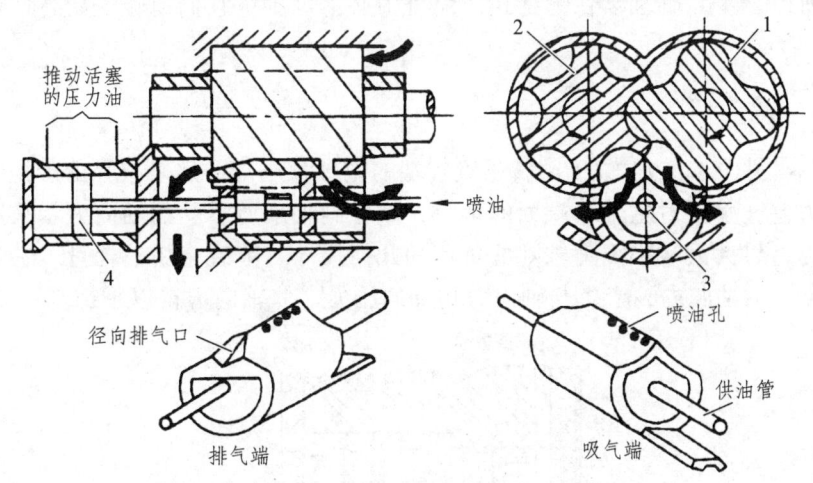

1—阳转子；2—阴转子；3—滑阀；4—油活塞。

图 3-3-7　滑阀调节装置

由铸铁制成的滑阀装在转子与机体的下部衔接处，可以在与气缸轴线平行方向上，由卸载油缸中的活塞带动做往复运动。滑阀和阀杆是中空的，构成向气缸内喷油的输油管。

输油管与活塞、油缸等相连。滑阀靠近压缩腔一侧钻有喷油孔，以便在压缩机工作时，向压缩腔喷入润滑油。滑槽底部开有导向槽，该槽与机体上的导向块配合，使滑阀平稳地往复运动。

能量调节是通过改变滑阀位置来实现的，而滑阀的位置是由油活塞的位置决定。油活塞的位置则由四通阀控制，可由自动或手动来完成。滑阀移动时，螺杆的有效工作长度会变化，进而调节制冷量，如图3-3-8所示。

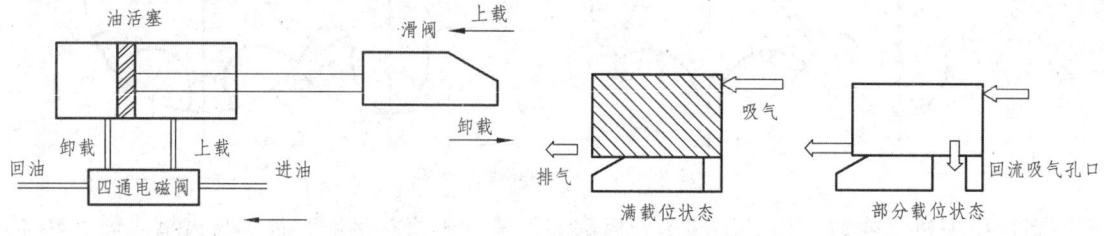

图 3-3-8　能量调节示意图

滑阀移动时，装在滑阀导管内的螺旋机构将滑阀的移动变为指针的转动，指示出滑阀所处位置。故能量指示标牌数值仅表示滑阀位移百分数，并不代表能量的百分数。四通换向阀或四通电磁换向阀装在靠近压缩机的机架上，阀的一侧两个接头接进油管与排油管，另一侧的两个接头接油缸的两端。

4. 轴　承

轴承——支承阴、阳转子，并保证转子高速旋转。完成上述功能的这种轴承叫主轴承，其结构形式一般为滑动轴承。

转子在旋转并压缩气体时，会产生一种轴向推力，为了克服这种轴向力，还必须有推力轴承（滚动轴承）。这种轴承叫副轴承，它除克服转子旋转的轴向力之外，还可以承受部分径向力。所以，主、副轴承在螺杆式压缩机中必不可少，它们使转子始终处在正常工作位置。

5. 平衡活塞

平衡活塞（见图3-3-9）位于阳转子吸气端的主轴颈尾部，用来减轻由于排气侧与吸气侧之间的压力差，引起对主轴承端面的负荷，减轻副轴承所承受的轴向力。采用平衡活塞来平衡轴向力，可大大减小推力轴承的负荷和几何尺寸，节省金属消耗量。它是利用高压油注入活塞顶部的油腔内，产生与轴向力相反的压力，使轴向力得以平衡。

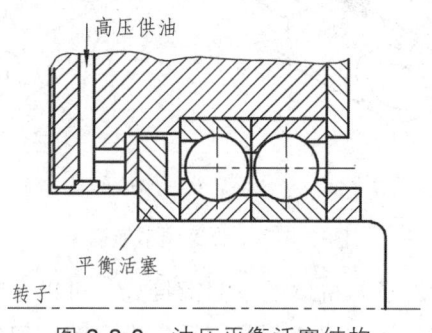

图 3-3-9　油压平衡活塞结构

6. 轴封

轴封——采用摩擦环式机械密封结构，采用标准产品装在主动转子靠联轴器的伸出端上，它是由随轴转动的动环与装在轴封盖上的静环以弹力相互摩擦作为径向密封，聚四氟乙烯及耐油橡胶 O 形环作为轴向密封。

轴封的冷却及润滑均由高压油来完成。由于轴封是在较高的压力下工作，所用摩擦材料应具有足够的刚性和强度，常选用耐压强度较高的钢制动环和弹性模数较大、导热性良好的石墨为静环，其密封口经研磨及抛光加工，使表面粗糙度 Ra 达 $0.2\ \mu m$ 以上。氨机用丁腈耐油橡胶 O 形环，氟机用氯醇橡胶 O 形环。

7. 消声器

噪声来源于压缩气体动力噪声、旋转噪声和电动机噪声等。最常用的消声方法是采用消声器。消声器有扩张室消声器、共振腔式消声器和吸收式消声器等。

在螺杆制冷压缩机组中，采用共振腔式消声器安装在组合式多功能油分离器内，可以较大幅度降低排气噪声。同时，用于降低吸气噪声的吸气消声器装在吸气管道中，也具有较好的消声效果。

二、螺杆式压缩机的工作原理及工作过程

双螺杆式制冷压缩机具有一对互相啮合、相反旋向的螺旋形齿的转子。转子的齿相当于活塞，转子的齿槽、机体的内壁面和两端端盖等共同构成的工作容积，相当于气缸。机体的两端设有成对角线布置的吸、排气孔口。随着转子在机体内的旋转运动，工作容积由于齿的侵入或脱开而发生周期性的变化，从而实现吸气、压缩和排气。

因阴阳转子齿槽数有多个，对应的工作容积也有多个。当转子转动时，若干个工作容积依次进行相同的工作过程。研究其中一个工作容积的整个工作循环，就能了解压缩机工作的全貌。

1. 吸气过程

随着转子的旋转，阳转子的一个齿连续地脱离阴转子的一个齿槽，齿间容积逐渐扩大，并和吸气孔口连通，气体经吸气孔口进齿间容积。转子继续旋转，当齿间容积达到最大值时，正好与吸气孔口断开，齿间容积封闭，吸气过程结束，如图 3-3-10（a）所示。值得注意的是，此时阴、阳转子的齿间容积彼此并不连通。

2. 压缩过程

转子继续旋转，在阴、阳转子齿间容积连通之前，阳转子齿间容积中的气体，受阴转子齿的侵入先行压缩；经某一转角后，阴、阳转子齿间容积连通，形成"V"字形的齿间容积对（基元容积），随两转子齿的互相挤入，基元容积被逐渐推移，容积也逐渐缩小，实现气体的压缩过程，如图 3-3-10（b）所示。

3. 排气过程

如图 3-3-10（c）所示，在齿间容积与排气孔口连通后，排气过程开始。由于转子回转时容积的不断缩小，将压缩后的气体送至排气管，此过程一直延续到该容积最小时为止。

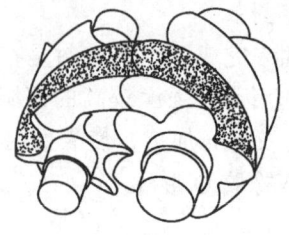
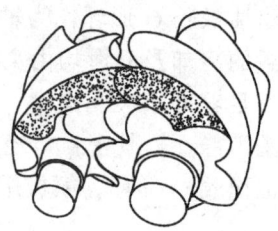

（a）吸气过程　　　　　（b）压缩过程　　　　　（c）排气过程

图 3-3-10　基元容积工作过程

随着转子的连续旋转，上述吸气、压缩、排气过程循环进行。当某一工作容积处在其中一个过程时，其他工作容积处在其他工作过程。从吸气口看，一直有工作容积与吸气口连通进行吸气，而在排气口侧，一直有工作容积与排气口连通进行排气。从外来看，螺杆式压缩机的吸气、压缩、排气过程是连贯的。

从以上过程的分析可知，两转子转向互相迎合的一侧，即凸齿与凹齿彼此迎合嵌入的一侧，气体受压缩并形成较高压力，称为高压力区；相反，螺杆转向彼此相背离的一侧，即凸齿与凹齿彼此脱开的一侧，齿间容积在扩大形成较低压力，称为低压力区。此两区域借助于机壳、转子相互啮合的接触线而隔开，可以粗略地认为两转子的轴线平面是高、低压力区的分界面。另外，由于吸气基元容积内的气体随转子旋转，由吸气端向排气端做螺旋运动，因此吸气、排气孔口要成对角线布置，吸气孔口位于低压力区的端部，排气孔口位于高压力区的端部。

三、螺杆式压缩机的特点

1. 优　点

（1）与活塞式制冷压缩机相比，螺杆式制冷压缩机的转速较高（通常在 3 000 r/min 以上），又有质量小、体积小、占地面积小等一系列优点，因而经济性较好。

（2）螺杆式制冷压缩机没有往复质量惯性力，动力平衡性能好，故基础可以很小。

（3）螺杆式制冷压缩机结构简单紧凑，易损件少，所以运行周期长，维修简单，使用可靠，有利于实现操作自动化。

（4）螺杆式制冷压缩机对进液不敏感，可采用喷油或喷液冷却，故在相同的压力比下，排气温度比活塞式制冷压缩机低得多，因此单级压力比高。

（5）与离心式制冷压缩机相比，螺杆式制冷压缩机具有强制输气的特点，即输气量几乎不受排气压力的影响。在较宽的工况范围内，仍可保持较高的效率。

2. 缺　点

（1）由于气体周期性地高速通过吸、排气孔口及通过缝隙的泄漏等原因，使压缩机有很大的噪声，需要采取消音或隔音措施。

（2）要求精度较高的螺旋状转子，这样就需要有专用设备和刀具来加工。

（3）由于间隙密封和转子刚度等的限制，目前螺杆式制冷压缩机还不能像活塞式制冷压缩机那样达到较高的终了压力。

（4）由于螺杆式制冷压缩机采用喷油方式，需要喷入大量油而必须配置相应的辅助设备，从而使整个机组的体积和质量加大。

知识拓展

1. 滚动转子式压缩机

滚动转子式制冷压缩机主要由气缸、滚动转子、偏心轴和滑片等组成，如图3-3-11所示。

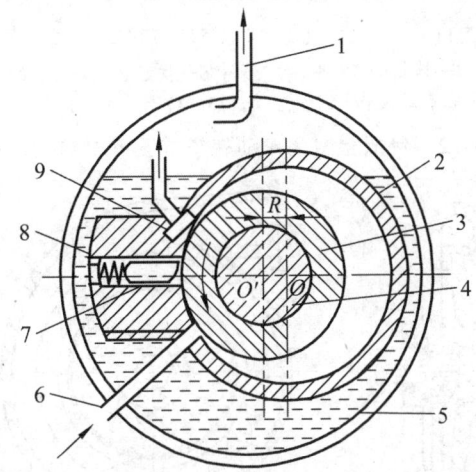

1—排气管；2—气缸；3—转子；4—曲轴；5—润滑油；6—吸气管；7—滑片；8—弹簧；9—排气阀。

图 3-3-11　滚动转子式制冷压缩机的主要结构

圆筒形气缸2的径向开设有不带吸气阀的吸气孔口和带有排气阀的排气孔口，滚动转子3（亦称滚动活塞）装在偏心轴4上，转子沿气缸内壁滚动。与气缸间形成一个月牙形的工作腔，滑片7（亦称滑动挡板）在弹簧的作用力使其端部与转子紧密接触，将月牙形工作腔分为两部分，滑片随转子的滚动沿滑片槽道做往复运动，端盖被安置在气缸两端，与气缸内壁、转子外壁、切点、滑片构成封闭的气缸容积，即基元容积。其容积大小随转子转角变化，容积内气体的压力则随基元容积的大小而改变，从而完成压缩机的工作过程。

对于大、中液动转子压缩机，一般做成开启式。小型滚动转子压缩机多做成全封闭型，有立式和卧式之分。在图3-3-12中，压缩机及电动机水平安装在一封闭壳体内，从蒸发器来的制冷剂蒸气由吸气管吸入机壳内，冷却电动机后进入压缩机气缸，而排气则通过排气消声器后直接排出机壳。

2. 离心式压缩机

离心式制冷压缩机（见图3-3-13和图3-3-14）为速度型压缩机，当带叶片的转子（叶轮，即工作轮）转动时，叶片带动气体转动，使气体速度增大获得动能；之后高速旋转的气体在离心力的作用下沿半径方向甩出，进入环行通道（即扩压器和蜗室），速度变慢，速度动能变为压力位能，从而提高气体的压力。叶轮进口处形成低压，气体由吸气管不断吸入，蜗壳处形成高压，最后引出压缩机外，完成吸气—压缩—排气过程。

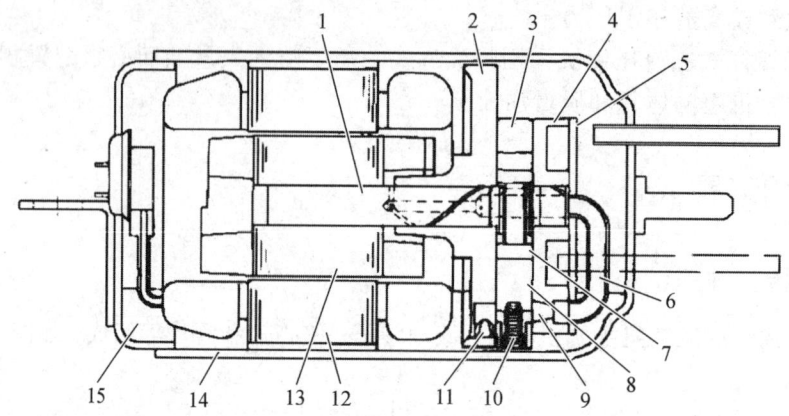

1—曲轴；2—主轴承座；3—气缸；4—辅轴承座；5—排气罩；6—供油管；7—滚动转子；8—滑片；9—排油二极管；10—弹簧；11—吸油二极管；12—定子；13—转子；14—机壳；15—润滑油。

图 3-3-12　卧式全封闭滚动转子式压缩机结构剖面图

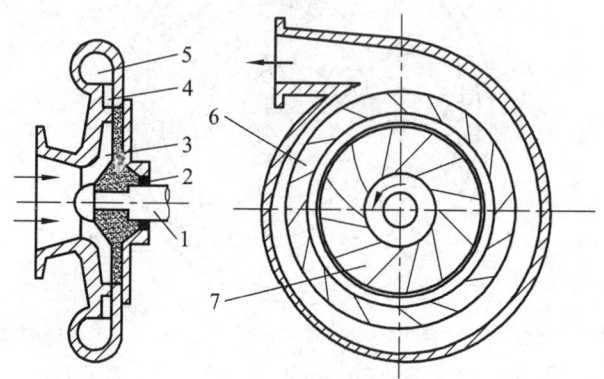

1—轴；2—轴封；3—工作轮；4—扩压器；5—蜗壳；6—扩压器叶片；7—工作轮叶轮。

图 3-3-13　单级离心式制冷压缩机结构示意图

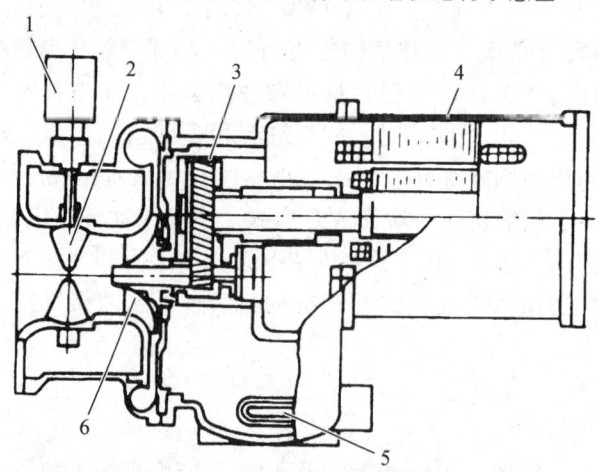

1—导叶电动机；2—进口导叶；3—增速齿轮；4—电动机；5—油加热管；6—叶轮。

图 3-3-14　单级离心式制冷压缩机整机剖视图

思考与练习

1. 螺杆式压缩机的主要部件有哪些？
2. 简述螺杆式压缩机的工作原理及工作过程。
3. 简述螺杆式压缩机的特点。
4. 简述用滑阀进行能量调节的原理。

项目四 制冷换热器

【项目描述】

用于制冷的换热器主要有冷凝器和蒸发器等,它们是制冷系统必不可少的换热设备,其换热效果直接影响制冷装置的质量、性能和运行的经济性。冷凝器和蒸发器的形式和制冷装置的用途、换热介质(制冷剂、载冷剂和冷却介质)的种类、流动方式及换热特性等因素都有关。

本项目主要介绍换热器的工作原理,以用常用几种冷凝器和蒸发器的结构类型、工作特点和影响换热的因素。

【学习目标】

目标类型	目标要求
知识目标	(1)了解换热的几种方式; (2)理解影响换热器工作效率的因素; (3)熟悉冷凝器和蒸发器的常见结构; (4)掌握制冷剂在冷凝器、蒸发器中的变化
技能目标	(1)能进行冷凝器和蒸发器的日常维护; (2)能正确穿戴防护用具进行高空作业
情感目标	(1)能进行团队协作; (2)积极参与学习过程,遵守秩序,服从安排

【建议学时】

4学时。

任务一 传热基础知识

任务目标

(1)了解传热过程;
(2)熟悉影响换热效果的因素。

任务准备

一、传热的几种方式

换热设备的工作原理是热流体和冷流体同时在换热器传热面两侧流动,热量通过壁面从热流体传给冷流体。

传热有三种基本方式,即热传导、热对流和热辐射。

1. 热传导

热传导指温度不同的物体各部分或温度不同的两物体间直接接触时,依靠分子、原子及自由电子等微观粒子热运动而进行的热量传递现象。热传导现象发生在固体内部,也可发生在静止的液体和气体之中。

热导率(导热系数):表征材料导热能力的大小,是一种物性参数,与材料种类和温度有关,其值越大材料导热性能越好。

$$q = \frac{\phi}{A} = -\lambda \frac{\partial t}{\partial x} \tag{4-1-1}$$

一般 $\lambda_{金属} > \lambda_{非金属固体} > \lambda_{液体} > \lambda_{气体}$。

2. 热对流

流体中(气体或液体)温度不同的各部分之间,由于发生相对的宏观运动而把热量由一处传递到另一处的现象。热对流只发生在流体之中,并伴随有微观粒子热运动而产生的导热,热对流同时必然伴随着热传导。

在日常生活及工程实践中,人们遇到更多的是流体流过一个温度不同的物体表面时引起的热量传递,这种情况称为对流换热。当实际流体流过物体表面时,由于黏性作用,紧贴物体表面的流体是静止的,热量传递只能依导热的方式进行;离开物体表面,流体有宏观运动,热对流方式将发生作用。所以,对流换热是热对流和导热两种基本传热方式共同作用的结果。

根据流动原因对流换热分为强制和自然对流换热;根据是否发生相变,对流换热分为有相变的对流换热和无相变的对流换热。

不同换热类型的表面传热系数见表 4-1-1。

表 4-1-1 不同换热类型的表面传热系数

对流换热类型	表面传热系数/[W/(m²·K)]	对流换热类型	表面传热系数/[W/(m²·K)]
空气自然对流换热	1~10	水沸腾	2 500~35 000
水自然对流换热	200~1 000	水蒸气凝结	5 000~25 000
空气强迫对流换热	10~100	水强迫对流换热	100~15 000

3. 热辐射

绝对温度不为零度的物体，都会不停地以电磁波的形式向外界辐射能量；同时，又不断吸收来自外界其他物体的辐射能。当物体向外界辐射的能量与其从外界吸收的辐射能不相等时，该物体与外界就产生热量的传递。这种传热方式称为热辐射。热辐射可以在真空中传播，伴随能量形式的转变。

制冷换热设备的传热情况，往往是热传导、热对流、热辐射两种或三种传热方式组合作用的结果。

二、传热过程与传热系数

1. 传热过程

冷凝器和蒸发器是制冷装置的重要换热设备，它们的结构类型虽然很多，但基本传热方式大都是冷热两种流体被金属壁面隔开而进行相互传热的，属于表面式换热设备。传热过程由三个相互串联的过程组成，如图 4-1-1 所示。

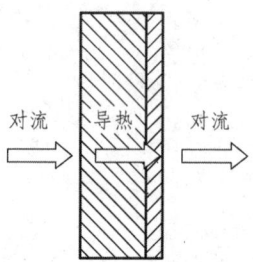

图 4-1-1 传热过程

传热公式为

$$Q = kA\Delta t \ (\text{kW}) \tag{4-1-2}$$

式中，Q 为传递的热量；k 为传热系数；Δt 为制冷剂与空气间的平均温差。在数值上，k 等于冷、热流体间温差=1 ℃、传热面积 $A=1 \ \text{m}^2$ 时的热流量值，是一个表征传热过程强烈程度的物理量。

2. 传热系数

式（4-1-2）表示两侧流体之间的传热量与两流体的温差、传热面积、传热系数呈正比。温差由环境与制冷系统的运行工况（冷凝温度、蒸发温度等）决定，不会任意变动。而面积决定了换热器的大小，与金属材料消耗量及制造成本有关，也不宜随意增加。如果制冷机的设备、工作条件已经确定，提高换热器工作效率的主要途径是提高传热系数 k。而换热器的结构对传热系数的影响已无法改变，污垢对传热系数的影响也只能靠勤清理而改善，因此，提高换热器的换热系数主要是如何提高换热器两侧流体的换热系数。

传热系数是几个环节热阻之和的倒数，减少每一个环节的热阻都可以使传热系数增大。强化热阻最大的环节，减少其热阻，提高效果最显著。

影响对流换热的主要因素有：

（1）流体的物性：导热系数、黏度、密度、比热容等。

（2）流动的形态（层流、紊流）：边界层厚度越大，表面传热系数越小；紊流的扰动较大，表面传热系数越大。

（3）流动的成因（自然对流或强制对流）。

（4）换热面的影响：形状、大小、位置、粗糙程度、脏污程度。

（5）换热时有无相变（沸腾或凝结）。

理论上传热系数计算既要确定传热面两侧的流体表面传热系数及传热面总热阻，还要考虑污垢及传热面积等因素的影响。

实际计算中，通常给出各种制冷换热设备的传热系数的大致范围。通常将风冷式冷凝器的传热系数取为 20～50 W/（m²·K），直接蒸发式空气冷却器的传热系数取为 0.03～0.04 W/（m²·K）。

国产各种制冷传热器的传热面积，一般以传热管外表面积计算。在既定的换热设备中，其传热面积是一定的。

思考与练习

1. 传热过程有哪几种方式？有何特点？
2. 影响传热的因素有哪些？

任务二　冷凝器与蒸发器

任务目标

（1）掌握冷凝器、蒸发器的结构；
（2）掌握制冷剂在冷凝器、蒸发器中的变化。

任务准备

一、冷凝器

1. 制冷剂在冷凝器中的变化

冷凝器的作用是将压缩机排出的高温、高压制冷剂过热蒸气冷却并凝结成液体。制冷剂在冷凝器中放出的热量由冷却介质（水或空气）带走，其状态由过热蒸气变成饱和液体或过冷液体。制冷剂在冷凝器中放出的热量来自两部分：一是通过蒸发器从被冷却物体吸取的热量；二是在压缩机中被压缩时，外界机械功转化的热量。制冷剂在冷凝器中的变化一般可分为以下 3 个过程：

（1）过热蒸气冷却成为干饱和蒸气。

由压缩机排气温度下的过热蒸气对外向冷却介质放出显热，冷却为冷凝温度下的干饱和蒸气。

（2）干饱和蒸气冷却为饱和液体。

干饱和液体在冷凝温度下不断放出冷凝潜热而逐渐地冷凝成饱和液体的过程，就是蒸气凝结为液体的过程。

（3）饱和液体进一步被冷却为过冷液体。

由于冷却介质（水或空气）的温度总是低于冷凝温度，故在冷凝器的末端，在保持冷凝压力不变的情况下，饱和液体一般还可进一步被冷却，继续放出显热，使其成为过冷液体。

2. 冷凝器的类型与结构

冷凝器按其冷却介质和冷却方式，可以分为水冷式、蒸发式和空气冷却式（或称风冷式）3 种类型。

（1）水冷式冷凝器。

水冷式冷凝器以水作为冷却介质，靠水的温升带走冷凝热量。自然界中水温一般比较低，因此水冷式冷凝器的冷凝温度较低，这对压缩机的制冷能力和运行经济性都比较有利。所用的冷却水可以一次流过，也可以循环使用，但容易在冷凝器表面结水垢。当使用循环水时，需建有冷却水塔或冷却水池，使离开冷凝器的水再冷却，以便重复使用。常用的水冷式冷凝器有卧式壳管式、立式壳管式及套管式，如图 4-2-1 ~ 图 4-2-3 所示。

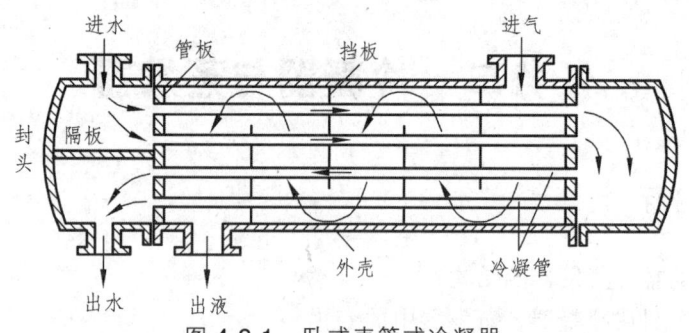

图 4-2-1 卧式壳管式冷凝器

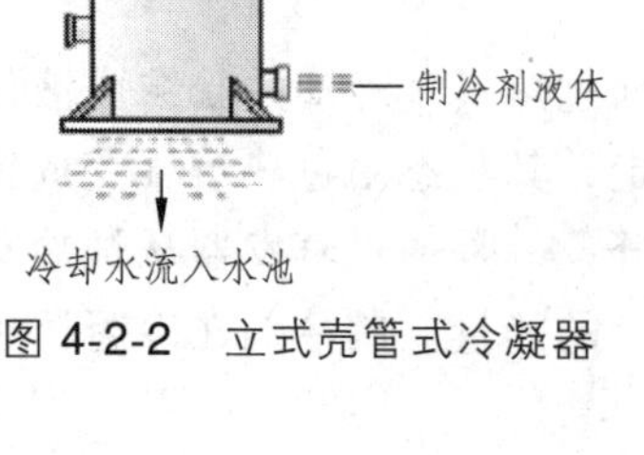

图 4-2-2 立式壳管式冷凝器

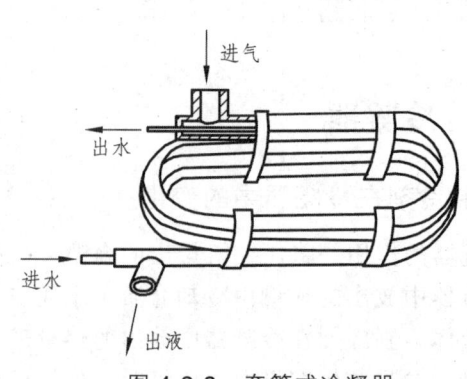

图 4-2-3 套管式冷凝器

（2）蒸发式冷凝器。

蒸发式冷凝器（见图 4-2-4）用水和空气作为冷却介质，主要是靠水的蒸发把热量带走。蒸发式冷凝器特别适用于缺水的地区，尤其是当气候较干燥时，应用效果更好。需要说明的是，水在冷凝器管外汽化时，将其中的矿物质完全留在管子的外表面上，水垢层增长较快，因此蒸发式冷凝器应使用软水或经过软化处理的水。在结构上，挡水板上方设预冷管组，可以使进入蛇形管组的蒸气温度有所降低，这样有利于减少外表层结垢。总之，蒸发式冷凝器的主要缺点是管外易结水垢、易腐蚀，且维修困难。

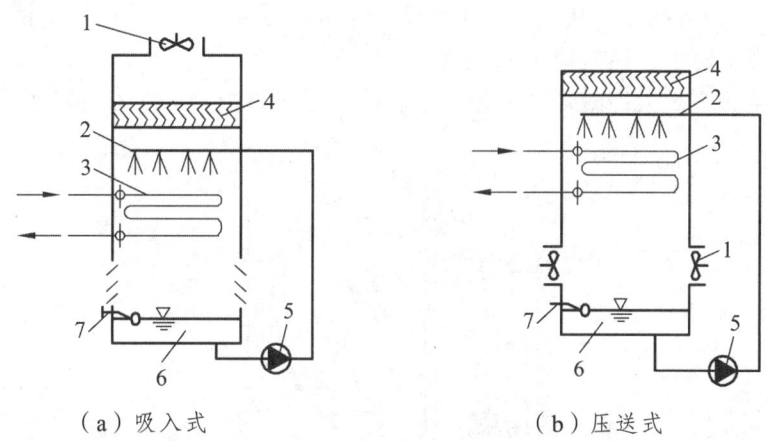

（a）吸入式　　　　　　　（b）压送式

1—风机；2—淋水装置；3—盘管；4—挡水板；5—水泵；6—水箱；7—浮球阀补水。

图 4-2-4　蒸发式冷凝器

（3）空气冷却式冷凝器。

空气冷却式冷凝器又称为风冷式冷凝器。在这种冷凝器中，制冷剂冷却凝结放出的热量被空气带走。空气冷却式冷凝器多为蛇管式，制冷剂蒸气在管内冷凝，空气在管外流动。根据空气运动的方式，又分为自然对流式和强迫对流式两种形式。

自然对流空气冷却式冷凝器依靠空气受热后产生的自然对流，将制冷剂冷凝放出的热量带走。图 4-2-5 所示为几种不同结构形式的自然对流空气冷却式冷凝器，其冷凝管多为铜管或表面镀铜的钢管，管外通常做有各种形式的肋片。这种冷凝器的换热系数很小，为 5～10 W/(m^2·K)，主要用于家用冰箱和微型制冷装置。

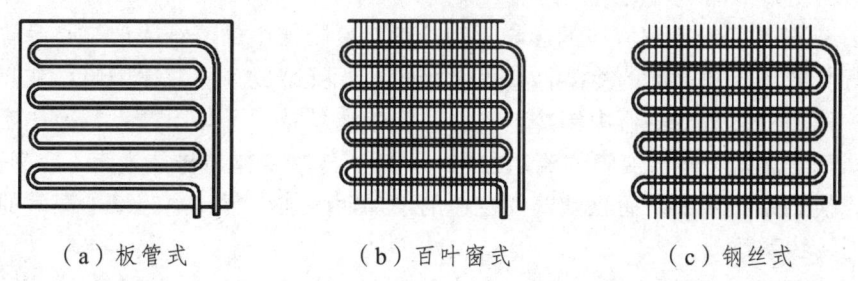

（a）板管式　　　　（b）百叶窗式　　　　（c）钢丝式

图 4-2-5　自然对流空气冷却式冷凝器

在车辆空调制冷系统中，由于受运用条件的限制，无法采用水冷式或蒸发式冷凝器，只能采用空气冷却式冷凝器。其他小型制冷机（如冰箱、冷藏柜、汽车空调及民用空调器等）也都采用风冷式冷凝器。

风冷式冷凝器工作时,制冷剂蒸气在系统管路内冷却、冷凝(过冷),空气在轴流式风机作用下在蛇管外横向流过,从而把热量带走。

风冷式冷凝器常做成蛇管式,外套肋片。蛇管一般用直径较小($\phi 10$ mm×0.75 m 或 $\phi 16$ mm×1 mm)的铜管制成,铜管接头用银焊密封,沿空气流动方向的蛇管排数一般为6~8排,肋片为铝片。

为使结构紧凑,将几根蛇管并联在一起,做成长方体形,肋片用套片机套在管簇上,然后向管内充压力水,使管簇涨大与肋片充分接触,保证散热效果。

图4-2-6中,制冷剂蒸气从上部的进气集管进入每根蛇管中,冷凝后的液体沿蛇管向下流动,汇于出液集管中,然后流入储液器。

客车空调装置为扩大冷凝器的容量,常将冷凝器设计成并联工作的两组。

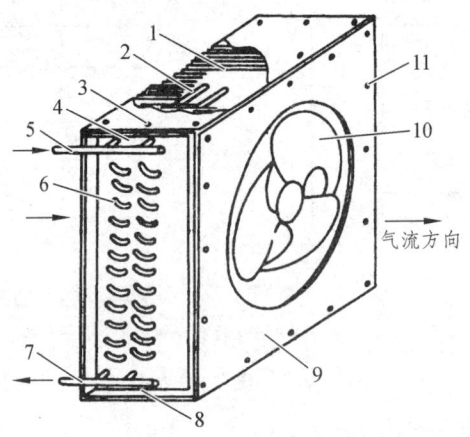

1—肋片;2—传热管;3—上封板;4—左端板;5—进气集管;6—弯头;7—出液集管;8—下封板;
9—前封板;10—轴流风机;11—装配螺钉。

图4-2-6 强制对流式空气冷却式冷凝器

3. 影响冷凝器传热效率的因素

制冷剂在冷凝器中流动通过冷却介质向外散热,在该过程中有很多因素会对其散热效果造成影响。具体有以下因素:

(1)影响制冷剂侧蒸气凝结换热的因素。

① 制冷剂蒸气的流速和流向的影响。制冷剂在冷凝器中的凝结一般都是膜状凝结,当制冷剂蒸气与低于饱和温度的冷凝器壁面接触时,便凝结成一层液体薄膜,液膜在重力作用下向下流动。液膜是冷凝器中制冷剂侧的热阻,液膜越厚,热阻越大,换热系数越小。当制冷剂蒸气的流动方向与液膜的流动方向一致时,冷凝液体与传热表面(冷凝器的管路)分离较快,换热系数增大,而且随蒸气流速的增加而增加。因此适当增加蒸气的流速,可获得较大的换热系数。

② 传热壁面粗糙度的影响。冷凝液膜在传热壁面上的厚度,不仅与制冷剂液体黏度等因素有关,传热壁面粗糙度对其也有很大的影响。当壁面很粗糙或有氧化皮时,液膜流动阻力增大,使液膜增厚,换热系数降低。所以应保持冷凝器内表面光滑和清洁,以获得较大的凝结换热系数。

③制冷剂蒸气中含有不凝性气体的影响。在制冷系统中，总会有一些不凝性气体存在，如组装、检修时不慎或低压段处有渗漏点进入了空气以及制冷剂、润滑油在高温下分解出的氮气、氢气等，这些不凝性气体在冷凝器中附着在凝结液膜上，由于不凝性气体的分压力很高，因而使制冷剂蒸气的压力减小，其饱和温度也相应降低，制冷剂蒸气的凝结速度减慢。因此，应注意防止空气等不凝性气体进入系统，一旦进入要及时排出。

④制冷剂蒸气过热度的影响。制冷系统在工作过程中，进入冷凝器的是温度为 40~50 ℃ 的过热蒸气，过热蒸气必须先冷却成饱和蒸气后才能凝结。而过热蒸气冷却时的放热系数较小，因而过热度越高将使整个冷凝过程的放热系数越低。

⑤冷剂中含油对凝结换热的影响。如果制冷列与润滑油不相溶，随制冷剂蒸气进入冷凝器的润滑油将形成油膜沉积在冷器内表面上，降低换热系数，因为氟利昂能与润滑油互溶，因此对氟利昂系统，当润滑油浓度小于 6% 时，可不考虑对传热的影响，如超过此限，换热系数也将降低。

（2）影响冷却介质侧换热的因素。

①冷却介质流速及流量。换热系数随着冷却介质的流速及流量增加而增大。但是流速太大，会使通过冷凝器的流动阻力增加，从而增加功率消耗。客车空调运用中，综合考虑技术经济指标，一般取空气流速为 2~4 m/s。

②冷凝器冷却介质侧的洁净程度。冷凝器长期使用后，表面会积灰尘或水垢等，这会影响冷凝器的传热效果，因此应定期对冷凝器清扫或清洗。

③换热面积及传热温差。换热面积是影响传热量的一个重要方面，客车空调都采用了肋片以增大传热面积。

（3）冷凝器肋管结构。

①肋管的排列方式。肋管的结构形式、排列方式不同，其换热能力都会有所不同，如管束的散热能力就大于光管的。客车空调的冷器器采用几根蛇管并联。

②肋片的效率。肋片的布置方式及材质不同会使其换热能力有所不同，客车空调中都采用铝片作为肋片。

此外，冷凝器的安装情况也会影响其换热效果，在安装过程中要充分注意。

我国现行客车空调中均采用铜蛇管并联，加铝肋片的结构，肋管结构对换热影响的变化不大，故在运用中主要考虑空气侧和制冷剂侧的影响。

二、蒸发器

1. 制冷剂在蒸发器中的变化

自节流装置过来的气液混合状态（液体占 80% 以上）制冷剂进入蒸发器，低温低压的制冷剂液体在蒸发器中不断吸收被冷却介质的热量而汽化成低温低压气体。制冷剂液体在蒸发器中处于泡状沸腾，沸腾时在传热表面产生许多气泡，这些气泡逐渐增大、脱离表面并在液体中上升，它们上升后，在该处又继续产生一个个气泡，该过程习惯上被称为蒸发过程，实际上是沸腾过程。沸腾过程一般可分为以下两个过程。

（1）湿蒸气汽化成干饱和蒸气：低温、低压的气液混合制冷剂吸收被冷却介质的热量而汽化成低温、低压的饱和制冷剂气体。

（2）干饱和蒸气进一步过热成过热蒸气：由于被冷却介质（水或空气）的温度总是高于蒸发温度，故在蒸发器的末端，在保持蒸发压力不变的情况下，干饱和蒸气还可以继续吸收热量，使其成为过热蒸气。

2. 蒸发器的类型与结构

蒸发器是制冷装置的另一种换热设备，它是制冷剂从制冷系统外吸热的换热器。在蒸发器中，制冷剂的液体在较低的温度下沸腾，转变为蒸气并吸收被冷却物体的热量。所以蒸发器是制冷系统中制取冷量和输出冷量的设备。

制冷装置中的蒸发器，按其被冷却介质的特性，可以分为冷却液体载冷剂（如水、盐水等）的蒸发器及冷却空气的蒸发器两大类。

冷却液体载冷剂的蒸发器，包括壳管式、水箱式和板式几种形式。壳管式蒸发器有卧式蒸发器（见图4-2-7）及干式蒸发器两种。水箱式蒸发器有立管式、螺旋管式和蛇管式等几种形式。

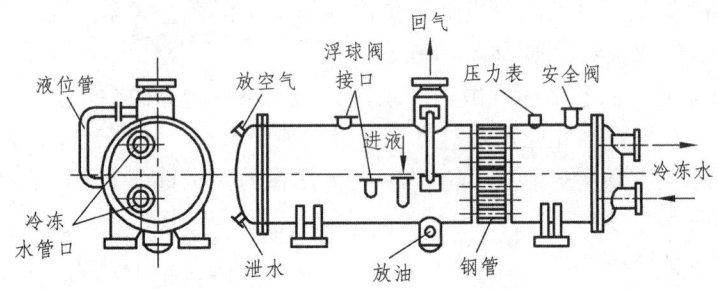

图 4-2-7 卧式壳管式蒸发器

冷却空气的蒸发器有冷却排管式和直接蒸发式两种。

按制冷剂在蒸发器内的充满程度及蒸发情况进行分类，主要有干式蒸发器、再循环式蒸发器和满液式蒸发器，如图4-2-8所示。

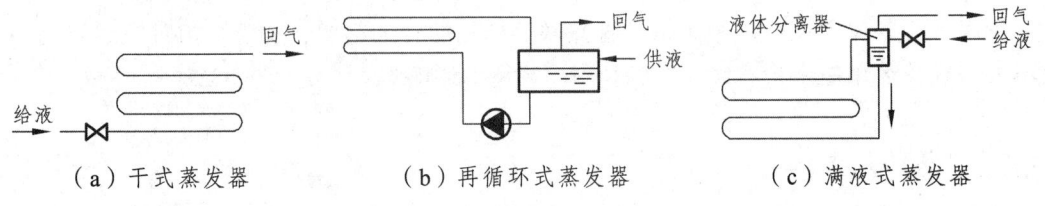

图 4-2-8 几种蒸发器原理示意图

制冷剂在管内一次完全汽化的蒸发器称为干式蒸发器，干式蒸发器原理如图4-2-8（a）所示。膨胀阀出口处的制冷剂从管子的一端进入蒸发器，吸热汽化，并在到达管子的另一端时全部汽化。

再循环式蒸发器是指制冷剂需经过几次循环才完全汽化。其原理如图4-2-8（b）所示，由蒸发器出来的两相混合物进入分离器，分离出蒸气和液体，蒸气被吸入压缩机内，液体再次进入蒸发管中蒸发。

在车辆制冷系统中用的蒸发器是冷却空气的蒸发器，属于干式蒸发器。

3. 直接蒸发式空气冷却器

由蒸发器直接来冷却空气的换热器称之为直接蒸发式空气冷却器，在这种蒸发器中，制冷剂在管内蒸发，被冷却的空气在风机的作用下从管外流过。管外一般多装有翅片。当被冷却空气湿度特别大时，很容易在管面上结霜。

其外形如图 4-2-9 所示，它的外形和结构与空气冷却式冷凝器相似。图 4-2-9 中膨胀阀 1 用于对高压液体节流。由于制冷剂分配到各通路是否均匀对蒸发器的冷却效果影响很大，所以进液处设有分液器 2（俗称莲莲头）。制冷剂通过一簇等长毛细管制作的分液管 3 同时进入各路肋片管，以使各路的供液量均匀。分液器宜垂直（向上或向下）安装，这样可保证蒸发器中各分路的负荷相同，保证蒸发器的最高利用率。蒸发后的制冷剂蒸气汇合到汇集管 4 后，经回气管 5 再被压缩机吸入。回气管 5 上包扎有感温包 6，可以根据蒸发器中出来的制冷剂蒸气温度自动调节膨胀阀的开启度。

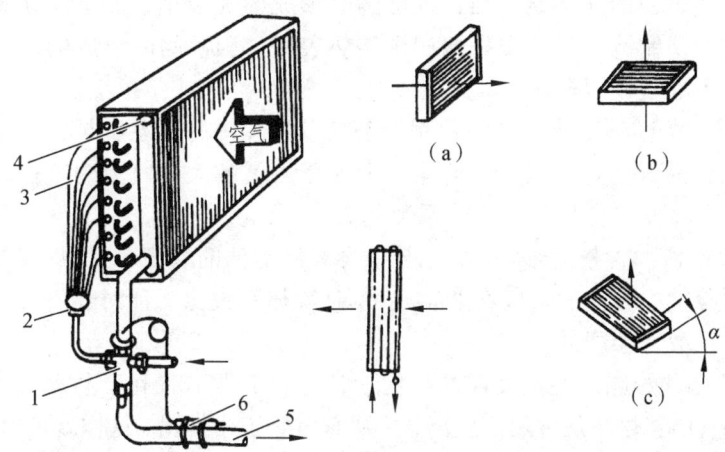

1—膨胀阀；2—分液器；3—分液管；4—汇集管；5—回气管；6—感温包。

图 4-2-9 直接蒸发式空气冷却器及其安装示意图

氟利昂蒸发器一般用 $\phi 10 \sim 18$ mm 的紫铜管制成，管外有翅片（肋片），翅片一般是用厚 0.2 mm 的铜片或铝片做成套片式或绕片式。当蒸发器用于空调制冷时，翅片距为 $2 \sim 4$ mm；用于低温时，其翅片距应该放大。翅片距太小时凝结水流动不畅，空气通路可能会被积霜堵死，使蒸发器的传热作用大大恶化。

冷却器的安装方式，可以垂直安装，也可以水平安装或倾斜安装，如图 4-2-9 所示。无论采用哪一种安装方式，都必须使冷却器肋片保持立放，以便于凝结水顺肋片流下，并避免因凝结水积存在肋片上而增加空气流动阻力和影响传热效果。

因为蒸发器出口的制冷剂要保证有一定的过热度，所以冷却器中制冷剂的走向与空气流向一般采用错逆流，如图 4-2-9 所示。

4. 影响蒸发器换热的因素

蒸发器内的传热过程主要包括制冷剂侧的沸腾换热、载冷剂（水、空气等）侧的对流换热以及通过金属壁与污垢层的导热。

蒸发器的传热效果与冷凝器一样，也是受到制冷剂侧的换热系数、传热表面污垢物的热阻及被冷却介质侧换热系数等因素的影响。其中表面污垢的热阻及冷却介质侧换热系数的影响与冷凝器的相似,但制冷剂侧的换热过程与冷凝器的有很大不同。这是因为制冷剂在冷凝器和蒸发器中的换热方式有着本质的区别,一个是凝结,一个是沸腾。制冷剂液体在蒸发器中是处于泡状沸腾,沸腾时在传热表面产生许多气泡,这些气泡逐渐增大、脱离表面并在液体中上升。气泡的直径越大,气泡从生成到离开传热壁面的时间就越长,单位时间内产生的气泡就越少,换热系数就越低。下面就分析蒸发器换热的影响因素。

(1) 制冷剂侧的影响:

① 制冷剂液体物理性质的影响。主要指制冷剂的导热率、密度、黏度等因素。热导率较大的制冷剂,在传热方向的热阻小,其沸腾换热系数就大。密度和黏度较小的制冷剂液体,沸腾时单位时间内产生的气泡多,其对流换热系数就大。

② 制冷剂润湿能力的影响。制冷剂润湿能力是指制冷剂与管路内壁充分接触的能力。如果制冷剂对受热表面的润湿能力强,则沸腾时形成的气泡小,能迅速地脱离传热表面,换热系数就大。如果制冷剂不能很好地润湿传热表面,则沸腾时形成的气泡就很大甚至形成气膜,使换热系数明显下降。

③ 制冷剂蒸发温度的影响。同一种制冷剂其蒸发(沸腾)温度越低,饱和温度下的密度差(蒸气与液体的密度差)越大,液体的表面张力就越大,气泡的直径就越大,换热系数就越小。反之,蒸发温度越高,换热系数越大。

④ 制冷剂中润滑油含量的影响。制冷剂中含有润滑油的浓度对换热系数有一定的影响。实验证明:当制冷剂中含油的浓度在 8%~12% 时换热系数比无油时还高,但含油量再进一步增加时,换热系数将会降低。

⑤ 蒸发器结构的影响。在蒸发器的结构设计中,应考虑有利于蒸发器中制冷剂在沸腾过程中产生的蒸气能够尽快从传热面脱离,并从蒸发管道中排出,这样就可以提高传热系数。

(2) 被冷却介质侧的传热系数。

它主要取决于冷却介质的流速,不管是风冷还是水冷,流速越快,传热系数越大,但过大会使动力消耗增大。同时客车空调对流入客室内的空气流速及流量都有具体规定,故应综合考虑。

另外,蒸发器本身的传热系数(主要决定于材质、壁厚、肋管形式及结构布置等)也会直接影响其传热效果。虽然蒸发器一般处在机组内部,比较干净,但在运用过程中,出现表面积水或结霜也同样会影响传热,故在运用中要注意。

为了保证换热器的换热效果,必须定期对车载空调系统的换热器(蒸发器、冷凝器)进行吹污清洁或用中性洗涤剂清洗工作,并逐段进行检漏。对锈蚀严重处应焊修或更换换热器。换热器的散热肋片(盘管肋片)应完整,肋片翘曲者应修复。蒸发器的回气管的绝热包扎应良好,对破损脱落处应修补。

实训操作

1. 冷凝器的维护

车辆空调机组工作一段时间后,冷凝器的散热片上比较容易落上灰尘等异物,这会影响换热效率，使高压侧的压力升高，所以应定期进行检查清扫（吹风）或清洗，清洗时需拆下冷凝器上部盖板。

空调机组的运行周期和环境状况决定了换热器需要清洗的频率。在任何情况下冷凝器在每年的维护周期中都要被清理，清理程序如下：

（1）通过压缩空气喷射换热器吹去灰尘，与空调运行时正常气流方向相反，即从内到外。

（2）如果换热器特别脏，用温水溶解中性洗涤剂，用软刷轻轻擦洗，注意不要损坏翅片。

（3）如果换热器翅片已经损坏，若只是轻微损坏（翅片弯曲等），则修理它们；若损坏严重（大面积缺损等），则更换整个换热器。

作业注意事项：

（1）清洗冷凝器时必须在电源断开之后实施。

（2）处理换热器翅片时要十分小心。翅片由很薄的铝片制成，不小心碰到会割伤手。

（3）清理污垢必须用软毛刷，以免损坏翅片。

2. 蒸发器的维护

尽管位于客室回风口的空气过滤器防止换热器沉积灰尘异物，时间长久换热器盘管会有灰尘积累，影响气流，最终使空调制冷能力降低，为保证蒸发器的性能，应每年进行清洗一次。按以下步骤清洗换热器：

（1）通过压缩空气喷射换热器吹去灰尘，与空调运行时正常气流方向相反，即从外到内。

（2）如果换热器特别脏，用温水溶解中性洗涤剂，用软刷轻轻擦洗，注意不要损坏翅片。

（3）如果换热器翅片已经损坏，若只是轻微损坏（翅片弯曲等），修理它们。若损坏严重（缺损，等），更换整个换热器。

检修注意事项：

（1）洗净车厢内热交换器必须在电源断开后实施。

（2）空调已安装在车上，清洗蒸发器时，用胶合板或其他适当材料盖住蒸发风机回风口和进气口，防止灰尘和洗涤水进入客室。

（3）换热器翅片由非常薄的铝片制成，清洗换热器时要十分小心，不慎碰到翅片会割伤手。

（4）清洗蒸发器时，先用塑料或其他适当材料盖住电器件，防止灰尘和洗涤水侵入。

实训项目

实训工作单见表 4-2-1。

表 4-2-1　实训工作单

工作单	冷凝器的维护
任务	1. 了解冷凝器的结构； 2. 熟悉影响冷凝器换热效果的因素； 3. 掌握冷凝器的维护方法。

续表

班级		姓名	
学习小组		工作时间	

知识认知：

1. 能指出冷凝器的结构；
2. 熟悉制冷剂在冷凝器中的状态；
3. 熟悉冷凝器的维护方法。

能力训练：

1. 能正确穿戴防护用具完成高空作业；
2. 能完成冷凝器的日常维护。

实训小结：

成绩评定：

职业素养（包括表达能力 15%、沟通能力 15%、团队合作能力 15%、实际操作能力 25%、知识掌握能力 30%）。

评价项目	表达能力	沟通能力	团队合作能力	实际操作能力	知识掌握能力
评价结果					

指导老师评语：

任务完成人签字：　　　　　　　　　　　日期：　　年　　月　　日

指导老师签字：　　　　　　　　　　　　日期：　　年　　月　　日

思考与练习

1. 冷凝器和蒸发器的作用是什么？
2. 冷凝器的种类有哪几种？各适用于何种场合？
3. 影响冷凝器换热的因素有哪些？
4. 制冷剂在冷凝器、蒸发器中是如何变化的？

项目五　自动控制元件及辅助设备

【项目描述】

要实现制冷循环系统安全可靠的持续运行，除了制冷系统的主要部件外，还必须有其他一些设备辅助，这些设备统称为辅助部件，包括各种阀件、干燥过滤器、储液器、气液分离器、安全阀等。同时，为了使制冷系统能够适应各种不同的工作环境，系统还需要能自动调节，主要包括制冷剂供液量的自动调节、压缩机制冷量自动调节、被冷却对象温度工况的自动控制、自动保护装置，这需要传感器（或称感受元件）、调节器和执行器。感温包、波纹管等都属于传感器，它能将被测参数（温度、压力）变成电信号或位移信号发送出去。调节器接收到传感器送来的信号后，与事先设定的要求值进行比较，根据比较结果的偏差，按预定的调节规律输出调节信号。执行器根据调节器送来的调节信号控制调节机构的动作。

在制冷系统中，应该保证在不同工作环境时蒸发器中都有适量的液体制冷剂，以充分发挥蒸发器的制冷效能；同时还应保证蒸发器出口的制冷剂能全部汽化，防止有未蒸发完的液体制冷剂进入压缩机，造成压缩机"液击"故障。自动调节流量的设备很多，常见的种类有热力膨胀阀、电子膨胀阀和毛细管等。

本项目主要介绍制冷系统的自动控制元件及辅助部件。

【学习目标】

目标类型	目标要求
知识目标	（1）掌握几种节流装置的结构和工作原理； （2）理解高低压力开关、压差控制器的工作原理； （3）熟悉几种常见阀件的作用和工作原理； （4）掌握几种辅助部件的作用、位置、原理
能力目标	（1）能认出各辅助部件并说出其作用； （2）能进行部件的拆装及参数调节
情感目标	（1）能进行团队协作； （2）积极参与学习过程，遵守秩序，服从安排

【建议学时】

8学时。

任务一　节流机构认知

📖 任务目标

（1）熟悉节流机构的作用；
（2）掌握几种常用节流机构的结构和工作原理。

📖 任务准备

一、节流机构的作用

节流机构是组成制冷装置的重要部件，是制冷系统中四个基本设备之一。它的体积虽小，但作用巨大，它的工作好坏，直接决定整个系统的工作质量。主要作用有两个：

（1）节流降压：将冷凝器冷凝后的高温高压液态制冷剂节流降压，成为容易蒸发的低温低压的气液混合物，进入蒸发器蒸发，吸收外界热量。

（2）控制制冷剂的流量：根据感温包或气箱头得到的温度信号，膨胀阀能自动调节进入蒸发器的制冷剂流量，以适应制冷负荷不断变化的需要，保证蒸发器的出口完全为气态制冷剂。若流量过大，出口含有液态制冷剂，可能进入压缩机产生液击；若制冷剂流量过小，提前蒸发完毕，造成制冷不足。既避免过量供液，又保证蒸发器的传热面积得到充分利用。

节流机构的主要类型有毛细管、热力膨胀阀、电子膨胀阀。

二、热力膨胀阀

热力膨胀阀是温度型自动膨胀阀，在干式蒸发器中最常使用，安装在蒸发器入口，常称为膨胀阀，也称节流阀。

工作原理是通过控制蒸发器出口气态制冷剂的过热度来控制进入蒸发器的制冷剂流量。根据热力膨胀阀结构上的不同，分为内平衡式和外平衡式两种。

1. 内平衡式热力膨胀阀

（1）热力膨胀阀的结构。

内平衡式热力膨胀阀的结构如图 5-1-1 所示，由感温包、毛细管、阀座、膜片、调节杆、阀针及调节机构等构成。图 5-1-2 所示为内平衡式热力膨胀阀在蒸发器上的安装图及受力图。膨胀阀是接在蒸发器的进液管上，感温包敷设在蒸发器出口（出气）管上。在感温包中，注有制冷剂的液体或其他液体、气体，通常情况下，感温包中充注的工质与系统中的制冷剂相同，处于气液平衡饱和状态。膜片 1、毛细管 9、感温包 10 组成热力头，顶杆 2、阀座 3、阀芯 4 组成节流元件。

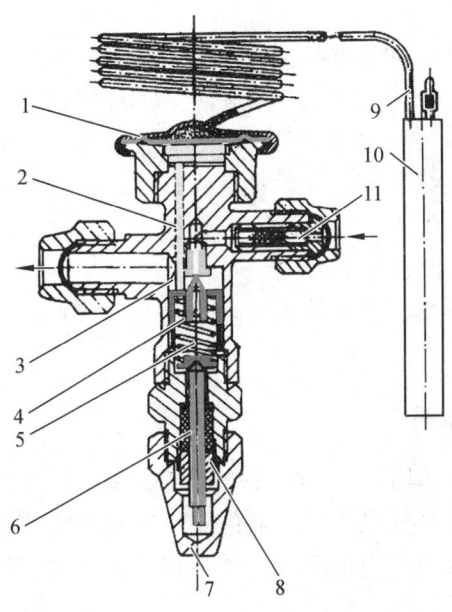

1—膜片；2—顶杆；3—阀座；4—阀芯；5—调节弹簧；6—调节螺杆；7—阀帽；8—填料压盖；
9—毛细管；10—感温包；11—螺母。

图 5-1-1　内平衡式热力膨胀阀的结构

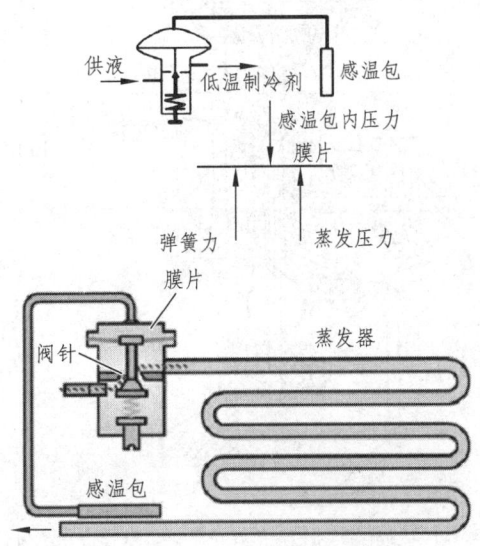

图 5-1-2　膨胀阀安装图及受力图

（2）热力膨胀阀的工作过程。

工作时，感温包内工质感受制冷剂离开蒸发器时的温度，与该温度相对应的感温包中蒸气的饱和压力经毛细管传至膜片上方，使膜片受一向下的推力 P_2。膜片下方承受两个力：一个是经过阀孔节流后制冷剂的压力 P_1，通过传动杆与阀体间的空隙传递到膜片下方；另一个是阀针下面弹簧 5 的弹力 F_0，通过传动杆作用在膜片下方。膜片在三个力的作用下，向上或向下鼓起，使得顶杆带动阀芯上下移动，阀的开启度发生变化，从而调节进入蒸发器的制冷剂流量。蒸发器出口过热度的设定通过调节弹簧 5 的预紧程度实现，弹簧 5 的弹力可通过调节螺杆 6 来调整。

当环境的热负荷增大时，蒸发器的供液量相对来说显得较少，蒸发器出口处制冷剂蒸气的过热度增大，感温包中更多的制冷剂转变为气态，P_2 增大，$P_2 > P_1 + F_0$，膜片向下弯曲，并通过传动杆压缩阀针下面的弹簧使阀针下移，阀孔开大，供液量增加，通过三个力的动态平衡，蒸发器的过热度最终恢复到初始设定值；反之，当环境的热负荷减小时，供液量相对来说显得较多，蒸发器出口处制冷剂蒸气过热度减小，$P_2 < P_1 + F_0$，使得膜片向上弯曲，阀针上移，将阀孔关小，供液量随之减少。

内平衡式热力膨胀阀金属膜片两侧工质来自感温包和阀出口，适用于蒸发器流程短及阻力小的制冷系统。

2. 外平衡式热力膨胀阀

外平衡式热力膨胀阀的结构与内平衡式热力膨胀阀基本相同，其结构如图 5-1-3 所示，不同之处是前者的膜片下方不与供入蒸发器的制冷剂相通，而是设有一个空腔，用一根平衡管与蒸发器出口连通。因此，它的膜片下方不再承受蒸发器进口处制冷剂压力，而是蒸发器出口处制冷剂的压力（见图 5-1-4）。

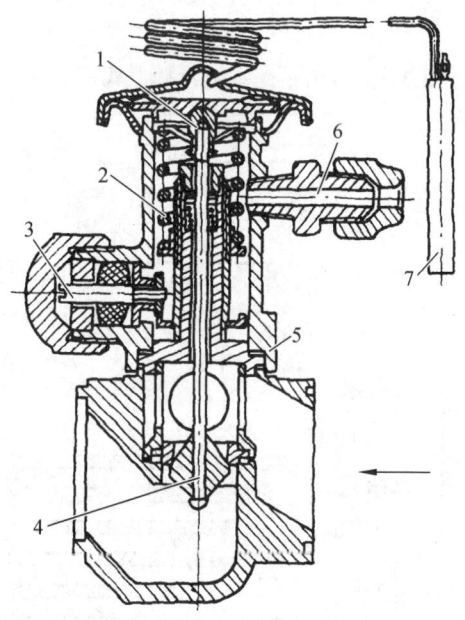

1—阀杆螺母；2—弹簧；3—调节杆；4—阀杆；5—阀体；6—外平衡接头；7—感温包。

图 5-1-3　外平衡式热力膨胀阀的结构

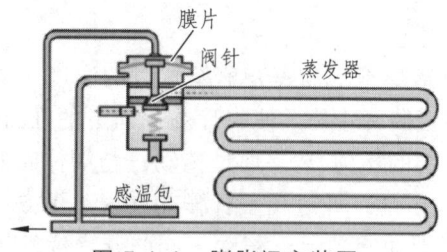

图 5-1-4　膨胀阀安装图

当蒸发器冷却盘管较长，阻力损失较大，特别是低温情况下，应采用外平衡式热力膨胀阀，可以避免膨胀阀过度关闭的情况，保证有压降的蒸发器也得到正常的供液。

3. 热力膨胀阀的安装和调试

（1）安装要求：
① 阀体应尽量接近蒸发器，以及调节和拆修都比较方便的部位；
② 阀体应垂直安装，其位置高于感温包的位置；
③ 膨胀阀前应装过滤器；
④ 感温包安装在蒸发器出口吸气管道水平侧上方，并且要用没有吸湿性的材料充分隔热。

（2）调试热力膨胀阀的注意事项：
① 刚投入运行时，膨胀阀是不用调整，但是在空调连续使用几年后，由于阀针的磨损、系统有杂质、阀孔部分有堵塞及弹簧弹力减弱等原因，影响了膨胀阀的开启度，使得膨胀阀偏离了它的工作点，表现为膨胀阀开启度偏小或过大。膨胀阀开启度太小的话，就会造成供液不足，相当的一部分管路在传热上未能充分发挥其效能，造成制冷量不足，降低了空调的制冷效果。专业空调的压缩机大多采用蒸发器回来的蒸气来冷却压缩机，如果膨胀阀开启不够，就造成蒸气过热度过大，冷却作用减小，压缩机的排气温度增高，润滑油质量降低；压缩机长时间高温，会严重影响压缩机的工作寿命。
② 调试前检查制冷剂应充足；冷凝压力在合适范围；阀完好并正确安装；阀及管路没有堵塞；蒸发器结霜不太厚（冷风机通风良好）。
③ 调试应在装置运转且工况稳定时进行。
④ 每次调整关闭过热度增减一般不超过 0.5 ℃，一般调节螺杆每转一圈过热度变化为 1~1.5 ℃。
⑤ 热力膨胀阀调节滞后性较大，每次调后应观察一段时间，调好后不要轻易改动。

三、毛细管

在小型的氟利昂制冷装置中，如电冰箱、窗式空调器、小型降湿机等，由于冷凝温度和蒸发温度变化不大，制冷量小，为了简化结构，一般都利用毛细导管作为制冷系统的节流降压机构。毛细导管（见图 5-1-5），实际上就是一根直径很小而较长的管子（一般为紫铜管）。当流体沿管内流动时，由于管道摩擦阻力而产生压降，管径越小、管子越长，则流动阻力就越大，产生的压降也越大。目前使用的毛细导管为内径是 0.6~2.5 mm 的紫铜管。管长一般根据制冷系统的需要而定，一般长度为 0.5~2.0 m。在客车单元式空调机组中均用毛细导管节流。

毛细导管节流装置的优点是结构简单，工作稳定，无运动部件，价格低廉，而且在压缩机停车后，冷凝器与蒸发器内的压力可较快地自动达到平衡，减轻再次启动时电动机的负载，很适用于装有全封闭式活塞压缩机的制冷系统。

毛细导管的主要缺点是调节能力差，其供液量不能随工况变动而调节。当蒸发压力下降时，容易引起压缩机的湿冲程；当蒸发压力上升时，容易出现蒸发器供液不足的情况。因此，毛细导管节流宜用于蒸发温度变化范围不大、负荷比较稳定的场合，且通常在系统中配有气液分离器,以防止压缩机湿冲程,而不配有储液器。

图 5-1-5　毛细导管

采用毛细导管节流的制冷装置,制冷剂充注量要很准确,否则会影响制冷装置的正常工作。毛细导管可以用一根也可以几根并联。当用几根并联时要配分液器,且应仔细调整,使几根毛细导管的工作情况大致相同。在毛细导管前应设过滤器,防止毛细导管堵塞。

实验证明,毛细导管的供液能力主要取决于毛细导管入口处制冷剂的状态(压力和温度)以及毛细导管的长度和直径。

四、电子膨胀阀

近十年来,热力膨胀阀已被广泛地应用于空调制冷和低温冷冻系统中。但随着技术的进步以及对能源的关注促使人们寻求一种新的膨胀阀,以解决节能、维护方便、整体控制等关键问题。特别是随着压缩机等变频技术的日益成熟,变频制冷装置受到消费者的喜爱,国内越来越多厂家开始生产变频制冷产品。以变频压缩机代替普通的定速压缩机,并在此基础上用电子膨胀阀代替传统的节流装置——毛细管或热力膨胀阀,可实现系统蒸发温度和蒸发器出口过热度的精确控制。

电子膨胀阀、毛细管、热力膨胀阀的调节特性见表 5-1-1。

表 5-1-1　电子膨胀阀、毛细管、热力膨胀阀的调节特性比较

比较项目	毛细管	热力膨胀阀	电子膨胀阀
制冷剂与阀的选择因素	不限	由感温包充注决定	不限
制冷剂流量调节范围	小	较大	大
流量调节机构	毛细管流动阻力	阀开度	阀开度
流量反馈控制信号	冷凝器出口过冷度	蒸发器出口过冷度	蒸发器出口过冷度
调节对象	冷凝器	蒸发器	蒸发器
蒸发器过热度控制偏差	大	较小,但 t_0 低时大	很小
流量特性调节补偿	困难	困难	可以
过热度调节过渡过程特性	不好	较好	优
允许负荷变动	很小	较大	很大
流量前馈调节	困难	困难	可以
价格	便宜	较高	高

目前的电子膨胀阀（见图 5-1-6）按照驱动形式有电磁式和电动式两类，电动式又分为直动型和减速型。

（1）电磁式膨胀阀（见图 5-1-7）：电磁线圈通电前，针阀处于全开位置；针阀的开度取决于线圈上施加的控制电压（流经线圈的电流）。因此，可以通过改变施加在线圈上的控制电压来调节膨胀阀的流量。

电磁式膨胀阀的结构简单，动作响应快，但是在制冷装置工作时，需要一直向它提供控制电压。

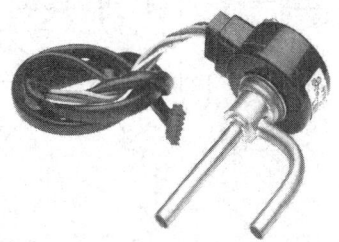

图 5-1-6　电子膨胀阀外观

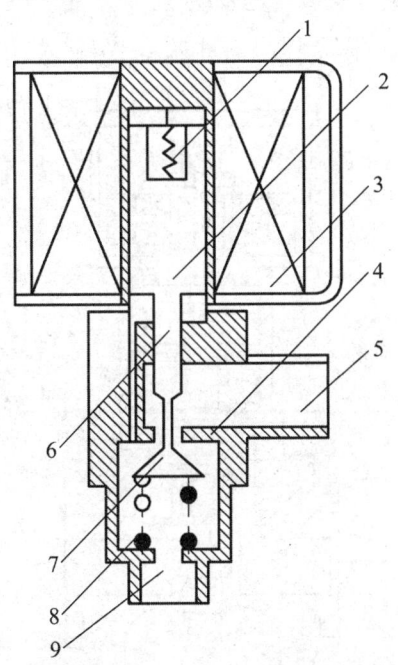

1—柱塞弹簧；2—柱塞；3—线圈；4—阀座；5—入口；6—阀杆；7—阀针；8—弹簧；9—出口。

图 5-1-7　电磁式膨胀阀

（2）电动式膨胀阀：采用电机驱动，分为直动型和减速型。目前使用多的是用四相脉冲电机驱动针阀。

直动型是脉冲电机直接带动针阀，其结构如图 5-1-8 所示。当控制电路的脉冲电压按一定的逻辑关系作用到电机定子的各相线圈上时，永久磁铁制成的电机转子受磁力矩作用产生旋转运动，通过螺纹的传递，使针阀上升或下降，调节阀的流量。

减速型电动式膨胀阀的结构如图 5-1-9 所示。与直动型不同的是：它的脉冲电机通过减速齿轮组传递动力，对针阀的升程进行调节。由于减速齿轮组的作用，较小的定子线圈可以产生足够的磁力矩,驱动针阀升、降。因此,脉冲电机与齿轮组可以方便地与不同的阀体配合,满足不同范围的流量调节需要。

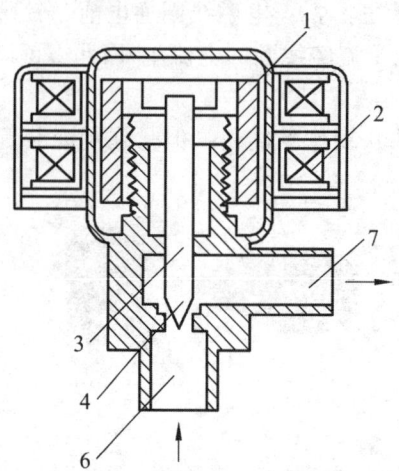

1—转子;2—线圈;3—阀杆;4—阀针;5—减速齿轮;6—入口;7—出口。

图 5-1-8　直动型电子膨胀阀

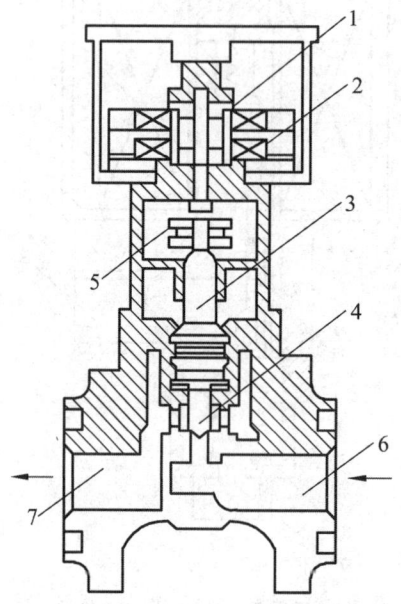

1—转子;2—线圈;3—阀杆;4—阀针;5—减速齿轮;6—入口;7—出口。

图 5-1-9　减速型电子膨胀阀

实训项目

实训工作单见表 5-1-2。

表 5-1-2　实训工作单

工作单	热力膨胀阀的安装、调试		
任务	1. 熟悉热力膨胀阀的安装要求； 2. 掌握热力膨胀阀的调试方法。		
班级		姓名	
学习小组		工作时间	
知识认知： 1. 能说出热力膨胀阀的工作原理； 2. 认识热力膨胀阀的基本部件。 能力训练： 1. 能正确安装热力膨胀阀； 2. 能根据制冷情况调节热力膨胀阀。			
实训小结：			
成绩评定： 职业素养（包括表达能力 15%、沟通能力 15%、团队合作能力 15%、实际操作能力 25%、知识掌握能力 30%）。			

评价项目	表达能力	沟通能力	团队合作能力	实际操作能力	知识掌握能力
评价结果					

指导老师评语：			
任务完成人签字：		日期：	年　月　日
指导老师签字：		日期：	年　月　日

思考与练习

1. 热力膨胀阀的作用是什么？它安装在什么样的空调装置中？
2. 简述内平衡式热力膨胀的工作原理。
3. 热力膨胀阀的感温包漏气，阀会如何动作？感温包从管上脱落，阀又会怎样动作？
4. 毛细导管节流有什么特点？其在什么空调装置中使用？

任务二　温度控制器认知

📖 任务目标

（1）理解温度控制器的作用、原理及结构；
（2）掌握温度传感器的主要特点。

📖 任务准备

一、电接点水银温度计

电接点水银温度计（见图 5-2-1）用于空调设备，是最简单的温控器。它由电接点温度计、全波整流器、电阻及继电器组成。在水银温度计中装入两根探针，利用温度变化时水银柱的升降来接通或断开两导线，以控制温控器的得失电情况。当温度高于调定值时，水银柱升高，探针接通，微型继电器 J 常闭触点被短路，常闭触点保持闭合，压缩机得电工作。当温度低于调定值时，两探针断路，继电器 J 得电，其动断触头断开，压缩机失电停机。

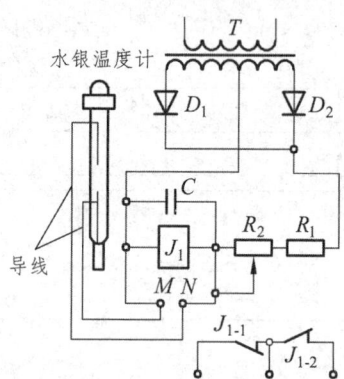

图 5-2-1　电接点水银温度计

二、波纹管式温度控制器

波纹管式温度控制器，是对室温及其幅差（即温度波动范围）进行控制的电路开关，常用它控制压缩机的启停。WT-1226 型温度控制器是早期车辆空调装置中使用较为广泛的波纹管式温度控制器，其结构和原理如图 5-2-2 和图 5-2-3 所示。

WT-1226 型温控器是两位控制式，即有两个静触头。电源线与动触头 1 和静触头 2 连接。动触头 1 串联在压缩机电机交流接触器线圈电路中，动触头 1 和静触头 2 接触时，压缩机运转；动触头 1 与静触头 2 断开，压缩机停止运转。

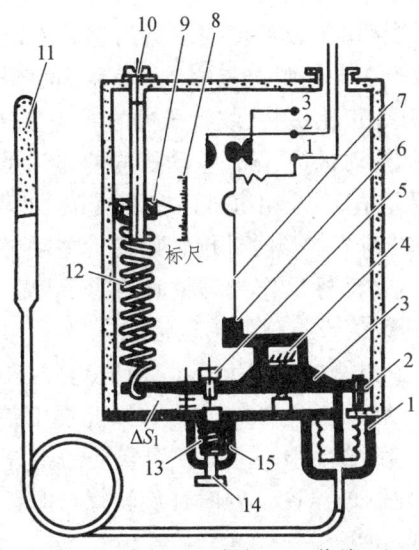

1—波纹管室；2—止动螺钉；3—杠杆；4—支架；5—螺钉；6—拔臂；7—跳簧片；8—主标尺；9—指针；10—调节杆；11—感温包；12—主弹簧；13—差动弹簧；14—差动旋钮；15—差动器。

图 5-2-2 WT-1226 型温度控制器的结构

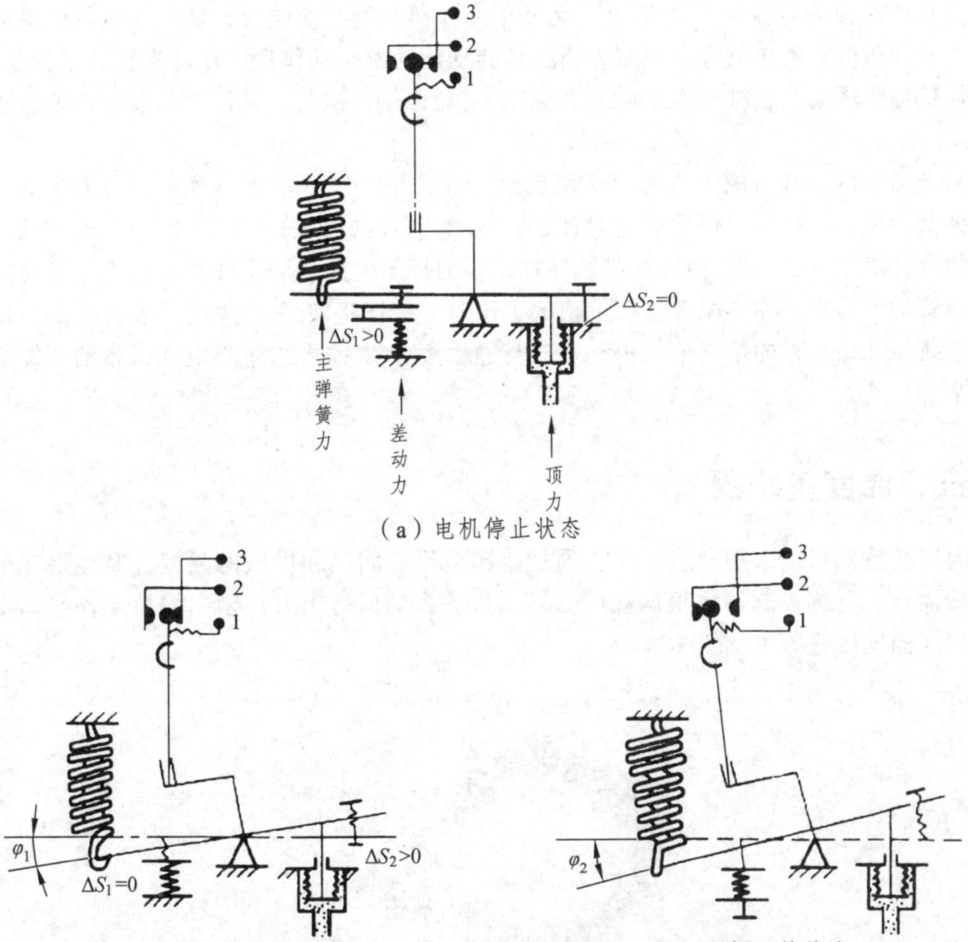

（a）电机停止状态

（b）差动为 0 的瞬间状态　　　　　　　　（c）电机运转状态

图 5-2-3 WT-1226 型温度控制器的工作原理

由感温包、毛细管和波纹管室组成温度控制器的感温系统。感温包根据控制温度范围的不同，内充R12、R22低沸点工质。感温包感受到室温的变化，变为波纹管室内气体对波纹管压力的变化（温度与压力呈正比）。波纹管压力的变化使杠杆3绕支点4发生转动。

温度控制器的左下方有一差动机构15，差动机构的作用是调整开关接通或断开之间的温度差值——差动值（也称幅差值），差动值可由差动旋钮14调整。差动机构内有一差动弹簧13，其张力大小由差动旋钮调节。顺时针旋转旋钮，差动弹簧压紧，增加差动值；反之差动弹簧放松，减小差动值，差动标尺作为调整时的指示记号。当要增加差动值时，指示记号数字大，反之，则小。其数值没有任何单位标注。

调节螺杆10是用来调节主弹簧的拉力大小，以调整被控制的温度范围的，主标尺8上标有被控制的温度范围。如标尺数值为-25~0 °C，则此温度控制器在-25~0 °C 范围内都可调节和控制。弹簧所调节温度的大小，由与弹簧联动的指针来指示，当指针调在某一数值时（如-18 °C），即是指所控制的温度。顺时针旋转螺杆时，主弹簧的拉力增大，即升高调整温度；反之，则降低调整温度。

当感温包感受的温度（例如室温）逐渐降到调定值的下限时，波纹管室内蒸气的压力相应下降，使顶力矩小于弹簧的拉力矩，杠杆绕刀口支点以顺时针方向转动，并带动拨臂和跳簧片使动触头与静触头2断开，切断了交流接触器线圈电源，使压缩机的电机停转。杠杆的转动角度，由止动螺钉限制，当杠杆转动使动触头动作后，止动螺钉就已触及底板，限制杠杆继续转动，杠杆呈水平状态，见图5-2-3（a）。此时，螺钉5与差动弹簧座脱开，即$\Delta S_1 > 0$。

随着室温的升高，感温包的感应温度也上升，使波纹管室压力升高，顶力距增大，克服主弹簧力矩，杠杆绕刀口支点逆时针方向转动一角度，见图5-2-3（b）。此时，螺钉在差动器的弹簧座上，$\Delta S_1=0$。当杠杆继续转动，顶力矩不但要克服主弹簧的拉力矩，还要克服差动弹簧的张力矩，在室温升至调定值的上限时，杠杆将转至φ_2角度，参看图5-2-3（c），拨杆与跳簧片在杠杆的带动下，将动触头与静触头点2闭合，于是电动机带动压缩机又运转起来。

三、温度传感器

温度传感器目前采用较多，主要通过检测新风、回风和供风的温度，监控乘客车厢内的制冷需求。空调控制器将根据温度信号选择适当的运行模式。国内城轨车辆空调主要采用电阻式温度传感器（见图5-2-4）。

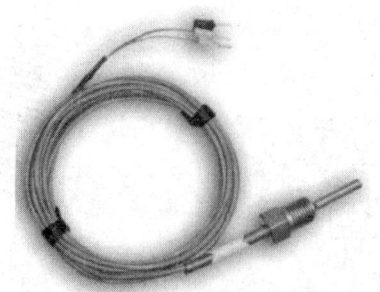

图5-2-4 地铁空调温度传感器外观

大多数金属热电阻随其温度升高而增加,当温度升高 1 °C 时,其阻值增加 0.4%～0.6%,称其具有正的电阻温度系数。大多数半导体热敏电阻的阻值随温度升高而减小,当温度升高 1 °C 时,其阻值减小 3%～6%,称其具有负的电阻温度系数。大部分电阻式温度传感器是以金属做成的,其中以铂(Pt)做成的电阻式温度传感器最为稳定,因其具有耐酸碱、不会变质、相当线性等特性,工业采用较多。

铂金做成的电阻式温度传感器,又称为 PT100 温度传感器。PT100 是一种广泛应用的测温元件,在 -50～+600 °C 范围内具有其他任何温度传感器无可比拟的优势,包括高精度、稳定性好、抗干扰能力强等。PT100 属于正电阻系数,主要技术参数如下:

(1) 测量范围:-200～+850 °C。

(2) 允许偏差值:A 级为 ±(0.15+0.002$|t|$),B 级为 ±(0.30+0.005$|t|$),单位为 °C。

(3) 热响应时间:<30 s。

其中,t 代表摄氏温度。

PT100 电阻传感器有三条引线,可用 A、B、C(或黑、红、黄)来代表三根线,三根线之间有如下规律:A 与 B 或 C 之间的阻值常温下在 110 Ω 左右,B 与 C 之间为 0 Ω,B 与 C 在内部是直通的,原则上 B 与 C 没什么区别。仪表上接传感器的固定端子有三个:A 线接在仪表上接传感器的一个固定端子,B 和 C 接在仪表上的另外两个固定端子,B 和 C 线的位置可以互换,但均需接上。如果中间接有加长线,三条导线的规格和长度要相同。

热电阻有三线和四线接法,采用哪种接法,主要由使用的二次仪表来决定。

一般显示仪表提供三线接法,PT100 一端出一根线,另一端出两根线,都接仪表,仪表内部通过桥抵消导线电阻。

一般 PLC 为四线,每端出两根线,两根接 PLC 输出恒流源,PLC 通过另两根测量 PT100 上的电压。为了抵消导线电阻,四线精确度最高,三线也可以,两线最低,具体用法要考虑精度要求和成本。

PT100 温度传感器的主要特点如下:

(1) 不锈钢套管封装,经久耐用;

(2) 活动螺丝固定,使用方便;

(3) 按照 IEC751 国际标准制造,即插即用;

(4) 多种探头尺寸可选,适应面广;

(5) 高精度,高稳定,高灵敏;

(6) 外形小巧,经济实用。

1. 波纹管式温度控制器的作用是什么?
2. 当室内目标温度由 24～26 °C 调整为 25～28 °C 时,WT-1226 型温度控制器该如何调节?

任务三　压力保护器件

任务目标

（1）掌握压力控制器、压差继电器的作用和原理；
（2）了解压力保护器件的结构。

任务准备

为了保证制冷系统的运行安全，在系统中常装有压力保护器件，以便在压力达到规定的极限时，压缩机能自动停机。常用的压力保护器件有压力控制器和压差继电器。

一、压力控制器

在制冷系统中都设有压力控制器。压力控制器也称压力继电器，是一种受压力信号控制的电器开关。压缩机的吸排气压力变化是制冷系统工作不正常的反应。当压缩机的吸排气压力超出其正常工作压力范围时，压力控制器应自动起作用，切断电源，使压缩机停止运转；当系统高、低压在允许的范围内时，接通电路，使系统正常运行。

压力控制器的形式有多种，结构也略有区别，但动作原理基本相同，都是以波纹管气箱为动力室，接收到高压或低压部分的压力信号后，波纹管压缩或膨胀，从而带动传动杆或杠杆机构，使电触点接通或断开。

压力控制器由高压和低压控制器组合成一个高低压控制器，也可以各自单独分开为单体。

高压控制器的波纹管室与压缩机的排气腔接通，以监视和控制排气压力。如果压缩机的排气压力过高，超过正常运行负荷，很可能使电机绕组烧毁和损伤压缩机的排气阀门。所以当排气压力高于正常值时，高压控制器动作，切断了主电机的电源，压缩机即停转。

低压控制器的波纹管室与压缩机的吸气腔接通，以监视和控制吸气压力。压缩机吸气压力过低，将会影响制冷机的正常工作，甚至不能制冷，但仍损耗电能；特别是封闭式压缩机，长时间空转可能烧毁电机绕组。故当吸气压力低于正常值时，控制器动作，切断主电机电源，压缩机停转。

KD型压力继电器为原先使用较多的一种高低压控制器，接线图如图5-3-1所示。高低压气箱用接管与压缩机的吸、排气腔连接，接头1接电源进线，2接事故报警，3与压缩机电机控制电路中接触器线圈串接。气箱接受压力信号后产生位移，通过顶杆直接与弹簧的张力相作用，并用传动杆直接推动微动开关，通过控制电触点的通断，来控制接触器线圈电源的通断，进而控制压缩机的开停。

图5-3-2所示为KD型高低压控制器的内部结构，高、低压控制器做成一体，其结构特点是通过传动杆直接推动微动开关的触点，故结构紧凑，调节方便。

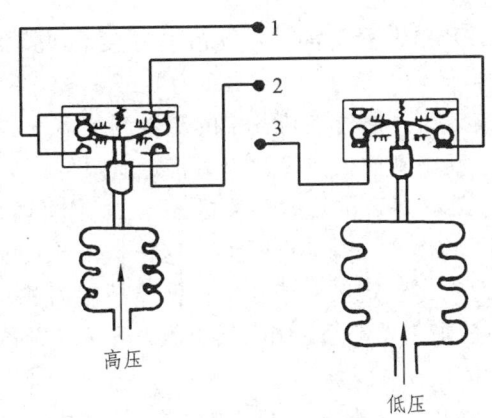

图 5-3-1　KD 型高低压控制器电路

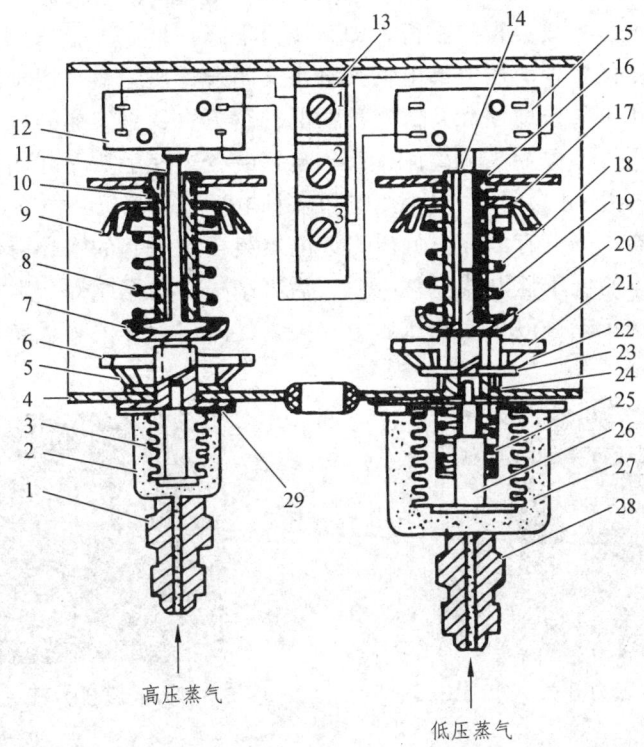

1,28—高、低压接头；2,27—高、低压气箱；3,26—顶力棒；4,24—压差调节座；5,22—碟形阀片；
23,29—阀片垫板；8,18—弹簧；9,17—压力调节盘；6,21—压差调节盘；10,16—螺纹柱；
11,14,19—传动杆；12,15—微动开关；13—接线柱；25—复位弹簧；7,20—弹簧座。

图 5-3-2　KD 型压力继电器的结构

当压缩机排气压力高于整定值时，气箱顶力大于弹簧张力，气箱推动传动杆 11，将高压微动开关按钮揿下，使开关触头分离，切断接触器线圈电源，压缩机停机；当排气压力下降并恢复正常时，弹簧张力大于气箱顶力，传动杆反向移动而脱离微动开关按钮，开关触头重新闭合，压缩机重新运转。

当压缩机吸气压力低于规定值时，弹簧张力大于气箱顶力，将传动杆 14 向气箱方向推。传动杆脱开低压微动开关的按钮，按钮在内部的弹力作用下弹出，使微动开关的触点分离而切断电源；当吸气压力回升并恢复正常时，气箱顶力大于弹簧张力，使传动杆将按钮揿下，微动开关触头重又闭合。

高低压控制器的压力整定值可通过旋转各自的压力调节盘 9 和 17 进行调整，顺旋为压紧弹簧，压力整定值提高；反旋则放松弹簧，压力整定值降低。

差动值的调整，可通过旋转各自的压差调节盘 6 与 21 来实现，顺旋为压紧碟形弹簧，差动值提高；反旋则放松碟形弹簧，差动值降低。这样，高压控制器触点断开压力就是压力整定值，触点复位压力为压力整定值去差动值；低压控制器触点断开压力等于压力整定值，触点复位压力为压力整值加上差动值。例如低压压力开关断开值为（0.5±0.3）bar（1 bar=0.1 MPa），但恢复值为（2.0±0.3）bar。

KD 型压力继电器有四种规格，即 KD155、KD255、KDI5S、KD255S 等。型号后面有 S 字母的表明有手动复位装置。当制冷系统高压超出调定值，使触头分离后，压缩机即停机，系统内高、低端压力一般会很快平衡，即高压力下降，低压力上升，因此高、低压继电器就复位。无手动复位装置的压力继电器其触头又闭合，压缩机再启动运转。由于系统故障未消除，压缩机就会频繁地停和开，这种情况继续下去，很容易使电机绕组烧毁。若有手动复位装置，当高压开关触头分离后，有一自锁装置，使触头不能闭合，需要用手拨动或按一下复位装置，触头才会闭合。因此，它可保护电机和压缩机并便于处理制冷设备故障。

新型压力继电器，不但有以高、低压力继电器组合在一起的，还有制成单体的高压继电器（K 型）与单体的低压继电器（TD 型），后者结构与动作原理分别与 KD 型的高低压部分相同。目前地铁车辆一般采用高压压力开关、低压压力开关来代替压力继电器，如图 5-3-3 和图 5-3-4 所示。

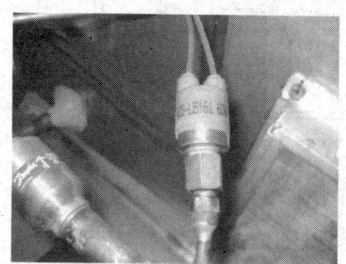

图 5-3-3　高压压力开关 ACB-LB161

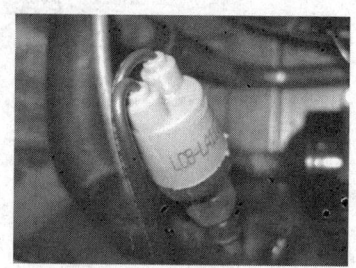

图 5-3-4　低压压力开关 LCB-LA117

二、压差继电器

压差继电器又称油压继电器，在有油泵润滑装置的制冷机上，作为压缩机润滑系统的保护控制元件。

当压缩机采用由油泵来强迫循环冷冻机油的润滑系统时，都是以油泵的排油压力和曲轴箱压力（吸气压力）之差作为动力，迫使润滑油流至各运动部件的摩擦面，以达到润滑要求的。因此必须使油压表所指示的油压值至少比吸气压力高 0.1~0.15 MPa。若油泵润滑系统的某部发生故障，使循环油的压力下降而不能正常供油时，摩擦面得不到充分润滑，很容易发生"拉伤"甚至"抱轴"事故。采用了压差控制器作为润滑系统的保护控制装置后，当润滑油压力与吸气压力之差低于正常值时，压差控制器就动作，切断主电机电源，压缩机停车,这样就不会出现意外事故了。

1. 压差继电器的结构与作用

JC3.5 型压差控制器是早期制冷装置中常用的油压控制器,它有两个感应元件(见图 5-3-5),上部气箱用铜管与压缩机曲轴箱连接,是低压端,气箱内充满低压蒸气;下面气箱用铜管与油泵排气出口旁通孔连接,是高压端,气箱内充满压力油。

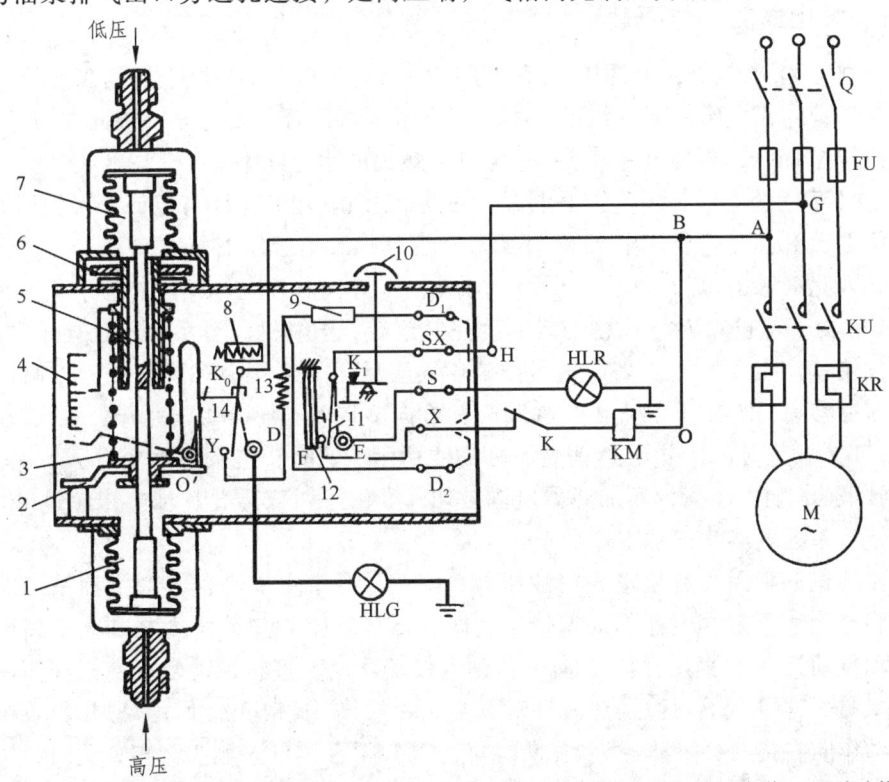

1—高压气箱;2—直角杠杆;3—弹簧;4—标尺;5—传动杆;6—调节轮;7—低压气箱;8—试验按钮;
9—降压电阻(电源为 380 V 时用);10—复位按钮;11—延时开关;12—双金属片;
13—加热器;14—压力开关;HLG—正常信号灯;HLR—事故信号灯。

图 5-3-5　JC3.5 型压差控制器

高、低压气箱上下相对于同一轴线上。由传动杆 5 传递上下压力,传动杆上套有调节弹簧 3,由调节轮 6 调节其张力。高、低压的压力差由弹簧平衡。在两根传动杆中夹着杠杆 2,当三力中有一力变化就破坏原有平衡,传动杆就上下移动,杠杆 2 在传动杆的推力下绕支点 O 转动一角度,以推动压差开关 K_0 的触头,与触头 D 闭合、分离,达到控制发热元件电源通断的目的。

双金属片 12 是用两片膨胀系数相差较大的不同材料热压制成。在发热元件的加热下,双金属片温度升高变形就向右挠曲,推动延时开关 K_1 触头,使触头打开与闭合。

K_1 与触头 F 脱离后,便切断主电机电源,使压缩机停车。而 K_1 在自锁装置锁住后就不会自行复位,需按复位按钮解除自锁后,K_1 才能复位,脱离触头 E,与触头 F 闭合。接线板有多个接线柱,不但可接主电机控制电路,还可接信号灯等。

试验按钮 8 可检验继电器的延时机构的可靠性。当把试验按钮向左推动 60 s 后,能切断主电机电路,则说明延时机构能正常工作。实质上,推动试验按钮是假设油泵系统有故障,使油压差降至调定值来试验控制器能否动作。向左推动按钮使推动杠杆将 K_0 与 D 触头分离并与 Y 触头闭合,使发热元件电源接通。对双金属片 12 加热,经 60 s,双金属片若能变形推动 K_1 与 F 触头分离,并与 E 触头闭合,使主电机停,事故信号灯 HLR 亮,则说明延时机构工作正常。

2. 压差继电器的工作原理

(1)当闸刀 Q 未合上,电源未接通,压缩机未运转时,压差继电器的高、低气箱内压力相等。在弹簧的张力作用下,传动杆将杠杆推至垂直位置,压力开关被向左拉,使 K_0 与 D 分离,并与 Y 闭合,延时开关动触头 K_1 与 F 触头成闭合状态。

(2)当闸刀 Q 合上后,线路接通电源,回路 A-B-0-F-K1-H-G 有电流,接触器线圈 KM 被接通,使主触头 KM 闭合,电机 M 开始启动压缩机。由于压缩机刚启动,油泵还未建立正常油压。因此动触头 K_0 未动作,回路 A-B-K_0-Y-D_1-X-F-K1-H-G 有电流,发热元件对双金属片加热。由于电机在 60 s 内由启动转为正常运转,压缩机润滑系统已建立正常的油压,高、低压气箱就产生压力差。高压气箱内油压大于低压气箱压力和弹簧张力,高压气箱推动传动杆向上移动,使杠杆 2 绕支点 O 顺时针方向旋转,杠杆推动压力开关的 K_0 动触头向右,使 K_0 与 Y 触头分离,并与 D 闭合,如虚线所示。这时,这条回路变为 A-B-K_0-D 至接地,使正常信号灯 HLG 亮,而加热器电源被切断。由于对双金属片加热未超过 60s,所以还未动作,压差继电器就正常工作。

(3)压缩机润滑系统有故障,使油压差下降,压差继电器动作。润滑油系统因故障使油压差下降至低于压差继电器的调定值。此时,低压气箱和弹簧张力之和大于高压气箱压力,便推动传动杆 5 与直角杠杆 2 向下移动,杠杆就成垂直状,动触点被杠杆向左拉,脱离 D 触头,与 Y 触头闭合,使发热元件对双金属片加热,此时正常信号灯熄灭。经 60 s 后,双金属片动作向右挠曲,将动触头 K_1 推向与 E 触头闭合,与 F 触头分离,此时,切断接触器线圈电流,电机停止转动,压缩机停车,事故信号灯 HLR 亮,发热元件电源也被切断。

故障排除后,压力继电器不能自行复位,必须按复位按钮 10,待延时机构中的双金属片 12 冷却 5 min 后,才能接通电源,压缩机重新启动运行。

压差控制器中装设延时机构的目的是:允许压缩机启动时有一个建立油压的过程,否则压缩机是无法启动的。此外,压缩机在运行过程中,油压可能因油泵吸入气泡等原因而暂时下降,待气泡排出后,油压即会恢复正常,延时机构就使压缩机不致因油压暂时(不足 60 s)下降而发生不必要的停止。压缩机在运行期间,需要定期检验延时机构的可靠性。

因目前国内城轨车辆大多采用涡旋式和螺杆式压缩机,此压差继电器基本不再采用。

🖱 实训操作

1. 高压压力开关的拆卸与安装

(1)拆卸:

① 断开空调机组的电源;

②拆下机组的压缩机腔盖板；
③制冷剂回收及截止阀焊接；
④拆下高压压力开关的接线；
⑤拆下固定高压压力开关的螺钉及管卡；
⑥将高压压力开关接口加热拔出，加热时充氮保护。

（2）安装：
①将新的高压压力开关按原位固定；
②焊接好高压压力开关连接管，加热时充氮保护；
③对系统抽真空，并注入制冷剂（给液管电磁阀通电，使制冷剂能同时充满高低压侧），检漏，封口；
④重新对压力开关进行接线；
⑤装好机组的压缩机腔盖板，并紧固。

2. 低压压力开关的拆卸与安装

（1）拆卸：
①断开空调机组的电源；
②拆下机组的压缩机腔盖板；
③制冷剂回收及截止阀焊接；
④拆下低压压力开关的接线；
⑤将低压压力开关接口加热拔出，加热时充氮保护。

（2）安装：
①将新的低压压力开关按原位固定；
②焊接好低压压力开关连接管，加热时充氮保护；
③对系统抽真空，并注入制冷剂（给液管电磁阀通电，使制冷剂能同时充满高低压侧），检漏，封口；
④重新对压力开关接线；
⑤装好机组的压缩机腔盖板，并紧固。

实训项目

实训工作单见表5-3-1。

表 5-3-1 实训工作单

工作单	压力开关的拆卸与安装		
任务	1. 掌握高低压压力开关的作用； 2. 熟悉高低压压力开关的基本构成； 3. 掌握拆装压力开关的方法。		
班级		姓名	
学习小组		工作时间	

续表

| 知识认知：
1. 掌握高低压压力开关的作用；
2. 熟悉高低压压力开关的基本构成；
3. 掌握拆装压力开关的方法。
能力训练：
1. 能说出压力开关的工作原理；
2. 能进行压力开关的拆装。
实训小结：

成绩评定：
职业素养（包括表达能力 15%、沟通能力 15%、团队合作能力 15%、实际操作能力 25%、知识掌握能力 30%）。

评价项目	表达能力	沟通能力	团队合作能力	实际操作能力	知识掌握能力
评价结果					

指导老师评语：

|
| --- |
| 任务完成人签字：　　　　　　　　　　日期：　　年　　月　　日
指导老师签字：　　　　　　　　　　　日期：　　年　　月　　日 |

思考与练习

1. 简述 KD 型高低压控制器的工作原理。
2. 简述 KD 型高低压控制器手动复位装置的作用。
3. 简述压差继电器的工作原理。
4. 简述压差继电器中延时机构的作用。

任务四　空调装置的辅助设备

任务目标

掌握各种空调系统辅助设备在系统中的作用、位置及工作原理。

> 任务准备

一、阀件

1. 电磁阀

电磁阀是一种开关式的常闭自动阀门,在自动化系统中被用作执行机构。它可以接收各种感应机构以及手动开关给出的信号,打开或关闭。电磁阀的打开是依靠线圈在通电以后所产生的电磁力;关闭则是依靠线复位弹簧及阀芯的重力。它串接在制冷系统的输液管路中,以控制系统管路中流体的通或断。它被普遍地用在制冷系统的输液管路上,与压缩机同接一启动开关,配合压缩机的停开而自动接通或切断输液。当压缩机停车时,电磁阀立即关闭,避免停机后大量制冷剂液体流入蒸发器中,以防止压缩机再次启动时,产生"液击"。

电磁阀的结构形式较多,按其开启方式,有利用电磁力通过衔铁直接将阀芯吸开的,称之为直接开启式,结构比较简单,小口径的电磁阀都制成这种形式。另一种是利用电磁力吸开辅助阀(也称导阀),而主阀则在压力差的作用下自动打开,称之为间接开启式。这种结构虽复杂一些,但可使电磁头线圈的尺寸和容量减小,故对于大口径的阀比较适宜。

(1)直接开启式电磁阀。

直接启闭式电磁阀分阀体和电磁头两部分,如图 5-4-1 所示。阀体上的进出口通道,由阀孔连通,阀孔由电磁头中的阀芯控制开与关。电磁头的主要件由线圈组、铁心、阀针、阀体等组成。线圈组由线圈与线圈架组成,当接通电源后,它就产生磁场,切断电源后,磁场就消失。

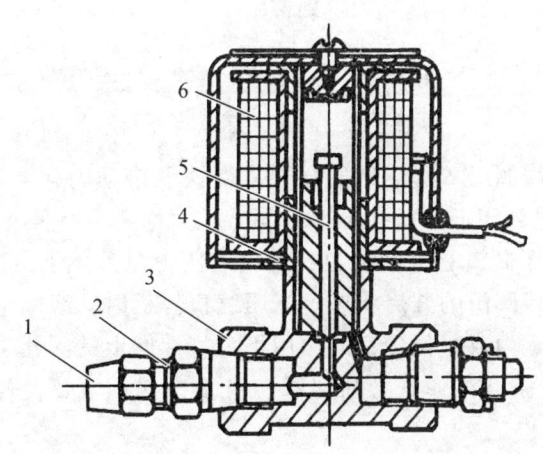

1—接管螺母;2—接头;3—阀体;4—垫片;5—铁心;6—线圈组。

图 5-4-1 直接开启式电磁阀

与阀体相连的各部件通过密封圈、焊接进行密封,组成一个不泄漏的密封体。上部的挡铁当线圈组 6 通电时共同产生感应磁场,吸引铁心 5 在套管内上移,阀门打开。挡铁上端面的凹槽内还装有分磁环,其作用是使磁场短路而减小涡流损失。当线圈组断电后铁心由于自身的重力及弹簧力的作用而下降,将阀关闭。

直接开启式电磁阀构造较简单，由于受电磁吸力的限制，口径都比较小，适用于管径小于 3 mm 的管道。

（2）间接开启式电磁阀。

间接开启式电磁阀应用于管径大于 3 mm 的管道中，主要由阀体、浮阀、线圈、衔铁、阀针和调节杆等组成。大口径电磁阀，其阀口和阀门也相应增大，这样，启动芯和阀门的电磁力也要呈比例地增大才能动作。如仍采用直接开启式，那么对于一种规格的电磁阀，就得有一种规格的电磁头，口径越大，它的电磁头也就越大。这样做，不但电磁头的规格繁多，给制造带来许多麻烦，而且要多消耗有色金属（铜线），很不经济。采用间接开启式，则电磁头可统一为一种规格，给制造和应用都带来很大方便。

间接开启电磁阀有两个阀门，如图 5-4-2 所示。浮阀组 7 直接启闭主阀门；阀针 4 在电磁力的控制下启闭辅助阀门，主阀门受辅助阀门控制，所以也称二次开阀的电磁阀。

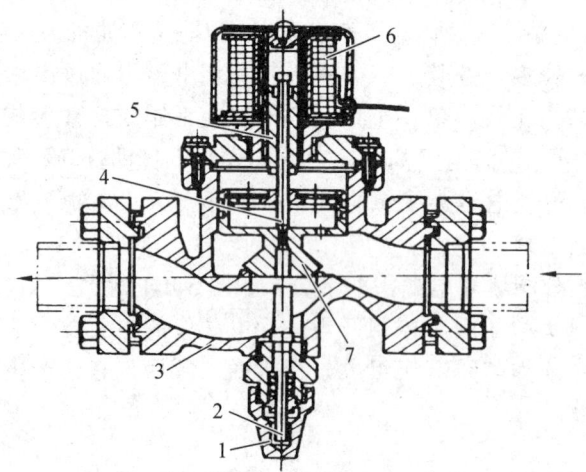

1—帽盖；2—调节杆；3—阀体；4—阀针；5—衔铁；6—线圈组；7—浮阀组。

图 5-4-2　间接开启式电磁阀

当压缩机启动时，线圈组 6 电路同时接通，衔铁 5 带动阀针 4 被吸起，使浮阀组（即主阀）7 上方的压力通过浮阀上的阀孔迅速与阀后压力均衡，浮阀组（活塞）因上下压差而浮起，主阀口开启。由于阀口有流动阻力，进口端压力总是大于出口端压力，使浮阀上、下总有一压力差来为维持阀门的开启状态。当压缩机停机时，线圈组 6 电源同时被切断，磁力消失，衔铁在自身重力或复位弹簧的作用下，将浮阀上的阀孔关闭，浮阀组 7 上的平衡孔使浮阀组上下腔均压，在弹簧力和浮阀自身重力作用下，使浮阀组下落，将主阀口关闭。

当电磁阀电路部分出现故障不能自动启、闭时，可使用阀体下部的调节杆，实现手动开启和关闭。

间接开启式电磁阀虽然结构较复杂，但电磁线圈只控制阀针的起落，可使电磁线圈的尺寸、容量减小，故对于大口径的阀比较适宜。

2. 截止阀

截止阀是制冷系统中用得最多的一种阀门，它安装在制冷设备和管道上，用以接通和切断制冷剂通道,并控制制冷剂的流量。截止阀根据安装位置的不同,分为压缩机截止阀和管道截止阀。两者基本结构相同,但压缩机截止阀多了一个多用通道。这个多用通道可通过调整杆开启或关闭,常用于补充冷冻机油、对系统进行抽真空操作或充注制冷剂等,给制冷机的操作、检修带来很大方便。

制冷管路中的截止阀是一种专用阀,它的特点是具有防漏作用。当管路需要全开时,将阀杆升到最高位置,阀芯的上端面能借助于胶圈或合金与填料凸座密切接触并压紧,以防止制冷剂从填料处逸出。对于氟利昂制冷剂,由于其渗透能力特别强,所以氟利昂专用的阀门一般都不用手轮,而是用扳手调节适度后,用阀帽将阀的顶部封住,这样可有效地达到防漏的目的。

图 5-4-3 所示为制冷用的小型截止阀,氟利昂系统所用的阀门一般用铜制成,由于氨对铜材有腐蚀性,故氨的阀门多用钢材,一般来说,DG20 mm 以下的小阀门采用螺纹与管道连接,而 DG25 mm 以上的阀门采用法兰连接。

制冷压缩机截止阀有三种状态:阀杆逆时针退足,使阀杆 3 与阀体 2 紧贴,多用通道 C 被关闭,压缩机吸气口(或排气口)A 与制冷管路吸气管(或排气管)接头 B 接通,该位置称为截止阀"开位",见图 5-4-4(a);若在"开位"状态下,顺时针转动阀杆 3,将阀芯移至中间位置,这时 A、B、C 全部接通,此时截止阀处于"三通"位置,见图 5-4-4(b);若阀杆继续顺时针旋转,待阀杆 3 与管路接头端面顶死(俗称进足),压缩机吸气口(或排气口)A 与多用通道接通,B 通道与 A、C 通道被切断,称为"关位",见图 5-4-4(c)。

一般压缩机停用时,截止阀均在关闭位。开启压缩机时,先要将截止阀的阀杆 3 逆时针方向退足,然后再顺时针回转半周至一周,使截止阀在"三通"状态。若要使用"多用通道"作其他之用(如抽真空、加制冷剂等),应先将阀杆 3 逆时针退足,将"多用通道"关闭,然后接上工作管子,再进行使用。若"多用通道"不经常使用,则用六角螺塞(俗称细牙闷头)将其堵塞。

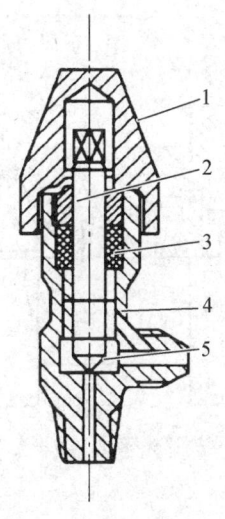

1—阀帽;2—阀杆;3—填料;4—阀体;5—阀芯。

图 5-4-3 截止阀

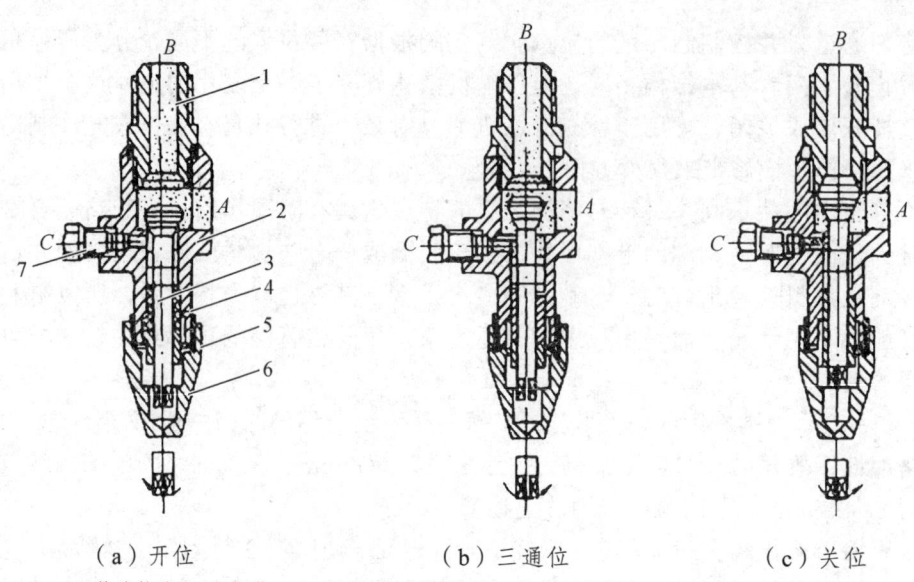

(a) 开位　　　　　　　　(b) 三通位　　　　　　　　(c) 关位

1—管路接头；2—阀体；3—阀杆；4—填料；5—填料压紧螺钉；6—帽盖；7—螺塞。

图 5-4-4　压缩机截止阀

3. 止回阀

止回阀又称单向阀，是一种根据流体在阀前后的压力差而自动启闭的阀门。它的作用是只允许制冷剂或其他流体介质做一定方向的流动，阻止其逆向流动。图 5-4-5 所示为一种筒式止回阀的结构，阀座用优质钢制成，阀芯采用聚四氟乙烯，以保证相互紧密贴合，使阀门关闭严密。通径 100 mm 以下的止回阀多采用这种结构，它包括液用和气用两种。气用止回阀选用作用力较小的弹簧，以减小压力损失。筒式止回阀是靠弹簧力和背压使阀关闭，所以可以按流向（箭头方向）做任何方向的安装，水平、朝上、朝下或倾斜安装均可。

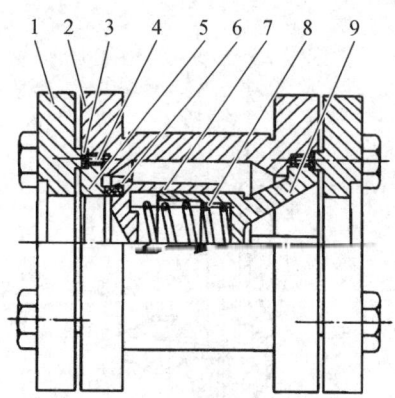

1—法兰；2—阀体；3—垫片；4—紧定螺钉；5—阀座；6—阀芯；7—阀芯套；8—弹簧；9—支承座。

图 5-4-5　筒式止回阀的结构

通径较大的止回阀为横式结构，如图 5-4-6 所示，这种止回阀只供气体管道使用，而且它是靠自重关闭阀门，所以必须水平正安装。

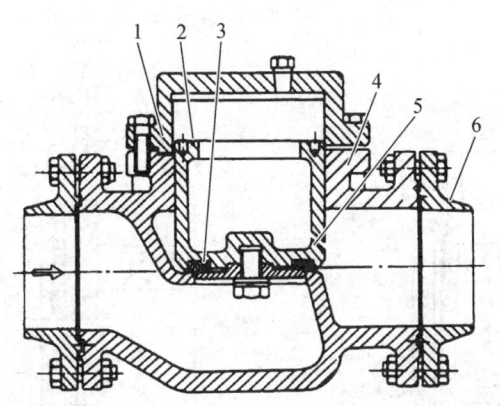

1—阀盖；2—阀芯座；3—阀芯；4—阀体；5—平衡孔；6—法兰。

图 5-4-6　横式气用止回阀的结构

流体在止回阀中沿箭头方向流动时，其压力克服弹簧力（或阀芯自重）和背压的作用顶开阀芯，使阀开启；流体反方向流动时，弹簧力（或阀芯自重）和流体压力使门关闭，阻止液体通过。

各种形式的止回阀，其阀芯座均有阻尼作用，启闭平稳，可以在有脉冲的情况下使用，但在安装时必须注意阀体外壳上标明的流向，不能装反。

4. 安全阀

安全阀是保证制冷设备在规定压力下工作的一种安全设备。安全阀可装在制冷压缩机的排气连通管上，当压缩机排气压力超过允许值时，安全阀开启，使高低压两侧连通，保证压缩机的安全工作。安全阀也常装在冷凝器、储液器等设备上，以避免容器压力过高而发生事故。安全阀的结构形式很多，但工作原理基本相同，都是以弹簧来锁定压力的调定值。

图 5-4-7 所示为安全阀的结构。当设备中的压力超过规定工作压力时，即顶开阀门，使制冷剂迅速排出系统。装在高压容器上的安全阀，其排出管应直接通至室外或高空排放，氟利昂排入机房内过多会使人窒息。

一般安全阀的定压为操作压力的 1.05~1.10 倍，对 R12 制冷装置约为 15.7×10^6 Pa，对 R22 制冷装置约为 17.7×10^6 Pa。安全阀已经开启，由于杂物卡住阀口或其他原因，往往不容易保持密闭，需要进行检查或做必要的修理。

5. 熔　塞

熔塞主要应用于氟利昂制冷设备或容积较小的压力容器上。它是用以代替安全阀，结构最简单的一种安全设备。图 5-4-8 所示为熔塞的安装示意图，熔塞中铸有易熔合金，其熔化温度一般在 75 ℃ 以下。一旦压力容器发生意外事故时，容器内压力骤然升高，温度也随之升高，而当温度升高到一定值时，易熔塞中浇铸的易熔合金即熔化，容器中的制冷剂就排入大气，从而达到保护人身及设备安全的目的。

熔塞的合金熔化后，应重新浇铸或更新，并经与容器试漏后才能使用。

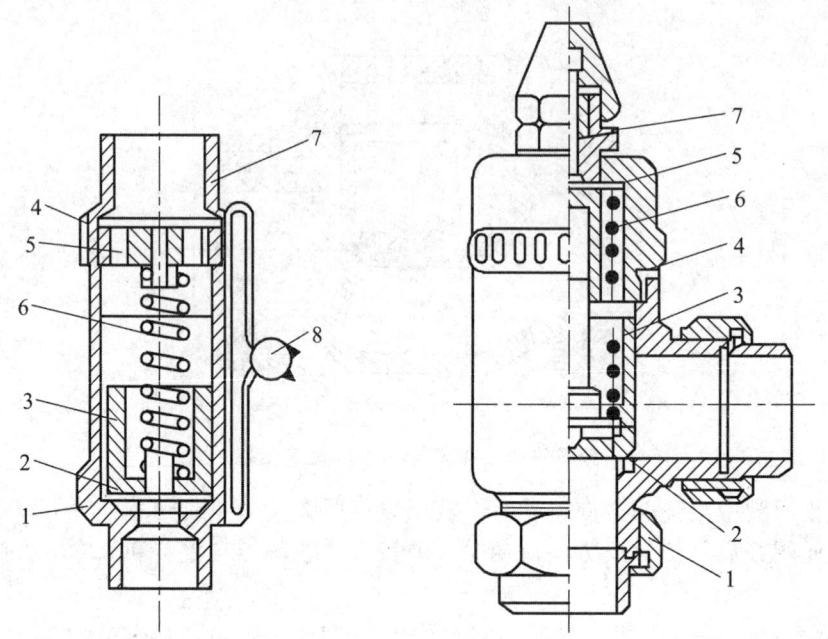

1—阀体；2—阀盘；3—阀盘导座；4—垫片；5—弹簧座；6—弹簧；7—调节螺钉；8—铅封。

图 5-4-7　弹簧安全阀的结构

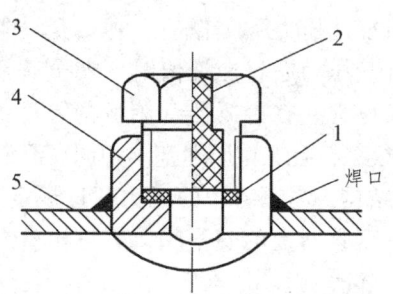

1—密封垫；2—易熔合金；3—旋塞；4—接头；5—壳体。

图 5-4-8　熔塞安装示意图

6. 流量/湿度指示器（视液镜）

视液镜（见图 5-4-9）用来显示系统运行时的制冷剂量和流动情况，一般安装在储液器和过滤器之间，从其中心玻璃窗上可以看见制冷剂液体的流动情况，示镜中心部位的圆芯则用来指示制冷剂的含水量。在压缩机运行过程中，如果始终有气泡涌动，说明制冷系统内制冷剂液体供给量不足。如观察到制冷剂颜色发生变化，则说明制冷剂液体含有杂物，需采取过滤措施。当圆芯纸遇到不同含水量的制冷剂时，其水化合物能显示不同的颜色，从而根据纸芯的颜色来判断含水的程度。纸芯的颜色变化可显示出制冷剂的含水量情况——正常、警示或超标，当纸芯的颜色为紫色时表明正常，当纸芯颜色开始偏红时说明系统中制冷剂的含水量已到了需加强跟踪的警示位置，一旦纸芯颜色为粉红色时必须尽快更换干燥过滤器。

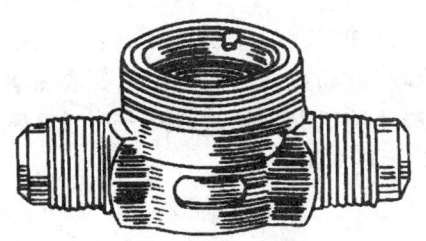

图 5-4-9 视液镜

检修中,在制冷系统运行情况下,若流量指示器中有气泡出现,则必须确认管路是否有堵塞的问题。若制冷剂量不足,需及时补加制冷剂,否则容易导致系统因低压问题出现的故障。

二、其他辅助设备

1. 分油器

在早期活塞式制冷空调系统中,压缩机是唯一需要冷冻润滑油的地方。但是压缩机的排气中都带有润滑油。润滑油随高压排气一起进入排气管,并有可能进入冷凝器和蒸发器内。对于氟利昂系统,由于润滑油在氟利昂中的溶解度大,虽然一般不会在传热表面形成油污,但是对其蒸发温度影响比较大(使蒸发温度升高)。因此氟利昂制冷系统中,一般都要用油分离器,将压缩机排气中的润滑油分离出来。氟利昂制冷系统利用自动回油装置,将其送回压缩机曲轴箱。

目前,常用的油分离器有洗涤式、离心式、填料式及过滤式等几种结构形式。这些油分离器的基本工作原理是,借油滴与制冷剂蒸气的密度不同,使混合气体流经直径较大的油分离器时,利用突然扩大通道面积而使其流速降低同时改变其流动方向,或利用其他分油措施,使润滑油沉降而分离。对于蒸气状态的润滑油,则可采用洗涤或冷却的方式降低温度,使之凝结为油滴后分离。有的油分离器则采用设置过滤层等方法来增强分离润滑油的效果。其中氨制冷系统常用洗涤式、离心式和填充式油分离器,氟利昂制冷系统则常使用过滤式油分离器,其结构如图 5-4-10 所示。

其壳体由无缝钢管加上、下封头焊接而成。顶部焊有进气管,在进气管的下方装有滤网(钢丝网布),有的分离器内装有陶瓷环或钢丝绒。带有油雾的高压蒸气经滤网的过滤,一部分油雾与滤网接触,被粘在滤网上,聚积成滴后,下落在分油器底部。另一方面,高压蒸气在排气管内流速很高,一般在 10~25 m/s。当流入分油器后,由于容器的通道面积大十几倍甚至几十倍,蒸气流入分油器后流速突然降低,其流速一般不超过 1 m/s,加上蒸气进出分油器时流向改变,使蒸气容易与容器壁相撞,一部分油雾粘在容器壁上,聚集成滴下流至容器底部。同时润滑油比制冷剂蒸气重得多,低流速时,油雾在重力作用下,与蒸气分离,落至容器底部,因此,制冷剂蒸气中的大部分润滑油就被分离出来,积储在容器中。

当容器底部积储的润滑油油位足够高而浮球浮起时,连在浮球上的阀针被打开,润滑油在高压作用下,经与压缩机曲轴箱连通的输油管流回曲轴箱,当容器内油位下降,浮球也随着下降,阀针将阀口关闭,回油结束。由此可见,当制冷机在连续的正常工作中,分油器也在连续不断地分油,但分油器放油(放回曲轴箱)是断续进行的。只有当容器内达到一定的油位,阀针才被浮球打开而放油,而且每一次放油间隔时间相当长。每种产品的放油间隔时间也不相同,这和压缩机的排油量以及分油器筒体的直径大小有关,一般来说放油间隔时间至少在 1 h 以上才是正常的。

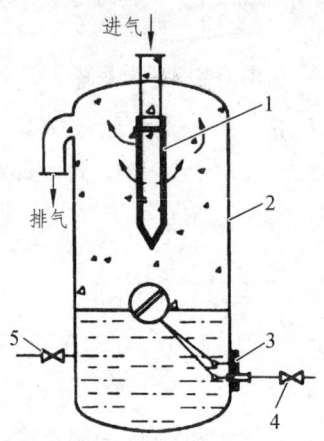

1—滤网;2—壳体;3—浮球阀;4—自动回油阀;5—手动回油阀。

图 5-4-10 过滤式油分离器

2. 干燥过滤器

在氟利昂系统中,对含水量有十分严格的要求(含水量要求控制在 0.002 5% 以下)。水能溶解于氟利昂制冷剂中,它的溶解度与温度有关,温度下降,水的溶解量就小。含有水分的制冷剂在制冷系统中循环流动,当流至膨胀阀孔时,温度急速下降,水的溶解度相应降低,于是一部分水分被分离出来停留在阀孔周围,并且结冰堵塞阀孔,特别是低温时,极易冰塞。同时,水长期溶解于制冷剂中要分解而产生盐酸、氢氟酸腐蚀金属,还会使冷冻机油乳化,因此要利用干燥器将制冷剂中的水分吸附净。

制冷系统在运行时还会产生一些机械杂质(如金属屑末、氧化皮等),可能堵塞膨胀阀阀孔,进入压缩机刮伤气缸和吸排气阀等,需要安装过滤器进行过滤。将过滤器和干燥器结合在一起,称为干燥过滤器。

干燥过滤器安装于氟利昂系统的液体管路上,位于膨胀阀与冷凝器之间。它主要由壳体、滤网、干燥剂、进出液管接头等组成,其结构如图 5-4-11 所示。外壳为无缝钢管,在进口端内装有 2～3 层网孔为 0.1～0.2 mm 的铜丝网,两端端盖用螺纹与壳体连接,再用锡焊焊接,以防泄漏。

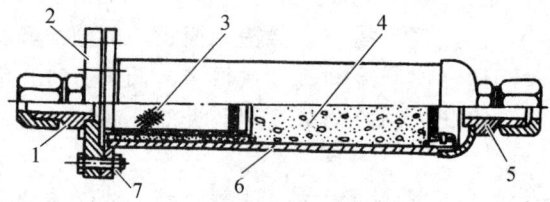

1—进液管接头;2—压盖;3—滤网;4—干燥剂;5—出液管接头;6—壳管;7—连接螺栓。

图 5-4-11 干燥过滤器

端盖外端焊有管接头，以便与系统管路连接。在过滤网与壳体中间装有干燥剂，常用的干燥剂有硅胶、活性氧化铝及分子筛等。这些干燥剂都能长期使用。硅胶的吸水性也很好，可达到本身重量的50%，它的缺点是吸湿后会碎裂。使用后的硅胶还可加热（约200 °C）去潮，再生后重复使用。分子筛对水的吸附力比活性氧化铝和硅胶都强，特别在低浓度下，分子筛仍有足够的吸附力，是一种较理想的吸附剂。

有的制冷装置将干燥器和过滤器分别独立安装，如分装式客车空调装置制冷系统。单元式空调机组中采用的干燥过滤器为两端焊接的整体式。

3. 储液器

储液器也称储液筒，用来储存制冷循环中的制冷剂液体，以适应工况变动时制冷工质流量的变化。例如制冷设备刚开始运转时，蒸发器的热负荷最大，此时制冷剂的循环量也最大，当制冷设备运转一段时间后，冷库（或冷却房间）的温度有显著的下降，热负荷逐渐减小，制冷剂的循环量也相应减小。循环量大时要保证足够的供液量，循环量减少时，要将多余的制冷剂液量储存起来。其次，在检修制冷设备时，以及在制冷系统较长时间不工作时，可将系统中制冷剂全部储存在储液器中，以免漏泄而造成损失。

储液器的结构很简单。图5-4-12所示为一种卧式的、密封的储液器，它是一种耐受高压的容器，进出液口都在容器的上部，并装有截止阀，供检修用。当出液口设在容器上部时，需装一根伸到容器底部的输液管，以保证供液。储液器多为横放，其位置低于冷凝器为宜，但也有竖放的。

储液器的容积要大于所需储存液体的容积，为确保安全，储存的制冷剂量不允许超过其积的80%。小型氟利昂制冷系统中，往往用冷凝器兼作储液器。对于负荷变动不大的制冷设备，如单元式空调机组制冷系统，经严格控制充入的制冷剂量，可省略储液器。目前大多城轨车辆空调不再配置储液器。

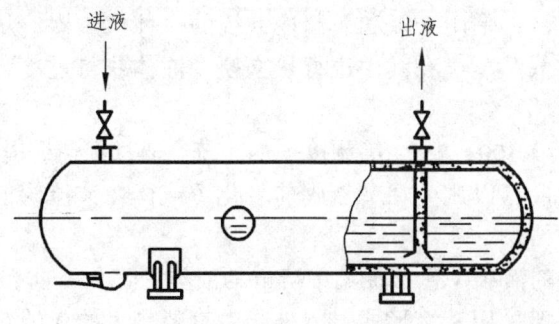

图5-4-12 储液器

4. 气液分离器

当制冷压缩机从蒸发器吸入制冷剂蒸气时，有时蒸气中夹带有制冷剂或润滑油的液滴，这样就有可能产生液击而使阀片、活塞连杆等损坏，特别是采用毛细管节流装置时，由于毛细管节流对制冷剂流量不可调节的特性，当负荷减少时，蒸发器中制冷剂不能完全蒸发。为避免制冷压缩机吸入液体制冷剂，在制冷压缩机的回气管上设气液分离器，将制冷剂蒸气中的液体予以分离储存。

气液分离器的结构如图 5-4-13 所示，从蒸发器来的制冷剂蒸气由于进气管进入分离器后，气流的突然转向和减速，把液滴分离出来留在容器的底部，而气体则从出气管被压缩机吸入。在 U 形管的底部开有一个小孔 a，能使一定量的冷冻机油随吸入气体一起返回压缩机。b 孔为均压孔，可防止压缩机停机时由于蒸发器侧压力上升，使气液分离器中的液体通过 a 孔流向压缩机。

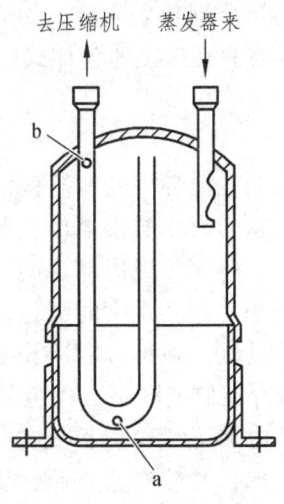

图 5-4-13　气液分离器

气液分离器的容积要足够大，以使在恶劣的工况时，返回压缩机的液体量不致过大。通常在用毛细管节流时，其容积为蒸发器容积的 15%左右；若用膨胀阀时，可为系统制冷剂充注量的 50%。

5. 回热器

回热器也称热交换器，是用于氟利昂制冷系统的一种换热器。从冷凝器来的高温制冷剂液体与从蒸发器来的低温蒸气在其中进行热交换，液体获得过冷，蒸气产生过热。这种回热循环有 3 个好处：

（1）对于采用 R12、R500、R502 等制冷剂的系统，通过回热，提高制冷机的制冷系数；

（2）使液体获得过冷，以避免在节流阀前气化（液体在节流阀前气化时会影响热力膨胀阀的供液量）；

（3）使蒸气中夹带的液滴（包括油滴中溶解的液体）汽化，防止压缩机发生液击。

热交换器的结构一般采用套管形式，其外壳由直径较大的无缝钢管两端加封头焊制而成，而内管则为外侧带肋片的肋管组成。因为制冷剂蒸气对壁面的放热系数比液体小，故气体沿有肋片一侧的外管流动，而液体沿内管逆向流动，以进行热交换。回热器在制冷系统中的安装位置是在冷凝器、压缩机及蒸发器之间，即自冷凝器来的液体流经热交换器的内管，再一次获得过冷后，受膨胀阀的控制而进入蒸发器。而蒸发器出来的蒸气由回气管引入回热器，使之过热后，由压缩机吸入。

客车空调装置中，当管路较长时，也有将输液管和吸气管包扎在一起以代替回热器作用的。

思考与练习

1. 分油器的作用是什么？简单说明过滤式分油器的工作原理。
2. 干燥过滤器安装在空调制冷系统的什么位置？
3. 截止阀有哪些作用？
4. 用线条将制冷剂四大件及辅助设备（储液器、干燥过滤器、气液分离器、分油器）按系统中的顺序前后串联起来，并标出制冷剂的流动方向。

项目六　空气通风和加热系统

【项目描述】

通风系统是客车空调装置的重要组成部分，其作用是将经过处理的空气输送和分配到客车车厢内，并形成合理的气流组织，同时将室内污浊的空气排出室外，使室内空气参数满足设计要求。通风系统是客车空调装置中，唯一不分季节而长期运转的系统，因此，它的质量状况将直接影响到旅客的舒适性和空调装置的经济性。

本项目主要介绍城轨车辆空调通风和加热系统的主要部件、结构布置和作用原理，通风系统由通风机、风道、风口和空气过滤器等组成。其中通风机主要包括轴流式、离心式、贯流式和幅流式四种风机，风道包括主风道、回风道和排风道，风口包括新风口、送风口、回风口及排风口。加热系统主要包括电加热器和热泵。

【学习目标】

目标类型	目标要求
知识目标	（1）熟悉客室气流组织； （2）熟悉四种通风机的结构特点； （3）理解通风管道的组成和功能； （4）掌握四通换向阀的工作原理
技能目标	（1）能进行滤网的拆卸维护； （2）能进行风机的拆卸维护
情感目标	（1）能进行团队协作； （2）积极参与学习过程，遵守秩序，服从安排

【建议学时】

6学时。

任务一　空调通风系统认知

任务目标

（1）熟悉客室气流组织；

（2）熟悉四种通风机的结构特点；
（3）掌握空调机组风口、风道的分布及功能；
（4）了解空气过滤器的功能；
（5）了解司机室通风单元；
（6）掌握应急通风的功能和使用场合。

任务准备

通风系统的作用是将车外新鲜的空气吸入，并与车内再循环空气混合，在滤清灰尘和杂质后，再输送和分配到车内，同时排出车内多余的污浊空气，以保证车内空气的洁净度以及合理的流动速度和气流组织。

一、通风方式分类

通风系统采用以下四种通风方式：

1. 自然通风系统

中华人民共和国成立初期，我国铁路客车没有空调机组，通风采用安装在车顶的数量较多的自然通风器。自然通风器利用通风器处于车外气流中形成背压真空及车内上、下部温度不同而形成空气容重差，诱导车内空气排出车外，以完成通风换气作用（见图6-1-1）。

当车辆运行时，自然通风器处于流动空气之中，变向器（圆筒状）与气流相接触的各个方向承受的压力不同。迎风面承受比大气压力高的压力，为正压；其两侧、背部和上、下部均为背风面，承受比大气压力低的压力，为负压（真空区）；而车内空气压力近似为大气压力。因此，在车内、外空气压力差的作用下，一部分车内空气经调节板7、内连接筒4、上连接筒3流向负压区后排出车外。通风器周围气流速度越高，产生的车内、外压力差越大，通风量就越大。此外，冷、热空气的对流也是达到自然通风的因素之一。在无风及停车时，如车内温度高于车外温度，自然通风器仍有通风作用。采用自然通风系统时，车内外换气量小，尤其在冬季，车内空气品质很差。这种形式主要用于21型车、部分22型车和部分25B型车。

2. 机械强迫式通风系统

目前我国绝大部分普通空调客车采用这种通风系统。通常由离心式通风机、风道、风口、空气过滤器、排风装置等组成。在卫生间及储藏间等位置的车顶仍然安装有自然通风器。机械强迫式通风系统有以下类型：

按通风机在系统中安装的位置分：通风机放在空气处理室前面的为压出式系统，放在空气处理室后面的为吸入式系统。

按通风系统中通风机使用情况分：送风和回风共用一台通风机的叫作单风机系统，分别设有送风机和回风机的叫作双风机系统。

机械强迫式通风系统是由通风机组、风道、风口、空气过滤器等组成。

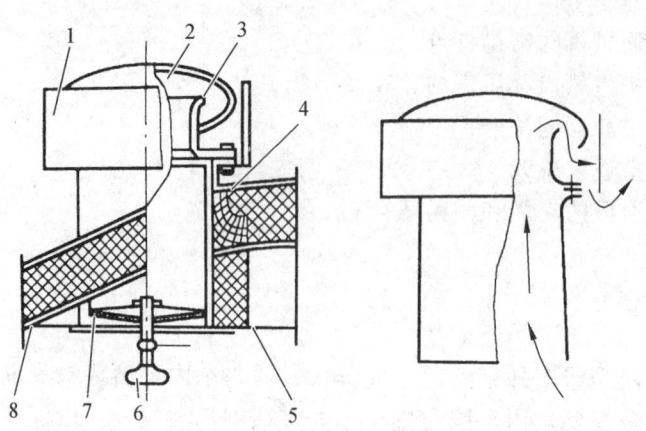

1—变向器；2—帽；3—上连接筒；4—内连接筒；5—内顶板；6—调节手柄；7—调节板；8—车顶板。

图 6-1-1　自然通风器的结构及原理

图 6-1-2 所示为客车空气调节装置中最常用的机械强迫通风系统示意图。在通风机组的作用下，室外新鲜空气经进风口进入车内，首先经滤尘器过滤并与回风混合后送入空气处理室，然后经过蒸发器冷却或者由电预热器预热，送入主风道，再由各送风口均匀地送入室内。室内空气的一部分，经回风口、回风道再被通风机吸入作为再循环空气重复使用；另一部分则经由排风口和排风扇排出车外。

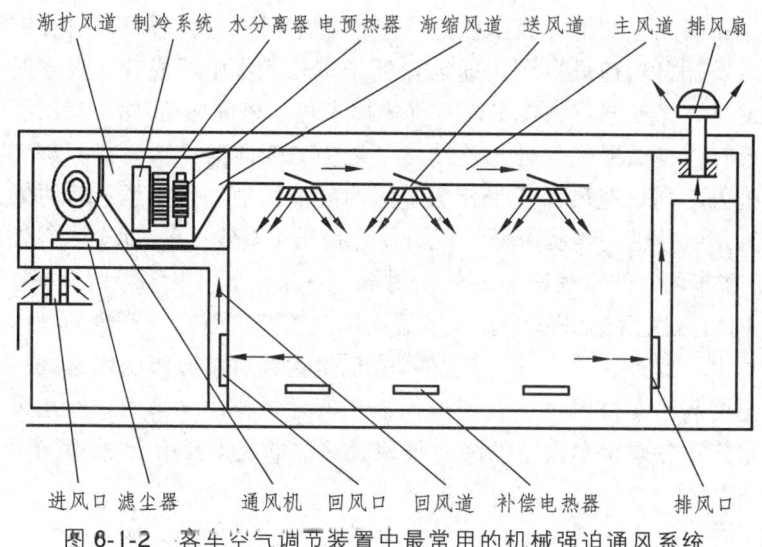

图 6-1-2　客车空气调节装置中最常用的机械强迫通风系统

3. 高速诱导通风系统

在集中式的空调系统中，处理后的空气一般都是采用低速（小于 8 m/s）输送。由于需要处理和输送的空气量比较大，所以风道的断面尺寸也较大，这不仅占去了室内较大的空间位置，而且常给施工安装带来困难。因此，对于一些空间位置比较紧张，而室内装饰又有一定要求的场所，如车辆、舰船、地下工程等，如何减小其风道断面尺寸和简化其系统的结构，常用诱导通风加以解决。

集中式空调系统送入室内的空气，大部分是为了节约能量而循环使用的室内再循环空气。如果再循环空气不集中回送处理，而是在室内与进风就地混合，同时，集中处理后的空气采用高速（15~30 m/s）输送，这样，就可大大减小送风管道的断面，并可能简化系统结构。诱导空调系统具备这个特点，因此在舰船及地下建筑物中得到广泛的应用。诱导器通常布置在车窗下方，紧靠侧墙。

诱导通风系统主要由一次风处理箱、通风机和诱导器等组成，如图 6-1-3 所示。诱导通风系统工作时，经处理箱处理后的一次风，由通风机送入车内诱导器的静压箱。在静压中，将一次风的动压变为静压，并在静压作用下，使一次风均匀分配给各个喷嘴，清除空调剩余噪声和高速气流噪声。然后，由喷嘴送出一次风，同时诱导二次风，在混合室中二者混合，再由出风口送入车内。

诱导通风中的一次风，通常就是新风（也就是新鲜空气），在必要时，也可使用部分再循环风。

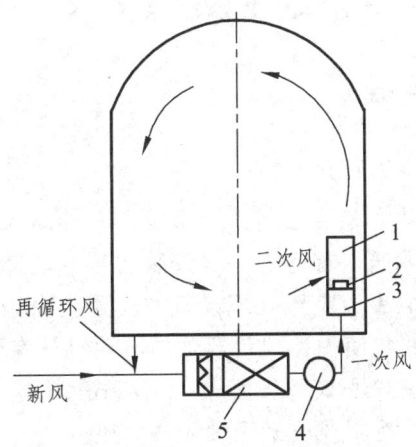

1—混合箱；2—喷嘴；3—静压室；4—通风机；5—集中空气处理箱。

图 6-1-3 诱导通风系统

4. 高速动车组通风系统

与普通空调客车一样，高速动车组通风系统的基本组成部分也包括通风机、新风系统、回风系统、送风系统和排风系统。但是动车组的通风系统除了给乘客提供新鲜空气外，还要保证车厢内具有适当的气压。当高速列车通过隧道或与其他列车会让时，车体表面将受到变化幅度正负数千帕的瞬时压力。当压力波动反映到车厢内，即车内空气压力的变化量及变化速度超过一定值时，就会刺激旅客的耳鼓膜，引起耳胀耳痛，从而影响乘客的舒适性。为了解决这个问题，除了提高车体的气密性，使车内压力不受车体外部压力变化的影响以外，还需安装空气压力波动控制装置，以便在车外压力变化时，调节进排气口的工作状态，防止车内压力变化过大，并保持一定的正压。例如，CRH2 型动车组在各车厢的地板下进（排）气口安装 1 台给排气一体型连续换气装置，使压力变化的最大值不超过 1 000 Pa，压力变化率不超过 200 Pa/s。

目前，各国解决压力波动问题的方式不尽相同，图 6-1-4 所示为日本研制的风量控制式换气系统（即换气控制阀）。该系统的进、排风口由电磁阀开闭，电磁阀受车内、外压力传感器和进出隧道信息的控制。一旦压力传感器监测到车内、外压力的变化超过一定值，则电磁阀动作，通过调节阀门开度，保持进气口和排气口的平衡，使车内压力变化更小，提高列车运行舒适度。

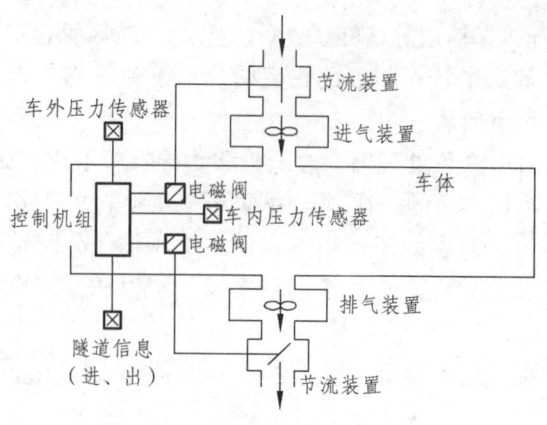

图 6-1-4 风量控制式换气系统

二、通风系统的组成

1. 通风机

通风机组是通风系统的动力装置。其作用是吸入车外新风和室内回风，并将处理后的混合空气加压，通过主风道等送入客室。一般安装在车辆端部顶板上部空间，也可以安装在车下部，其安装处所主要取决于空气处理设备的位置。由于空间位置的限制，车辆空调系统一般都采用两台通风机并联使用，一台双轴伸电动机放在两台通风机中间。

常用的通风机有轴流式、离心式、贯流式、幅流式四种。在车辆通风系统中，常常采用离心式风机送风，排风机、冷凝风机采用轴流式风机。

为了减少通风机及其驱动电机所产生的噪声传入客室内，通风机组在安装时，应采用有效的隔音减振措施：一是在通风机组的安装座上加装橡胶减振器；二是在通风机壳上敷设阻尼涂料；三是在主风道与通风机箱连接的风管处采用帆布或人造革制作的软风道。

1) 轴流式通风机

（1）轴流式风机的结构特点。

轴流风机的主要功能是强制外界空气循环，通过冷凝器强化冷凝器换热。轴流风机将空气从机组两侧吸入，吸入的空气吸收冷凝器管内制冷剂气体热量使其冷凝；被加热的管外空气被轴流风机从机组顶部排出。

轴流式风机主要由叶片、机壳、吸入口、扩压段及电机等组成，其基本结构如图 6-1-5 所示。

① 叶片。轴流式风机的叶片常用钢板压制而成，有机翼型、板型等。大型轴流式风机的叶片安装是可以调整的，由此来改变风机的流量和风压。

② 机壳。轴流式风机的机壳是由钢板焊接而成的筒体，前段为钟罩形吸入口，用来避免进风口风道突然缩小，以减少流动阻力；中间段为圆形风筒；后段为扩压段。带有叶轮轮毂的电机机座安装在机壳的中间段，常用钢结构做成。

（2）轴流式风机的工作原理。

由于轴流式风机的叶片与机轴中心线有一定的螺旋角，当电机带动叶片在机壳内转动时，空气一边随叶轮转动，一边沿轴向推进；当空气被推出后，原来占有的位置形成局部低压，促使外面的空气由吸入口进入。空气通过叶轮压力增高后，从出口排出。由于气体在机壳中的流动始终沿轴向进行，所以称为轴流式风机。

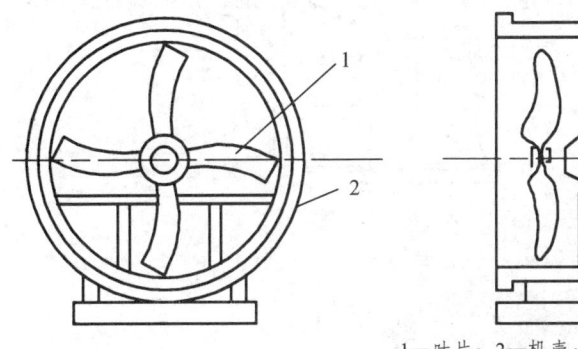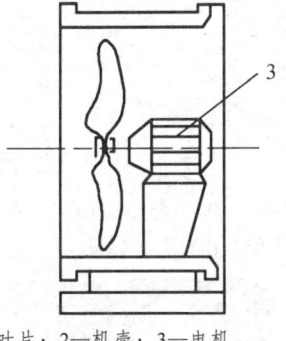

1—叶片；2—机壳；3—电机。

图 6-1-5　轴流式通风机

城轨车辆冷凝风机即轴流通风机。冷凝风机包括风机叶片、电机和格栅。为确保冷凝盘内管高效热传递，两台轴流风机从空调机组两侧将周围"冷"空气吸入冷凝器盘管，然后将"热"空气通过圆形格栅从空调机组的上方排出。

每个冷凝风机组件包含一个 AC 380 V、三相、50 Hz 的电机，支持一个安装在轮毂上的六叶片轴流风机，风机运行在一个导风圈内。需要注意的是：格栅不能被随意移动，格栅用于防止人员接触风机叶片，并保护风机内部部件。轴流风机的参数如表 6-1-1 所示。

表 6-1-1　轴流风机的参数

型号	D29C1000
类型	轴流式
风量	12 000 m³/h
静压	≥100 Pa
额定功率	1.1 kW
电机防护等级	IP56
绝缘等级	F 级，适应在湿热环境下工作
每个空调机组中的数量	1

2）离心式通风机

（1）离心式风机的结构特点。

离心式风机的主要部件有风机吸入口、叶轮、机壳和机座等，其基本结构如图 6-1-6 和图 6-1-7 所示。

① 吸入口。如果风机进口未接引风管，可直接从大气中进风。这时一般应装设吸入口（又称集流器），使气流能以损失最少的方式均匀地流入机内。风机吸入口有圆筒形、圆锥形和圆弧形三种，前两种阻力较大，制作方便；后一种阻力小，但制作较复杂。

② 叶轮。离心式风机的叶轮由前盘、后盘、叶片和轮级组成。根据叶片出口安装角度的不同，有前向叶型、径向叶型和后向叶型三种形式。叶轮固定在机轴上，由电机带动旋转。车辆空调设备中，使用前向叶片离心式通风机用于车内通风装置。

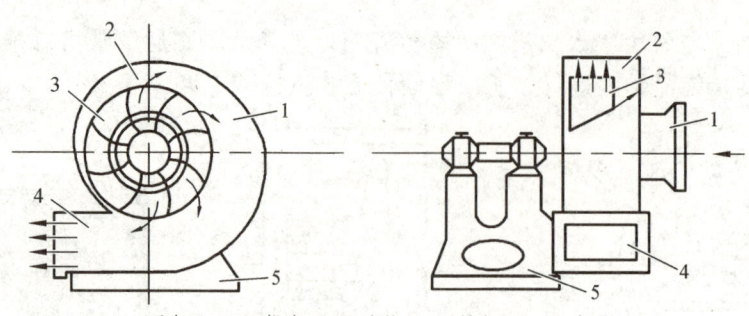

1—吸气口；2—机壳；3—叶轮；4—排气口；5—机座。

图 6-1-6　离心式风机的主要部件

图 6-1-7　离心式风机实物图

③ 机壳。中、低压风机机壳常用钢板焊接或咬口成对数螺旋线形的壳体，并且机壳截面积逐渐扩大。

④ 机座。机座由型钢焊制，用来支承风机。机座上装有轴承，支承风机转轴。

（2）离心式风机的工作原理。

当电机带动机轴上的叶轮旋转时，叶片间的气流在离心力的作用下，由叶轮中心甩向边缘并获得动能和压力能。同时，叶轮中心所产生的负压区促使后续气流连续不断地进入风机。气流从叶轮流出后进入机壳，在机壳排出管的扩压作用下将部分动能转变为压力能，最后以高压沿切线方向送入排气管路或房间。

城轨车辆送风机即为离心式通风机，安装在蒸发器后部。为符合车厢空气调节要求，克服空调机组及送风管道中的压力损失，每台空调机组中装有两台送风机。每台送风机既能经新风滤网从外界吸入新风，也能够将客室回风吸入蒸发腔。蒸发腔内两股气流混合后，经混合风滤网和蒸发器盘管进入送风机。混合风被吸入风机后，立即被吹倒通风管道并输送分配至车顶风道。经离心风机送入空调系统主风道而进入客室，降低客室温度。

每台送风机包含一台 AC 380 V、三相、50 Hz 电机和两个安装在轴上的风机叶轮。离心风机的参数如表 6-1-2 所示。

表 6-1-2　离心风机的参数

型号	D29B1000
类型	离心式
风量	2 125 m³/h
静压	≥340 Pa
额定功率	750 W
电机防护等级	IP56
绝缘等级	F 级，可在潮湿的环境下长期运行
每个空调机组中的数量	2

（3）离心风机和轴流风机的主要区别在于：

① 离心风机改变了风管内介质的流向，而轴流风机不改变风管内介质的流向；

② 前者安装较复杂，后者结构简单，耗用金属少；

③ 前者电机与风机一般是通过轴连接的，后者电机一般在风机内；

④ 前者常安装在空调机组进、出口处，风压大，噪声大，流量低。后者常安装在风管当中或风管出口前端，风压低，流量大，噪声小。

⑤ 轴流式风机可以反转，反转时风向随之改变，风量、风压也有所降低，但离心式风机降低更明显。

3）贯流式风机

（1）贯流式风机的结构特点。

贯流式风机由叶轮和机壳等组成，其基本结构如图 6-1-8 所示。

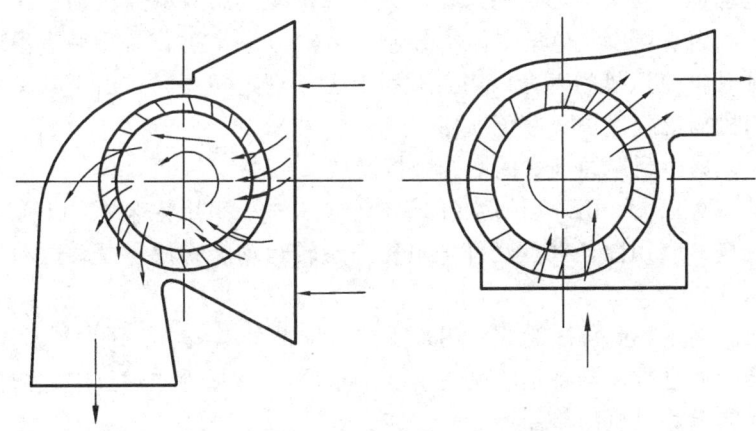

图 6-1-8　贯流式风机的基本结构

（2）贯流式风机的工作原理。

贯流式风机是将机壳部分地敞开，使气流直接径向进入风机，气流横穿叶片两次。某些贯流式风机在叶轮边缘加设不动的导流叶片，以改善气流状态。

贯流式风机有小风量、低噪声、压头适当、制造简单、价格较低，以及安装上便于与建筑物相适合的明显优点。

4）幅流式风机

幅流式风机是一种小型的贯流式风机，它是一种小流量、低噪声、造型美观、在安装上便于与结构相配合的新型风机。近年来，作为大多数民用空调室内送风机，幅流风机在空调系统中得以广泛应用。在城轨客车空调系统中，为了提高客室内空气的流动速度，改变气流方向，降低人的体感温度，也大量采用了幅流风机，并起到了提高送风均匀性、降低能耗、提高舒适性的效果。

幅流风机由风扇电动机、摆头电机、风扇、风扇罩、摆动机构、安装架等零部件组成。幅流风机的结构如图 6-1-9 所示。

（1）风扇电动机。风扇电动机是驱动风扇旋转的动力源，采用铝模铸件全封闭式电机机身及机座。

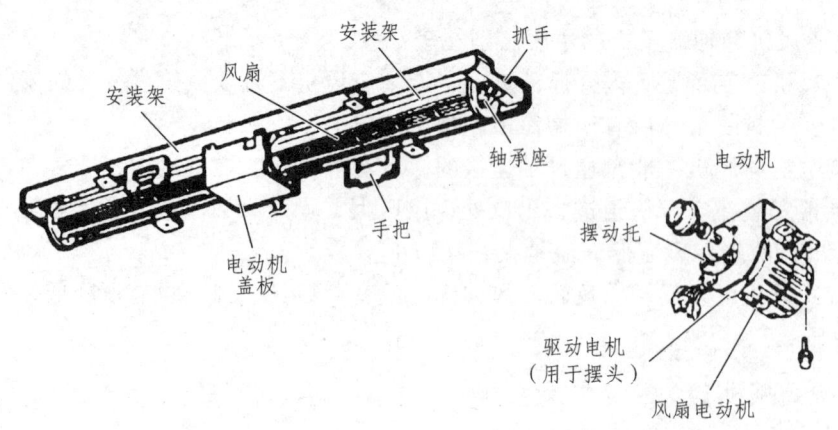

图 6-1-9 贯流式风机的结构

（2）摆头电动机。摆头电动机用来驱动风扇罩体摆动，其减速机构装在一个由金属板制作的外壳中，利用它可以使电扇罩体每分钟转 3.75 次。其输出轴上装有滚珠轴承，使用它可以有效地延长幅流风机的寿命，当负载扭矩大于规定扭矩时，由于其输出轴打滑，就会使其内部减速机构受到保护，避免损坏。

（3）风扇。风扇由耐腐蚀性好的铝合金板制成。

（4）风扇罩。风机罩采用耐腐蚀性好的铝合金板制成，采用特殊结构以利于有效地出风。

（5）摆头机构。利用曲柄和摆动杆把电机的旋转运动转变成了摆动运动，其旋转部分采用套筒轴承。

（6）安装架。采用焊制方法制成，用来支撑可动部分电风扇、风扇罩及电动机。

（7）减振器。通过减振器将幅流风机吊装于车顶 C 形槽上，通过它的减振缓冲橡胶作用避免车辆振动向幅流风机的传播。

根据车辆的整体布置情况，可在车顶中部设 4~6 台幅流风机，一般情况下中间车每车 6 台幅流风机，头车每车 5 台幅流风机。幅流风机通过减振器吊装于车顶吊装装置上，嵌入客室顶板。幅流风机下设幅流格栅，幅流风机通过幅流格栅向客室送风。幅流格栅的结构充分考虑幅流风机维护、检修的需要。幅流风机通过连接器与车内电源线、控制线连接，便于维护、检修。在紧急通风时，空调机组的通风机及幅流风机工作。

2. 各种风口及风道

通风管道的作用是疏导空气。在送风系统里，依靠风道，把处理好的新鲜空气输送到客车车厢内；在排风系统里，依靠风道，把需要排出的污浊空气输送至车外。这种用以输送空气的管道可以由各种不同的材料制成，也可以有很多不同的构造和断面形式。风道应满足经济、耐腐蚀、隔热性好、质量小和易于加工等方面的要求。常用的材料有镀锌铁皮、铝合金板、玻璃钢和胶合板等。

目前，我国已建成的地铁车辆送风风道主要有三种形式：大截面准静压送风风道、圆管式车辆空调送风风道和条缝式静压送风风道。

1）主风道

主风道的作用：将经过空气冷却器或预热器处理后的空气输送到客室内。

车顶的两台空调机组通过与车体相连的两个吸振消音的连接风道，将处理后的空气送到车顶的主风道内。车辆的风道沿车辆方向分为三个，中间大的为主风道，两侧为副风道，主副风道由隔板分开，隔板上设有一系列调整风量的气孔。主风道的空气经隔板气孔，进入副风道，使得两侧风道内的气流稳定地送入客室中。

主风道的截面一般有圆形和矩形两种。由于矩形风道与客车内的装饰容易协调，而且占用空间少，安装又方便，所以在客车上采用较多。另外，按风道截面沿长度方向是否变化，有变截面（见图6-1-10）和等截面风道之分。

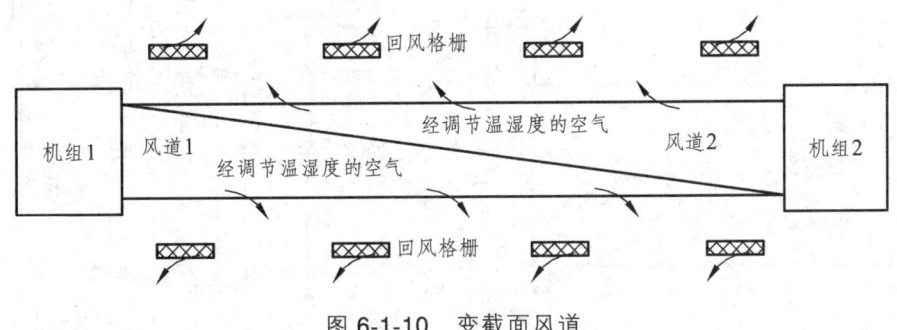

图 6-1-10　变截面风道

在主风道中常装有调风机构，用以调节通过风道的风量，达到向每个送风口均匀送风的目的。其结构形式根据风道截面形状而定，调节方式可以手动或自动。

2）新风口

新风口即车外新鲜空气的吸入口，一般布置在装有通风机端的车门上部，也有设置在车端上部和车顶上部的。新风口一般装有新风格栅，以防止杂物及雨雪进入车内，另外还设有新风滤网和新风调节装置，新风调节装置由一个24 V直流电机驱动新风调节门，调节进入客室的新鲜空气量，同时在通风机停止运转时，也便于关闭新风口。

3）送风口

送风口是用来调节和分配空气的。送风口处一般都装有送风器（散流器），它不但可以使送风均匀，达到室内气流分布合理和温度均匀，而且还可以根据室内的具体要求，调节送风量的大小。集中送风的通风系统，送风口一般都沿车顶棚或侧壁均匀布置。送风口处一般也装有送风滤网。

4）回风口和回风道

回风口是室内再循环空气的入口。客车上的回风口往往设置在通风机端的客室内端壁下部，采用集中回风方式，在小走廊平顶板上开一总回风口，并设延续回风道。包间式客车包间内的回风则经过包间拉门下部或拉门两侧间壁下部的回风口流至走廊，利用走廊作回风道，在靠近一位端的走廊平顶上有回风口，并由回风道将再循环空气引入空调机组。回风与新风混合过滤后，通过蒸发器降温，再被离心风机吸入，通过主风道送往客室。通过调节挡板，可以调节新风、回风的混合比例。图6-1-11所示为某地铁空调机组气流示意图。

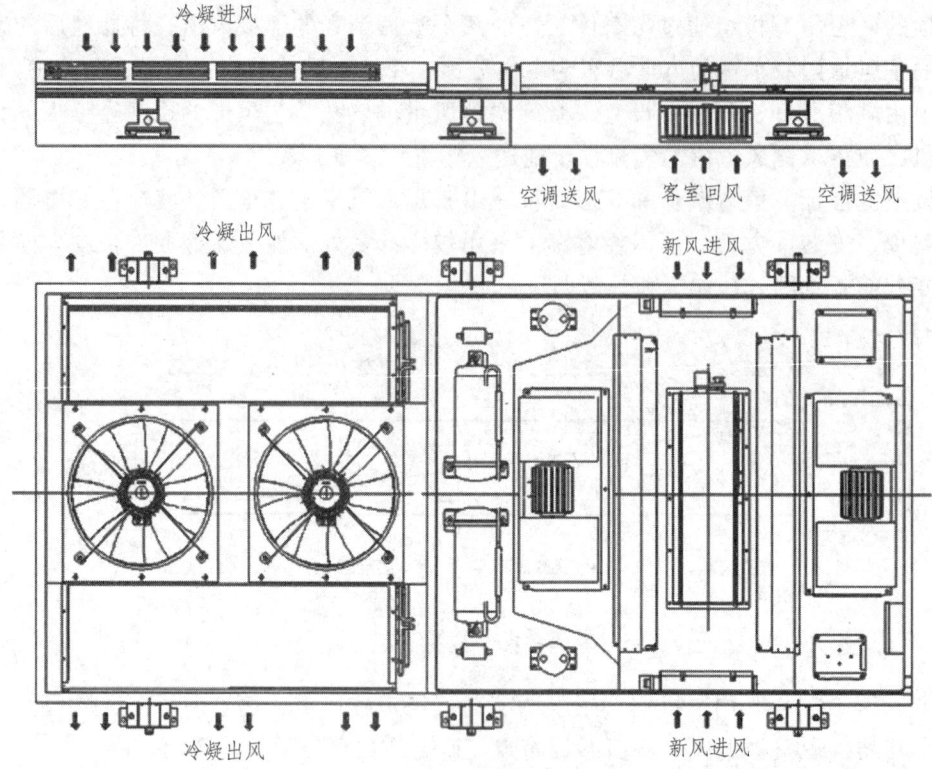

图 6-1-11　某地铁空调机组气流示意图

5）排风口和排风道

排风口是排除车内污浊空气的出口。由于外界新鲜空气不断送入车内，为保持车内压力恒定，将与其等量的车内污浊空气通过排风口排出车外。排风口可以是客车上常用的自然通风器（安装在车体上部，利用诱导作用完成通风换气），也可以是加装排风扇的排风装置。

客车排风口一般设在与回风口相对的另一端车顶，客室内的排风口一般也设置在客室内端壁板上，外表面设有通风诱导格栅以增加美观，内部装有铁丝网以防杂物进入风道。

6）调节板

调节板（见图 6-1-12）的作用是调节通过风道的空气流量，其结构根据风道截面形状而定。最简单及应用也较广的调节板是百叶窗式，常用的有圆形、矩形调节板。使用时只要转动手柄，改变调节板角度，即改变空气通过的截面积，进而达到调节风量的目的。客车上调节板的开度均由人工进行调节。

图 6-1-12　电动调节板

3. 空气过滤器

空气中总是不同程度地含有各种灰尘和杂质，灰尘聚集在换热器表面，会降低换热效果，降低空调经济，进入车内会影响旅客和乘务人员的舒适和健康。因此，在机械强迫通风装置中必须安装空气过滤器，以净化空气中的灰尘和机械杂质。一般设有新风过滤器、回风过滤器，并且应装在空气处理器的前端，以减少后面各设备的表面积灰。

空气过滤器的作用机理：含尘气流在通过过滤器纤维层时，利用尘粒的重力作用、扩散作用、惯性作用、静电作用以及纤维层的筛滤作用等截留灰尘。

常用的空气过滤器有金属网浸油过滤器、玻璃纤维过滤器、尼龙网过滤器以及聚酯型粗孔泡沫塑料过滤器等。积尘过多会增大空气阻力，影响风量供给和过滤效果，因此，需要对过滤器进行定期清洗和更换。如金属网浸油过滤器，清理时应先将粗大污物从滤网上除掉，然后将滤网放在苏打水里冲洗并漂清、干燥，再用无味过滤器油浸透，晾几小时后（让油滴掉）备用。用聚酯型粗孔泡沫塑料作过滤材料时，需先经过化学处理，通常是在5%浓度的 NaOH 水溶液中浸泡一定时间，把内部气孔薄膜穿透；使用中还应定期清洗，以保证其过滤效果。

车辆空调一般采用滤尘网（见图6-1-13），安装于新风入口及混合风入口处，材料为不锈钢过滤丝网或可清洗无纺布。

图 6-1-13　滤尘网

空气过滤器按过滤效率的高低划分，可分为粗效（又称初效）、中效和高效（亚高效和超高效）过滤器。各种过滤器的过滤效率的测定方法是不同的，常见的有质量法、比色法和计数法。

（1）质量法：采用称重的方法测量过滤器的质量浓度效率，适用于粗效过滤器的效率测定。

（2）比色法：适用于中效过滤器及静电过滤器的效率测定，其原理是在过滤器前后采样以后，将各自被污染的滤纸放在光源下进行照射，根据透光和反射光的多少，用光电管比色计测出透光度；换算成过滤器前后粉尘的质量浓度，再计算出过滤效率。

（3）计数法：适用于高效过滤器的效率检测，可直接用光电粒子计数器对通过过滤器的含尘气流进行自动检测，记录尘粒的数量和大小，以此来计算出过滤效率。

4. 司机室通风单元

司机室通风单元安装在司机室顶部，通过风道将客室主风道内低温空气引入司机室，达到对司机室降温的目的。司机室通风单元由司机手动控制，可根据需要通过调节风量开关和送风导叶方向，调节送风方向和送风量。

司机室通风单元的外罩由不锈钢板制成,通风单元内集成有控制模块以及所必需的电气模块,可实现手动风量及制热量调节。司机室内送风的方向由通风单元出风口导向器控制,可根据司机喜好任意调整送风角度,从送风口送出的空调风能直接吹到司机座位区域。设有停止、低速、中速、高速、紧急通风 5 挡,司机可根据需求调节送风风速,当列车进行紧急通风工况时,司机将通风单元转换开关转到紧急通风挡,司机室通风单元执行紧急通风工况。

5. 应急通风系统

出于安全考虑,每辆车配有一台紧急逆变器,在交流辅助电源设备在 MVB 网络故障情况下,应急通风系统应立即自动投入工作,向客室、司机室输入新风,维持 45 min 紧急通风。应急供电由蓄电池供给,并经由直流/交流逆变器,当交流辅助电源供电正常时,空调系统自动进入正常工作状态。此时空调机组内的回风门将被关闭,只有新风进入车厢。在紧急情况下,向客室提供的新风量约为 3 200 m^3/h;通过客室风道的正压作用,能够为司机室提供 60 m^3/h 的新鲜空气。

三、客室气流组织

空调客车除了要有合适的空气温度和相对湿度外,对空气温度与风速的均匀程度,即对室内的温度场和速度场也有一定的要求,而室内的温度场、速度场受室内气流流动和分布的影响很大。例如在夏季时,送入车内的空气温度要比室内温度低,如果送风温差较大,冷空气直接吹到旅客居留区内,人体会感到不适,这就要求将送入车内的冷空气先与室内空气适当混合,再送到居留区。通常我们把这种对室内气流流动和分布的控制称为气流组织。显然,室内要满足空调的要求,必须妥善处理好气流组织的问题。

气流组织合理与否,与送风口和回风口的位置、形式、大小、送风气流的流态和运动参数、送风温差、客室结构等多种因素有关,其中,送风口的形式和结构对室内气流组织的影响很大。根据送风口的位置不同,送风方式可分为上送和侧送,送风口布置在车内顶棚上的送风方式称为上送,送风口布置在车内侧面的送风方式称为侧送;根据送气气流的流出方向,送风方式可分为平送、下送和侧送(见图 6-1-14)。

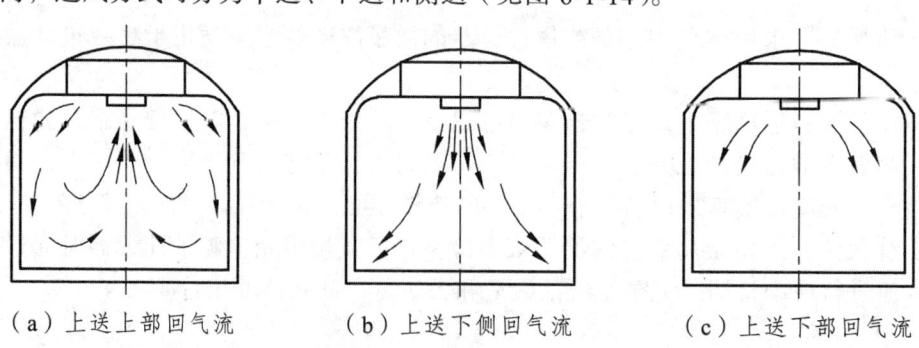

(a)上送上部回气流　　(b)上送下侧回气流　　(c)上送下部回气流

图 6-1-14　集中式空调客室气流组织

1. 地铁车辆送风风道的主要特点及要求

(1)风道截面尺寸小。由于地铁车辆限界要求严格,地铁车辆空调机组和风道在宽度和高度的设计尺寸都会受限,尤其是高度方面更加受限,因此,地铁车辆风道的截面尺寸必须尽可能小。

(2)送风口送风风速小。地铁车辆客室内高,通常要求在 2 m 左右,较低的客室停留区使得送风射流区短,加之大部分乘客处于站立状态,乘客头部距离送风口较近,因此,在满足送风量的情况下,送风风速不能过高,以防给乘客带来不适应感。

(3)车内微风速大。地铁车内的乘客流动大,在车内停留时间短,因此,地铁车内平均微风速应比铁路车辆高,特别对于南方地区的地铁车辆。这不仅可以提高乘客的舒适感,而且可因送风量大而降低送风温差。

(4)送风应更均匀。在列车空调的型式试验中,送风的均匀性是十分重要的一项指标。客室中会时常出现超局或缺局的现象,若送风不均匀,超局时送风量少的区域会产生温度、湿度偏高的情况,缺局时又会出现部分区域偏冷的状况,难以给乘客提供舒适的乘车环境。

(5)送风噪声应更小。地铁车辆在隧道内运行时,由于隧道内各种噪声难以扩散,声音需经过隧道壁面与车体表面间的多次折射才可以衰减,所以地铁车辆空调设计时必须选用低噪设备,并通过优化空调系统、采用吸声材料等方法降低送风噪声。

2. 地铁车辆送风系统方案

目前,已采用的地铁车辆送风系统通常是在车顶安装一台或两台空调机组,通过单端或双端向车内主风道送风。

(1)机组端部送风方式。

这种送风方式是地铁车辆上的一种常用送风方式,广州地铁 1 号线、2 号线等地铁空调都采用这种送风方式。其优点是机空调机组组和风道在高度方向不重叠,占用空间较小,特别适合高度尺寸较小的车辆。但这种送风方式在运用上也存在明显的不足,由于地铁车辆空调机组受到截面尺寸的限制,为了保证机组的设计要求和性能,只能增加机组的长度,因此,机组下部的客室区域气流组织需要专门调节,否则易造成端部空气流动的死区。机组下部区域的空气流动问题可以采用以下 4 种方式解决:

① 空调机组安装在车辆端部,机组单端送风,将支风管设置在机组下部的车顶夹层内,解决端部下部"死角"问题,回风口设在机组端部或底部,如图 6-1-15 所示。

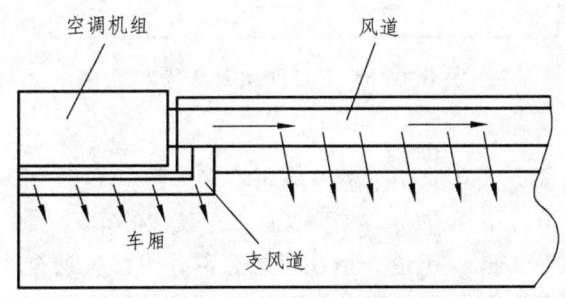

图 6-1-15 第一种端部送风方案

② 空调机组安装在车辆端部,机组单端送风,支风管设置在机组两侧的车顶夹层内,回风口设在机组端部或底部,如图 6-1-16 所示。

③ 空调机组安装在车辆中部,机组两端送风,支风管设置在机组两端的车顶夹层内,

回风口设在机组底部,如图 6-1-17 所示。

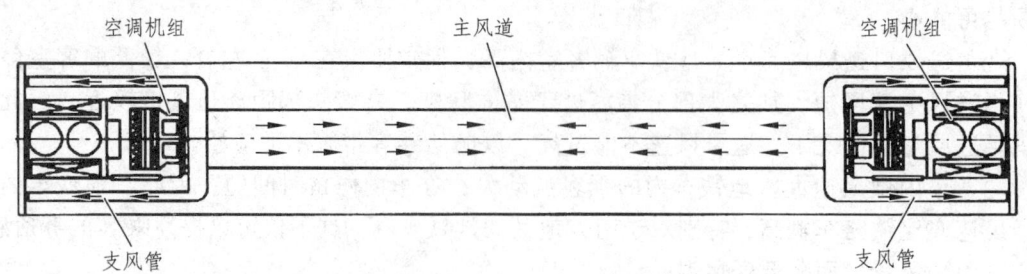

图 6-1-16　第二种端部送风方案

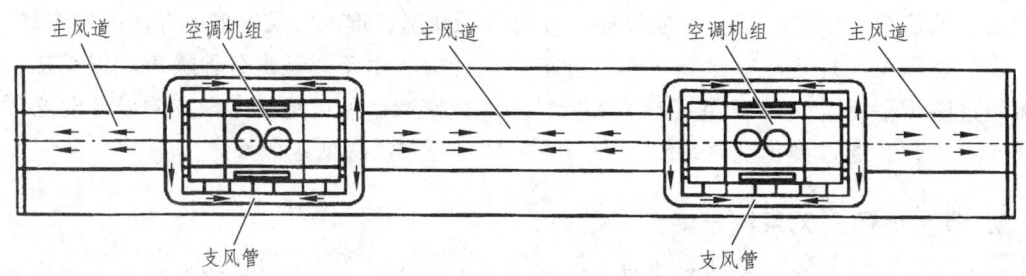

图 6-1-17　第三种端部送风方案

④ 空调机组安装在车辆端部,机组单端送风,回风口尽量设在客室端部,让室内回风经过机组下的客室区域再被吸到空调机组内处理,从而增加了端部的空气流动,如图 6-1-18 所示。

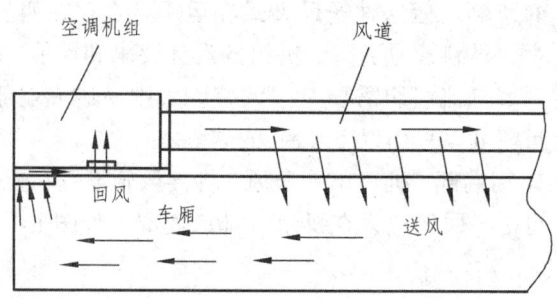

图 6-1-18　第四种端部送风方案

(2) 机组底部送风方式。

目前,机组底部送风方式在地铁车辆中应用不多。图 6-1-19 所示为某一地铁车辆空调机组气流组织方式,为下送下回方式。对于截面尺寸较大的车辆(如 A 型车),空调机组可设在车顶中部,采用这种方式,风道布置在机组底部,可以贯通全车,送风风道及送风口易布置,客室区域"死角"问题容易解决,而且可以减少车体的改造量。

总之,对于新设计的地铁空调系统,宜采用机组端部送风方式,并优先采用附加支风管对机组下部区域进行调节;其次,也可以利用回风调节的方式。送风风道建议用条缝式静压均匀送风风道。在原无空调的车辆上加装空调系统,可以采用机组底部送风方式,以减少改造量。

实际的送风方式并不局限前述方案，具体的送风方式需要根据实际车型的具体情况进行综合考虑，只要能使车内环境达到舒适的人工调节环境即可。

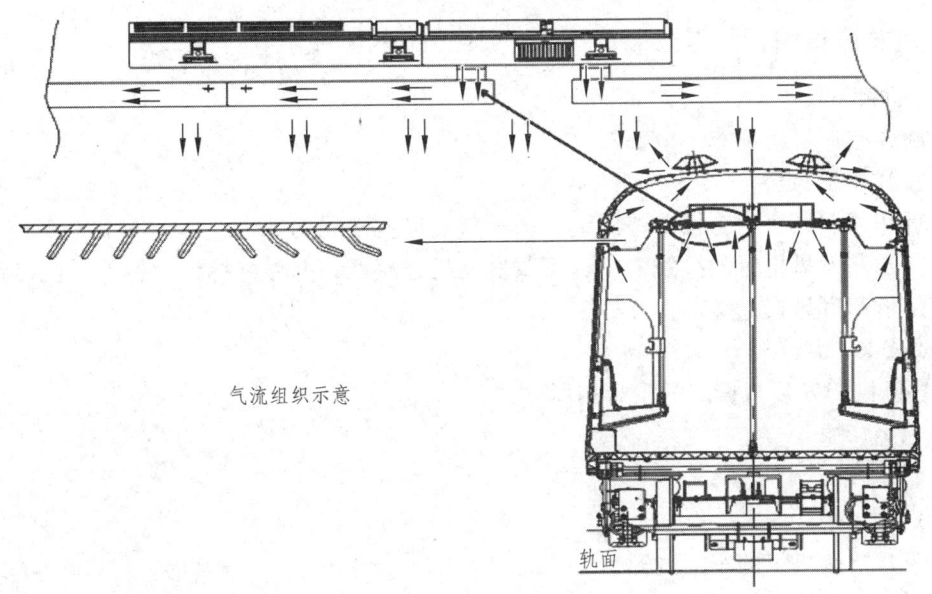

图 6-1-19　机组底部送风方式

知识拓展

静压送风原理

新型等截面静压均匀送风道由主风道和静压箱组成，送风口为沿车长方向的纵长条缝，其风道截面结构如图 6-1-20 所示。

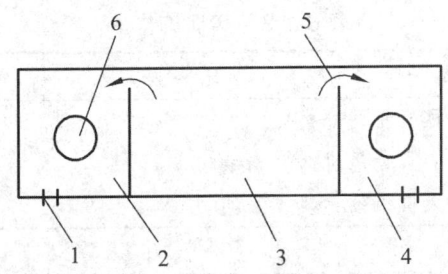

1—条缝关风口；2，4—静压箱；3—主风道；5—主风道出风口；6—静压箱挡板通孔。

图 6-1-20　静压均匀送风道截面示意图

空调机组的风机将空气直接送入主风道，在沿主风道的前进过程中，风机送风通过主风道出风口进入静压箱，由于静压箱的压力平衡作用，使得在主风道中不同断面上具有不同静压的空气在静压箱中得以平衡，并形成一定的静压值。静压箱内的空气在箱内静压的作用下，经条缝口射出，从而达到均匀送风的目的。

实训操作

1. 蒸发风机的拆卸与安装

（1）拆卸：
① 断开空调机组的车上电源；
② 打开蒸发腔盖；
③ 拆卸蒸发风机的螺栓及垫圈组，剪断蒸发风机电线的扎带；
④ 打开蒸发风机旁的接线盒，拆下蒸发风机连接线，并做好标记，拆下风机接地线；
⑤ 吊出蒸发风机。

（2）安装：
蒸发风机的安装与拆卸的步骤相反。

2. 冷凝风机的拆卸与安装

（1）拆卸：
① 断开空调机组的车上电源；
② 拆下冷凝风机的安装螺栓；
③ 打开风机接线盒，拆下主电路及接地线，即可拆下冷凝风机。

（2）安装：
冷凝风机的安装与拆卸的步骤相反。

实训项目

实训工作单见表6-1-3。

表6-1-3 实训工作单

工作单	通风机组拆装		
任务	1. 了解通风机组的分类； 2. 熟悉离心式通风机的基本结构； 3. 掌握通风机组的拆装方法。		
班级		姓名	
学习小组		工作时间	
知识认知： 1. 能说出通风机组的分类及工作原理； 2. 认识离心式通风机的主要部件。 能力训练： 1. 能指出离心式通风机的关键零部件及其作用； 2. 能完成离心式通风机的拆装。			

续表

实训小结：				
成绩评定： 职业素养（包括表达能力15%、沟通能力15%、团队合作能力15%、实际操作能力25%、知识掌握能力30%）。				
评价项目	表达能力	沟通能力	团队合作能力	实际操作能力	知识掌握能力
评价结果					
指导老师评语：				
任务完成人签字：			日期： 年 月 日	
指导老师签字：			日期： 年 月 日	

思考与练习

1. 通风系统由哪些部分组成？
2. 通风机组有哪几种类型？简述工作原理。
3. 通风机组有哪些隔音减振措施。
4. 为何冷凝风机一般采用轴流风机，而蒸发风机采用离心风机？

任务二　空气加热系统

任务目标

（1）掌握空气预热器的工作原理；
（2）了解电加热器；
（3）掌握热泵的工作原理；
（4）掌握城轨车辆空调加热系统。

任务准备

客车在冬季运行的时候，外界温度比较低，车内外温差很大，经车体隔热壁的热损失较多，车内旅客散发出的热量不足以抵偿车体热损失。如果要保证车内达到规定的温度，空气在送入车内之前必须进行加热。在北方运行的空调客车上，冬季除了采用空气预热器外，通常还采用在车内两侧地板面上设置暖气设备来补偿车体的热损失。只有在南方温暖地区运行的空调客车上，可以仅用热风采暖。所以，客车空气调节的加热系统一般由两部分组成，一部分是对送入车内空气的预热，另一部分是对车体热损失的补偿。

由于冬季室外温度较低，在经过空气加热后，相对湿度常常不足以满足旅客的舒适要求。为此需要进行空气加湿。空气加湿的方法可归为两类：一类是将水蒸气混入空气进行加湿，即等温加湿；另一类是通过水吸收空气中的显热汽化进入空气的加湿，即等焓加湿。

空气的预热是使空气流过空气预热器来实现的。根据热媒不同，空气预热器有温水空气预热器和电热空气预热器两种。空气的补偿加热则由设在车内两侧地板上面的加热器来完成。电力机车牵引的列车，更宜应用电加热方式。

根据热媒的不同，加热器也有温水加热器和电热加热器两种。

供热形式有以下几种：

（1）空气预热器和地面加热器均分别采用了温水加热和电加热两种形式。以前德国进口的空调客车采用这种形式，在过渡季节和外温适宜情况下采用电加热采暖，外温较低时再启用燃煤锅炉温水采暖。

（2）空气预热用电预热器，补偿加热用温水、电热两种加热器。在我国北方较寒冷的地区运行的部分空调客车采用这种形式，如25B型空调客车。

（3）预热、补偿加热均为电热采暖方式。这是目前大多数空调客车采用的形式，如25G、25Z、25K、25T型空调客车以及CRH1及CRH5型动车组。

（4）完全由电热空气预热器供热，如CRH2、CRH3型动车组。

（5）南方一些温暖地区可采用热泵采暖。

常用的空气预热器有管式温水空气预热器、肋片式温水空气预热器、电热空气预热器等。

一、空气预热器

1. 管式空气预热器

管式空气预热器的结构如图6-2-1所示。它是一种金属制的矩形水箱，上盖可拆卸，箱内装设内径为25 mm或28 mm的光管多根，箱内为热水，需要预热的空气从加热管道内通过，从而得到加热。夏季增大风量时，可打开旁通风门，以减小阻力。旁通风门还可调节空气预热的温度。

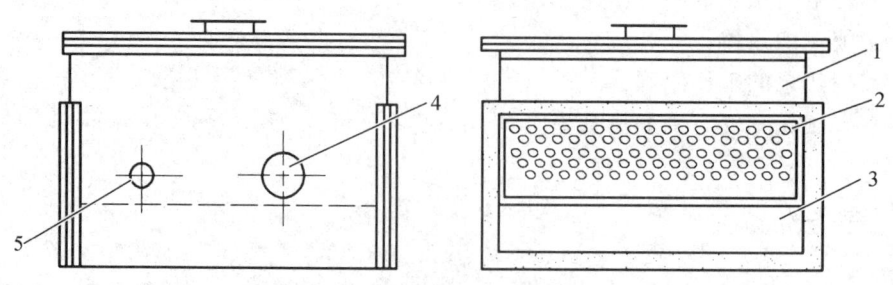

1—水箱；2—加热管道；3—旁通风道；4—接锅炉接口；5—热水出口。

图6-2-1 管式空气预热器的结构

2. 肋片式空气预热器

肋片式空气预热器的结构如图 6-2-2 所示，热水在管内流过，空气在管外横向通过。与管式预热器一样，也设有旁通风道和调节风门。因散热管容易锈蚀损坏，故采用铜管或不锈钢管。肋片为套片式，沿空气流动方向有 4 排肋片管，每排 6 根，共 24 根。

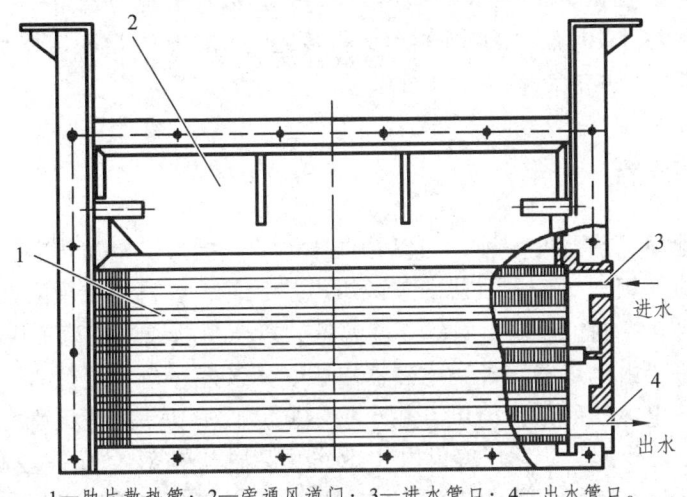

1—肋片散热管；2—旁通风道门；3—进水管口；4—出水管口。

图 6-2-2　肋片式空气预热器的结构

3. 电热空气预热器

电热空气预热器是由电热元件和框架组成。如图 6-2-3 所示，空调客车上采用的电热元件有多种形式，如电热管式、电热板式、半导体式等几种。

目前较为常见的管状电热元件，其结构是在金属管内，沿管子的轴线方向放入一根螺旋形的电阻丝（镍铬丝），在空隙部分均匀填满具有良好导热性和电气绝缘性的结晶氧化镁粉，并用缩管机将管径轧小，以增加氧化镁粉的密度而使导热系数提高，同时还要保证管内螺旋状电阻丝不致因电热元件受弯曲或碰撞发生偏移而碰及管壁。在电阻丝引出棒出口处浇以硼酸钡的混合物密封，以避免空气中的水分和液体介质侵入氧化镁粉中引起绝缘不良。

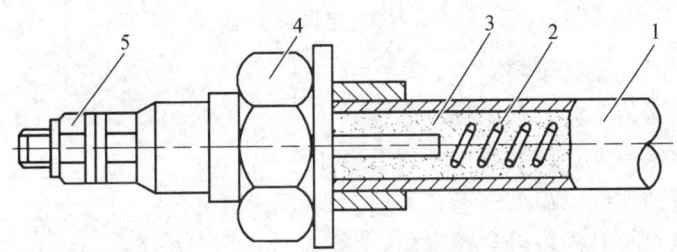

1—金属管；2—电阻丝；3—氧化镁粉；4—紧固螺母；5—接线螺母。

图 6-2-3　电热空气预热器的结构

为了提高管状电热元件的换热效果，可在金属管外表面缠上不锈钢绕片，在特别需要防腐的地方（如厕所等），可在不锈钢管上缠不锈钢绕片。

根据电流热效应原理，电流通过电阻丝会产生热量，然后把热量传给流过的空气。管状电热元件具有表面温度均匀、热量稳定、结构紧凑、控制方便等特点。

与电预热器相接部分的风道，应采用不易燃烧的耐热保温材料。为了保证安全运行，电热空气预热器必须与通风机实现联锁控制，即风机启动后电加热器才工作，还必须与制冷机实现电气互锁。电热元件一般分成两组或多组，通过空调温度控制器根据室内空气温度自动控制其一组工作、多组工作或停止工作。

为了避免供热装置在缺风时表面温度过高，防止火灾等危险发生，在供热装置内安装有两道保险：温度超过 70 ℃，继电器跳开；温度超过 139 ℃，熔断器熔断，从而切断控制电路和主供电回路，使电预热器停止工作。

二、电加热器

电加热器是地面加热器的一种，用以补偿车体的热损失。电加热器运行时要求与通风机联锁而与制冷机互锁。每个电热器内装两组电热元件，各自形成独立回路。工作时通过温度控制器实现自动控制，根据不同的环境温度，可全负荷或半负荷工作。

客室电热器主要由电热器底板、电热器罩板、安装座组成、电热管、导流板及接线盒等主要部件组成。电热器的结构简单，除车种不同，暖气功率有所区别之外，其结构变化不大。电加热器罩的作用是防止旅客触电、烫伤并保护电热管，如图 6-2-4 所示。

注意：电加热器在使用过程中应进行定期检查，以使电热管表面保持干燥和清洁。每年冬季使用前，应在保证电热管干燥、清洁、绝缘良好和接线紧固的前提下进行试验，必须在符合电气标准要求和电热管性能要求时才可正常使用。

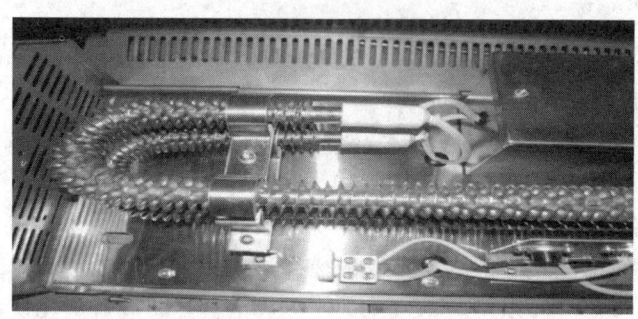

图 6-2-4　空调电热管

如有下列情况时应及时更换：
（1）电热管绝缘值下降且低于标准。
（2）电热管通电不发热或发热量不符合要求。
（3）电热管表面发红、温度过高，不符合要求。
（4）通电后电热管有闪络等现象发生。

电加热器在使用时应注意以下事项：
（1）电热元件的工作电压不得超过其额定电压的 1.1 倍，外壳应有效接地。
（2）电热管发生击穿或闪络现象，应及时关闭电源。
（3）旅客不得随意将手伸入罩内触摸电热管等器件。
（4）不能将水或杂物倒入电热器罩内。
（5）电加热器停止使用时应切断电加热器控制总电源。

三、热　泵

凡是可以在外界低温环境下吸取热量，并将其热量"泵"入室内的装置称为热泵。

在热泵循环过程中，按热力学第二定律，高温热源的放热量 Q_H 等于从低温热源吸取的热量 Q_0 加上所消耗的功 W 之和，即 $Q_H=Q_0+W$。因为 $Q_H>W$，所以利用制冷机从低温外气中吸热，而在温度较高的室内空气中放热，比直接利用电能加热所能获得的热量大得多，所以热泵能够节省电能。

制冷剂与热泵的工作原理如图 6-2-5 所示。

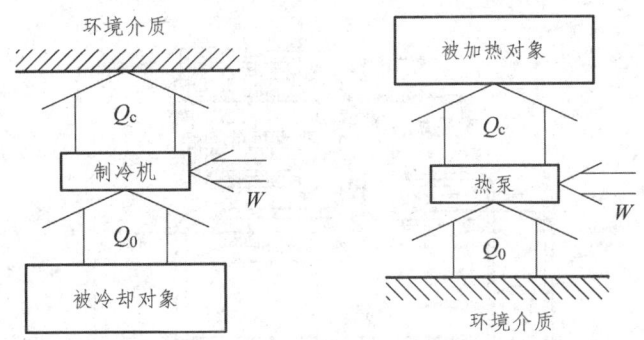

图 6-2-5　制冷剂与热泵的工作原理

热泵循环的性能系数称制热系数（供热系数），用 ε_H 表示。供热系数是评价热泵性能好坏的指标，为供热量与消耗功之比，即

$$\xi_H = Q_H / W = 1 + \xi$$

式中，ξ 为制冷系数。可见，热泵的制热系数恒大于 1，表明其经济效益好。

如图 6-2-6 所示，图（a）为夏季制冷工况，置于空气处理室内的蒸发器，吸收空气中的热量，从而冷却了车内的空气。图（b）为冬季制热工况，经过四通换向阀，转换制冷剂流向，室内蒸发器做冷凝器用，而室外冷凝器做蒸发器用，通过制冷剂将室外空气中的热量传递到室内。

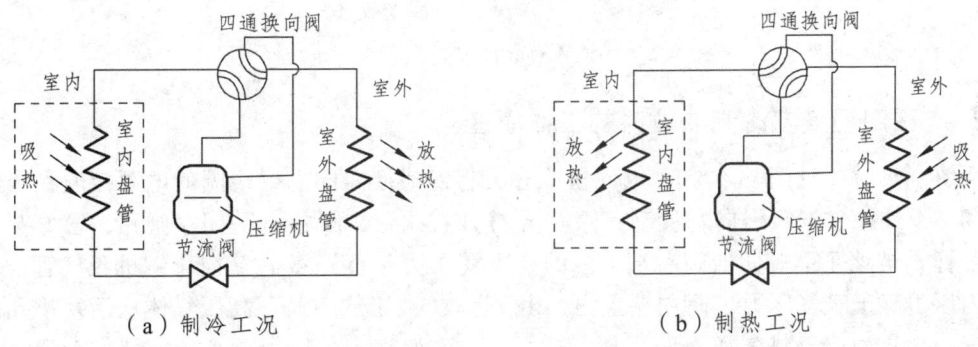

（a）制冷工况　　　　　　　　　　　（b）制热工况

图 6-2-6　制冷与制热原理

1. 电磁四通换向阀制冷位时的工作原理

系统制冷时（见图 6-2-7），受电源换向开关的控制，四通换向阀电磁线圈的电源被切

断，衔铁在弹簧1的推动下左移，使得阀芯A将右阀孔关闭，而左阀孔打开。这样，C与E管被接通，而D管被关闭而不通。在四通阀体内，除滑块盖住的部分是低压气体外，其他部分都是高压气体。在D管堵住不通的情况下，阀体内的高压气体通过活塞2上的小孔，向四通阀左端盖内充气。因为C管与E管是连通的，而毛细导管孔径又比活塞上的小孔大数倍，因此从小孔流过去的气体迅速涌向压缩机吸气管。同时，由于在活塞2的左面不能建立起高压力，滑块左、右端活塞就形成一个压力差，把滑块与活塞组推向左端位置。此时，管1与管2连通，即制冷剂气体从蒸发器流出被压缩机吸入，管4与管3连通，即压缩机排出的高压气体进入冷凝器。这就是热泵系统在制冷位时的四通阀的状态。

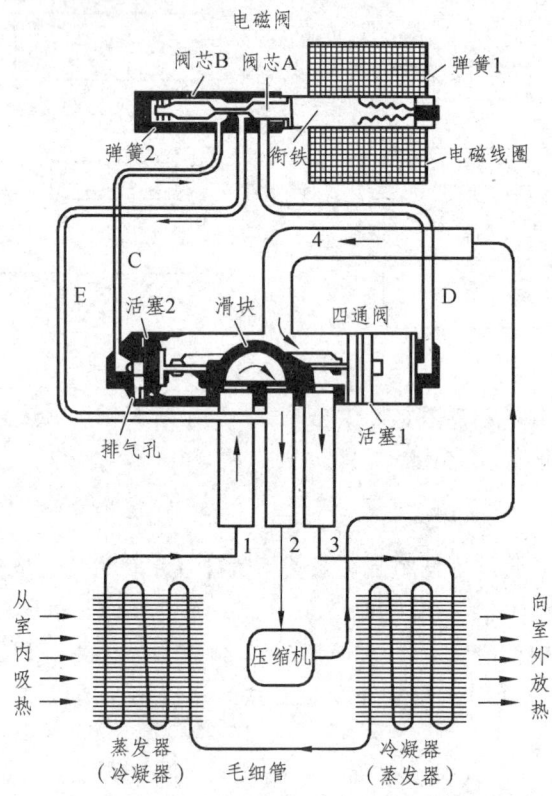

图 6-2-7　四通换向阀制冷时的工作原理

2. 电磁四通换向阀制热位时的工作原理

系统制热时（见图 6-2-8），电源换向开关将四通换向阀电磁线圈的电源接通，线圈产生磁场，衔铁被磁场吸引向右移动，阀芯A打开右阀孔，阀芯B关闭左阀孔，管E与管D连通，管C被堵不通。四通阀右端盖内的高压气体从管D经管E流向压缩机吸气管，使右端盖内压力等于吸气压力。而左端盖内，由于管C被堵住不通，高压气体从活塞小孔向左端充气，使压力升至排气压力而平衡，这样，左右两端产生压力差，活塞就带动滑块一起向右移动。滑块将管2与管3接通，管1与管4接通，压缩机排气从管4经过管1进入冷凝器（即制冷运行时的蒸发器），然后经毛细导管进入蒸发器（即制冷运行时的冷凝器）。从蒸发器流出的蒸气，经管3与管2而进入压缩机吸气管，通过四通换向阀对管路的转向，使原来（制冷运行时）的蒸发器成为冷凝器，冷凝器成为蒸发器，从而实现从室外吸热而向室内放热。这就是被我们称为"热泵"的工作原理。

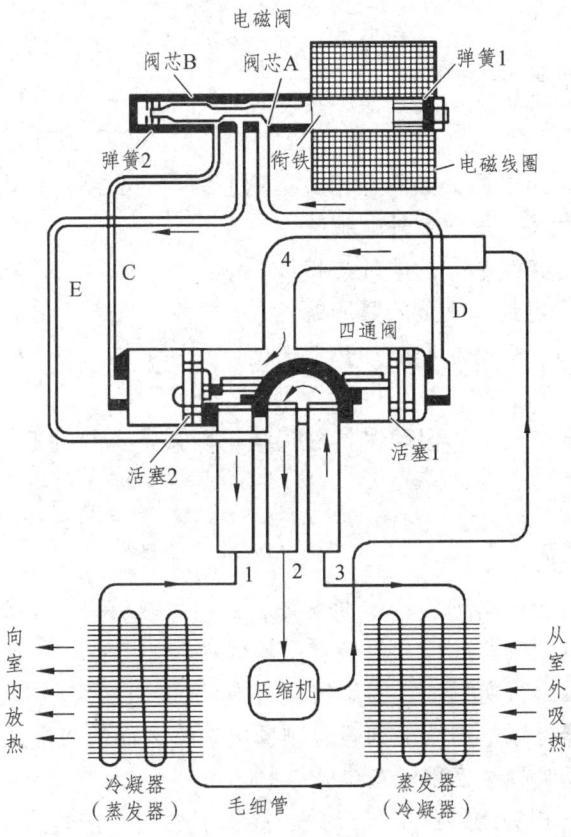

图 6-2-8　四通换向阀制热时的工作原理

四、城轨车辆空调加热系统

　　城轨车辆加热功能由客室电热器和司机室电热器等组成的加热设备实现。电热器为提高车辆内部的温度及空气质量,采取以下措施来保证冬天客室和司机室的舒适性:在车体中采用优质的防寒保温材料,减小车体传热系数,降低车内车外的热传递。

　　由于司机长时间在司机室工作,同时穿的衣服比乘客要少,所以司机室的温度要比客室的温度稍高,才能满足司机的舒适性要求。一般在司机室中设置带风机的强迫性通风电热器,以满足司机室舒适性要求。

　　通过合理的控制系统来满足冬季客室和司机室舒适性要求。采暖控制将客室电热、司机室电热及新风阀的开度视为一个系统,综合考虑,为乘客和司机提供一个良好的乘车环境。

　　客室电热器安装在座椅下部,通过座椅上的安装座及固定在地板上的安装座进行固定。每组电热器内设两支电热管,它们分两路分别或同时运行、停止。电热器设"全暖"和"半暖"两个控制位,由司机控制。

　　上海地铁车辆的司机室还设有交流加热器,供冬季使用;广州、深圳地铁车辆只提供制冷和通风。

实训操作

1. 电加热器的拆装

（1）拆卸步骤：
① 拆卸之前必须切断电源，如断开相应车辆上的空气断路器。
② 松开固定螺钉，将电加热器外罩拆除。
③ 断开电加热器各接线端子的电气连接线。
④ 拆下电加热器固定到车辆上的紧固螺栓。
⑤ 移除电加热器时，务必小心电加热器滑落。

（2）安装步骤：
安装程序与拆卸程序相反，但确保各种接线正确无误，勿将工具、杂物遗留到电加热器外罩内。

2. 电加热器的维护

电加热器在使用过程中必须进行定期检查，保持电热管表面干燥、清洁。每年在冬季使用电加热器前应对电加热器进行专项检查，具体内容如下：

（1）电加热器外罩是否变形，紧固螺钉是否缺失。
（2）打开电加热器外罩，用软毛刷轻轻刷掉电热管表面的灰尘及杂物。
（3）用真空吸尘器吸掉刷下来的灰尘及杂物。
（4）检查电加热器相关线路的空气开关、接触器、端子排的接线是否松动、脱落、断线、烧损、烧熔等。
（5）将电加热器通电运转 1 h 以上，观察各电加热器的空气开关、接触器、端子的接线是否出现烧损、烧熔现象，并且用红外线点温枪对电加热器的各空气开关、接触器、端子排处的接线进行测温并记录数值，比较各温度值是否正常，判断需要检修的线路可以按照以下标准执行：接线处温度高于环境温度 35 ℃时，或实测温度高于 80 ℃时；同一接线排各通电接头温度差高于 20 ℃时；同一电气设备三相接线处温度差高于 15 ℃时。

实训项目

实训工作单见表 6-2-1。

表 6-2-1　实训工作单

工作单	电加热器的维护		
任务	1. 熟悉电加热器的结构； 2. 掌握电加热器的拆装方法； 3. 进行电加热的检查维护。		
班级		姓名	
学习小组		工作时间	

知识认知:

1. 熟悉电加热器的结构;

2. 熟悉电加热器的拆装方法;

3. 熟悉电加热器维护的注意事项和方法。

能力训练:

1. 能进行电加热器的拆装;

2. 能完成电加热的检查维护。

实训小结:

成绩评定:

职业素养(包括表达能力15%、沟通能力15%、团队合作能力15%、实际操作能力25%、知识掌握能力30%)。

评价项目	表达能力	沟通能力	团队合作能力	实际操作能力	知识掌握能力
评价结果					

指导老师评语:

任务完成人签字:　　　　　　　　　　　　日期:　　年　　月　　日

指导老师签字:　　　　　　　　　　　　日期:　　年　　月　　日

思考与练习

1. 电加热器何时需要更换?
2. 热泵在制热时是如何工作?
3. 为何北方在冬季时不用热泵供暖?
4. 简述四通换向阀的工作原理。

项目七　轨道交通车辆空调装置与实例

【项目描述】

轨道交通车辆空调系统一般主要由通风系统、制冷系统、加热系统、加湿系统以及自动控制系统五大系统组成。考虑到城轨车辆实际运行区域的气候条件,有些车辆可不设专门的加热及加湿系统。

本项目主要介绍了单元式空调机组的基本组成、工作原理,以及机组的安装与操作。

【学习目标】

目标类型	目标要求
知识目标	（1）熟悉铁路客车空调装置的基本组成部分、工作原理； （2）了解典型空调制冷流程； （3）熟悉典型地铁车辆空调装置的基本结构和工作原理
技能目标	（1）对照实物能指出空调机组的主要部件及其作用； （2）能对部件进行拆装操作
情感目标	（1）能进行团队协作； （2）积极参与学习过程,遵守秩序,服从安排

【建议学时】

8学时。

任务一　铁路客车空调机组认识

任务目标

（1）熟悉典型铁路客车空调机组的结构；
（2）熟悉铁路客车空调各组成部件的功能；
（3）了解客车空调制冷的工作原理。

📖 任务准备

一、结　构

空调机组分为车顶单元机组、车下单元机组、分体式机组三种型式，我国铁路客车空调主要采用的为车顶单元式空调机组，主要型式为 KLD29 和 KLD40。KL 为空调机代号，D 表示供暖采用电加热（R 为热泵型），Y 表示圆底下出风型（平底侧出风代号省略，平底下出风型为 P），29 表示名义制冷量取整为 29 kW。

常用的单元式客车空调机组 KLD29 的结构如图 7-1-1 所示，机组各零件组装在一个不锈钢板制成的箱体内，加盖板后形成一个整体。空调机组的主要部件包括全封闭制冷压缩机 2 台、冷凝器 2 台、毛细导管 2 组、蒸发器 1 台、气液分离器 2 台、干燥过滤器 2 个、电加热器 1 台、离心风机 1 台、轴流风机 1 台（KLD40 系列为 2 台）等。车辆空调系统的作用是使客室内的温度、相对湿度、空气流动速度及洁净度（主要指尘埃及二氧化碳含量）保持在规定的范围内，为乘客创造舒适的乘车环境。

箱体分为室内侧和室外侧两部分，压缩机、离心风机、电加热器、蒸发器等安装在室内侧，轴流风机、冷凝器等安装在室外侧。箱体和上盖全部采用 SUS304 进口不锈钢板制成。

组成制冷系统的部件及配管全部用银钎焊连接，构成全封闭的制冷循环系统，作为制冷剂的 R22 封闭在制冷系统内。

空调机组的冷风出口在机组的前端部，回风口在机组的底部中间处，新风口在机组后端部和底部后侧。回风口处装有新风调节门和新风过滤网，可在车内回风口处进行新风量的调整和拆装新风过滤网。机组蒸发器前设有滤尘网，可在车内回风口处拆装。

二、主要部件

1. 制冷压缩机

制冷压缩机为全封闭式压缩机，是将电动机、压缩机以及润滑系统组装在同一个密封的机壳内。制冷压缩机通过橡胶减振器安装在空调机组箱体内。

2. 室内侧通风机（离心风机）

室内侧通风机为双轴直联多叶片式离心风机，可以强化氟利昂在蒸发器中的蒸发过程，并将经蒸发器冷却降温的空气或经电加热器加热升温的空气送入车内。

3. 室外侧通风机

室外侧通风机为直联轴流式风机，风机的叶轮安装在立式电机上，并采取防水结构。室外侧通风机用于强化氟利昂在冷凝器中的凝结放热过程。

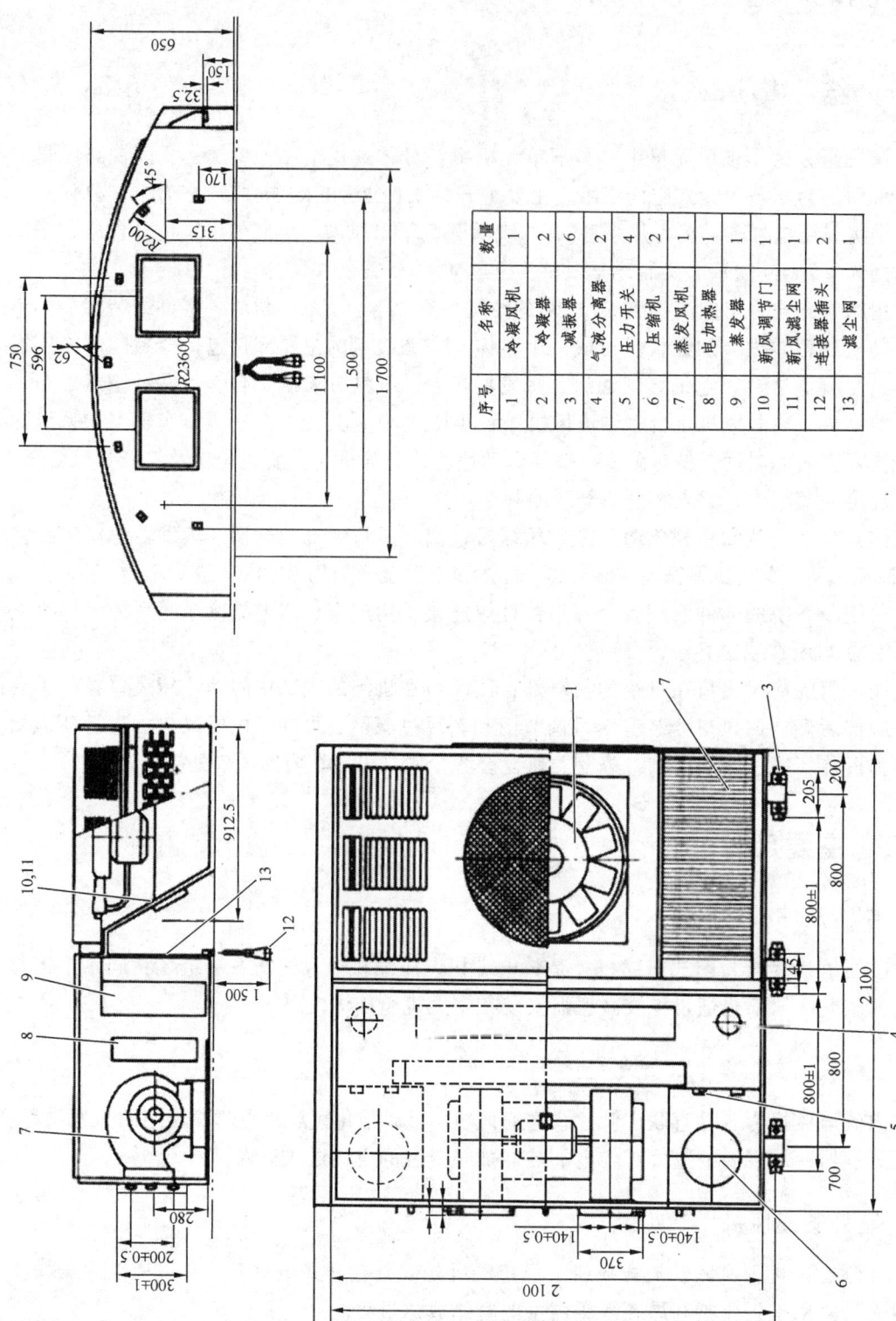

图 7-1-1 KLD29、KLD29T 型客车空调机组

4. 室内换热器（蒸发器）

室内换热器即蒸发器，为铜管套铝肋片的直接蒸发式空气冷却器。一个蒸发器分别用于两个制冷循环回路。低温、低压气液混合的氟利昂在蒸发器内蒸发，当车内循环空气和新鲜空气混合后，通过蒸发器时进行热交换。这时，空气的热量被蒸发器内的氟利昂吸收，温度降低。

5. 室外换热器（冷凝器）

室外换热器为风冷式冷凝器，其结构形式与蒸发器相同。高温、高压的R22气体，通过冷凝器时，在外界空气的强制冷却下，变成常温（约50 ℃）高压的氟利昂液体。

6. 毛细导管

机组节流装置为一组内径极小的细长的铜管。当高压液体氟利昂流经这组高阻力管时，起到节流降压的作用。

7. 气液分离器

将来自蒸发器的氟利昂气体与未蒸发的液体分离出来，只将气体的氟利昂送给压缩机。

8. 干燥过滤器

将过滤网固定在容器内，并封入干燥剂，过滤氟利昂中的残余杂质，吸取氟利昂中的残留水分。

9. 电加热器

电加热器的作用主要是为了给送入车内的新鲜空气预热。早期生产的电加热器的结构为不锈钢架式结构，带不锈钢绕片的电热管固定在框架内。框架上装有温度继电器和温度熔断器，用于防火保护。电热元件采用优质电热丝绕成螺旋形，保持在不锈钢管的中心。

10. 高压压力开关

当制冷系统的压力异常高时，高压开关动作，停止压缩机的运转，保护制冷系统。高压开关的复位方式为自动复位。

11. 低压压力开关

当制冷系统的压力异常低时，低压开关动作，停止压缩机的运转，保护制冷系统。低压开关的复位方式为自动复位。

12. 低温保护器

在室内换热器吸入空气温度很低的情况下运转压缩时，制冷剂不能全部汽化，液状制冷剂进入压缩机后，有可能导致压缩机损坏。所以，当室内换热器吸入的空气温度低于18 ℃时，低温保护器就会动作，从而停止压缩机的工作。

13. 过电流继电器

过电流继电器用来保护压缩机。当压缩机电机过负荷或缺相运转时，压缩机的工作电流将超过规定值，这时，过电流继电器的接点断开，使电磁接触器开路，起到保护压缩机的作用。

14. 电气控制柜

电气控制柜安装在车上的配电室内，通过它控制车顶单元空调机组。控制柜内有各种空气开关、转换开关接触器、继电器、计时器、温度调节器等组成保护和控制电路。

三、机组安装与操作

1. 安　装

（1）防水密封垫的安装。将防水密封垫安装好，先在防水密封垫的安装槽内均匀地涂上胶，再将密封垫放入槽中。为了防止雨漏入车内，施工时要确保密封垫粘接处的密封性。

（2）防风密封垫的安装。

（3）空调机组的吊装。吊运空调机组必须使用专用吊具，在机组两侧吊座处将机组水平吊起，缓缓落至车顶安装座处。机组减振器与车顶上空调机组安装座之间若有间隙，应插入调整板进行调整，以确保空调机组保持水平位置（注意：严禁用螺栓强行连接，以免损坏减振器），然后用螺栓将空调机组固定好。

（4）罩板的安装。利用空调机组原配螺栓，将罩板安装到空调机组两侧。

（5）风道的连接。为方便施工操作，应在机组装车以前将出风软风道与机组出风口法兰连接。为防止漏水，应先在机组出风口法兰与软风道之间涂上防水密封胶，然后用压铁压紧，谨防雨水进入风道内，最后，将保护软风道的防护与空调机组的前端板及车顶连接好。至此，车顶上作业已全部完成。

（6）空调控制柜的安装。将空调机组的电气控制柜安装在配电室内，并固定牢靠。

（7）接线与电气连接器的安装。将电气连接器插座侧的电线按线号要求，接到控制柜内的各接线端子上；将电源输入线接到控制柜内相应的接线端子上；将电气连接器空调机组侧的插头与车体侧的插座连接好，并确保连接妥当。

该连接插头为 20 芯与 26 芯航空插头，固定在车门走廊顶板内，在吊机组时可将其摘开。该插头结构紧凑，通过电流大。应特别注意防潮湿，冲洗机组时一定要防止水进入插头，以免造成各线间的短路，烧毁插头，使制冷机组无法正常工作。各线与插针为压紧或用锡焊焊接的。当出现故障需拆卸插针时，应使用专用套环工具，从针头部插下，压下卡子的倒刺才能拔出插针。

（8）在风机运转下进行淋雨检查，雨水不得从新风道和防水密封垫处漏入车内。

2. 运转前的检查

在启动空调机组之前，必须对下列各项进行检查，在确认各部分状态良好后，方可开始启动。

（1）配线用电气连接器是否确实接好。
（2）电气回路是否正常。
（3）主回路及控制回路的绝缘电阻是否均正常。
（4）各风机的叶轮是否碰风筒的内壁。
（5）防止逆相连接。

空调电源（主回路）如果逆向连接，会造成空调机组制冷不正常，所以要注意避免逆向连接。

3. 运转确认

（1）离心风机。

离心风机运转时，首先应确认车内是否有风吹出，风量极小时，应检查风机是否反转，如果反转，应将电源相序调整正确，即将三相中的任意两相对调（注意：空调机组出厂时各电机的相序已调好，不要随意调换），然后再确认是否有异常振动和异常噪声。

（2）送风均匀性的调整。

车内各出风口的送风量必须均匀，否则将影响制冷效果及车内舒适性。可通过车内出风口导风板的调整，保证客室内送风均匀。

（3）轴流风机。

确认室外轴流风机的运转是否正常。

（4）制冷运转。

全制冷状态时，吸入和吹出的空气温差为 8~10 ℃ 时为正常，并确认一下是否有异常振动和异常噪声；同时电流表测定压缩机运转电流值，如果运转电流值过小，可判定为制冷剂泄漏。

（5）加热运转。

全加热状态时，吸入和吹出的空气温差为 7~9 ℃ 时为正常，同时注意电流读数。

四、空调机组的安全操作

1. 空调机组的安全操作

空调机组的操作和管理工作，必须由懂得制冷技术和电气技术的工人来担任。开机之前，必须认真检查电气系统的安全性，严格按照电工操作规则进行操作。在进行电气控制柜的检修时，必须切断电源，严禁带电作业。

2. 保护措施

为了确保空调机组可靠、安全地工作，空调机组在制冷系统和电气系统方面具有以下保护措施：

（1）电源有过电压和欠电压保护。
（2）压缩机有空气开关、压力开关、过电流、低温、延时启动等保护。
（3）风机有热继电器保护。

（4）电加热器有空气开关、温度继电器及温度熔断器保护。

当空调机组出现故障时，必须查明原因，排除故障后才允许重新启动，严禁带故障强行启动。

3. 低温运转

当蒸发器吸入的空气温度在 20 ℃ 以下时，即为低温运转。此时，由于可能在蒸发器上引起结霜现象，从而导致对压缩机造成损伤，所以避免在这样的条件下运行。如果在不得已的情况下必须启动时，车内温度在 10 ℃ 以上时运转 2～5 min，车内温度在 0～10 ℃ 时运转 2～3 min。

4. 再次运转

在短时间内，勿使室外风机或压缩机反复启动、停止。由于启动电流将加快电机的绝缘老化和电磁接触器等配电盘电器元件的接点消耗，所以再次启动时一定要间隔 3 min 以上。

5. 使用电加热器的注意事项

（1）通电前的检查：
① 检查电加热回路中各处接线是否完好。
② 检查温度继电器、温度熔断器以及其他保护装置是否正常。
③ 检查通风机的接触器、热继电器是否良好。
④ 将电热管上及其周围的附着物及其他杂物清理干净。
（2）开机顺序：
先开通风机，确认通风机工作后，方可开电热运转。
（3）开机后的检查：
① 检查通风机工作是否正常。
② 注意观察电加热器的工作情况及工作电流。
（4）关机顺序：先断电热器，让通风机继续运转 3 min 以上方可关断通风机。

五、空调机组操作安全注意事项

（1）要停止运转，断开电源。
（2）检修时要断开电源。否则可能会触电，引起火灾。
（3）不要把手或其他物品伸进风扇叶，否则可能造成事故。
（4）不要踩踏冷凝风机保护罩。否则可能造成损伤及风机故障。
（5）不要用手直接接触热交换器的翅片表面。否则可能损伤手。
（6）不要用手去摸工作中的冷媒配管及压缩机。因为工作中的冷媒配管里的冷媒处于流动状态，或高温或低温，用手接触可能被烫伤或冻伤。
（7）机组的拐角及突出部分也不要用手直接触摸。因为机组的外壳及部分零件是用较薄的钢板制成，用手直接接触可能会被划伤。

（8）机组的盖取下后，不要让机组运转。

（9）对空调机组进行焊接操作时及其操作后一定时间内，不要触碰空调机组内的铜管和元器件，以免因为高温而烫伤。

（10）机组与车体的所有连接螺栓均应确保牢固，并经常检查。否则可能因松动造成危险。

（11）机组前后盖的连接螺栓、活动盖铰链开口销、盖锁均应确保牢固，并经常检查。否则可能因松动而落下造成危险。

（12）机组地线要接好，否则可能造成触电。

（13）在进行制冷剂回收或充注制冷剂时，要防止气液态制冷剂喷射到手上或其他身体皮肤表面，因为会造成冻伤。

六、工作原理

1. 工作过程

客车空调机组制冷系统流程如图 7-1-2 所示。

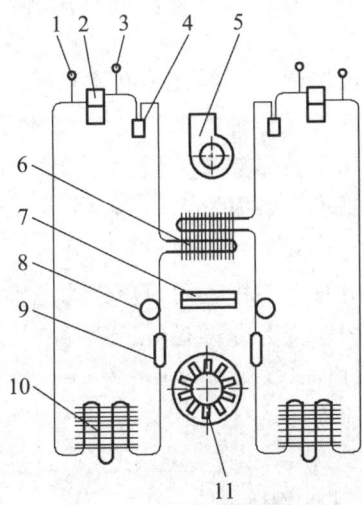

1—高压开关；2—压缩机；3—低压开关；4—气液分离器；5—通风机；6—蒸发器；7—电加热器；
8—毛细导管；9—干燥过滤器；10—冷凝器；11—冷凝风机。

图 7-1-2　KLD29 系列客车空调机组制冷系统

由压缩机压缩成高温、高压的 R22 蒸气，进入风冷冷凝器，经外界空气的强制冷却，冷凝成常温、高压的液体，进入毛细导管节流降压，变成低温、低压的气液混合氟利昂，然后进入蒸发器，吸收流过蒸发器的空气的热量，蒸发成低温、低压的蒸气，再经过气液分离器，被压缩机吸入，完成一个制冷循环。压缩机不停地工作，达到连续制冷的效果。

车内的空气通过蒸发器时，空气中的水分冷凝成水滴，被引到车外而起除湿作用。

2. 降　温

车内的循环空气及由新风道引入的新鲜空气，由机组的通风机吸入，在蒸发器前混合，通过蒸发器得以冷却，并由机组前端部出风口送入车顶通风道各格栅，向车内吹出冷风。

在制冷系统连续工作下使车内温度逐渐降低，并由温度调节器自动调节车内空气温度。冷凝器的冷凝借助于轴流风机，从机组上吸进外界环境空气，经过冷凝器后，向客车两侧枕木方向排出。

3. 升温

由新风口引入的新鲜空气及车内循环空气，被机组的通风机吸入，在电加热器前混合，通过电加热器加热。被加热的空气，由通风机送入车内风道各格栅，向车内送热风，使温度徐徐上升并由温度调节器自动调节车内空气温度，保持车内温度适宜。

本机组的加热工况主要用于在寒冷季节对送入车内的新鲜空气进行预热。

知识拓展

1. 行车使用的安全注意事项

（1）严禁超载、斜拉、重物下站人或作业。起重作业，慎之又慎，使用前一定要加注润滑油。

（2）应将上、下限位的停止块调整后再起吊物体。

（3）使用之前应确认制动器状况是否可靠。

（4）使用前若发现钢丝绳出现异常情况，绝对不要进行操作。如弯曲、变形、腐蚀等或钢丝绳断裂程度超过规定的要求，磨损量大。

（5）绝对不要起吊超过额定负载量的物体。

（6）起吊物上禁止乘人，绝对不要将电动葫芦作为电梯的起升机构用来载人。

（7）应将电动葫芦移动到物体正上方再起吊。

（8）限位器不允许被当作行程开关反复使用。

（9）不得起吊与地面相连的物体。

（10）不要过度点动操作。

（11）不要用手电门线牵拉其他物体。

（12）维修检查工作一定要在空载状态下进行。

2. 行车安全操作规程

（1）每班作业前必须检查以下项目。

① 作业地点：操作者步行范围内有无障碍物。

② 运行轨道：由地面观察轨道上是否有异常。

③ 限位器：空载吊钩上升至极限位置时，限位应准确可靠。

④ 吊钩装置：吊钩在圆周360°与垂直180°范围内是否转动灵活，滑轮转动时有无卡阻和碰擦，吊钩螺母防松装置有无异常，钩口闭锁装置是否正常。

⑤ 丝绳：检查是否有断丝、乱绳等现象。

⑥ 制动器：起升、下降灵敏可靠。

⑦ 按钮装置（手电门）：起升、下降、左右运行动作是否灵敏、准确。

⑧ 检查电器部分应无漏电，接地装置应良好。

⑨ 每次吊重物时，在吊离地面 10 cm 时应停车检查制动情况。总之，在起吊前应检查设备的机械部分（电器、钢丝绳、吊钩、限位器等）应完好可靠，确认完好后方可进行工作。

（2）不准超载起吊，起吊时手不准握在绳索与物体之间，吊物上升时，严防冲撞钢丝滚筒。

（3）起吊物体要捆扎牢固，在物体尖角缺口处应设衬垫保护，重心在中心线上。吊重物行走时，重物离地不要太高（1.5 m 以下）严禁重物从人头上越过，工作间隙不得将重物悬在空中，不得斜吊。起吊物体、吊钩在摇摆状态下不能起吊。

（4）电动葫芦在启动过程中发出异味、产生高温应立即停车检查，找出原因，处理后方可继续工作。

（5）电动葫芦钢丝绳在卷筒上要缠绕整齐，当吊钩放在最低位置，卷筒上的钢丝绳应不得少于三圈。

（6）使用悬挂电缆电气开关启动，绝缘必须良好，滑动必须自如，葫芦电缆应有牵引绳，正确操作电钮和注意人的站立位置。

（7）在起吊中，由于故障造成重物下滑时，必须采取紧急措施，向无人处下放重物。

（8）起吊重物必须做到垂直起升，不许斜拉重物，起吊物重量不清的不吊。

（9）单轨电动葫芦在轨道转弯处或接近轨道尽头时，必须减速运行。

（10）各种行车必须有专人操作，严格遵守行车工的有关安全操作规程。

（11）在工作完毕后，电动芦应停在指定位置，吊钩升起，并切断电源。

（12）在行车维修时一定要断电进行，挂牌操作，并佩戴安全带，设专人监护，同时进行维修检查，一定要在空载状态下进行。

（13）按钮必须低压控制，控制电器必须设有两个。

实训项目

实训工作单见表 7-1-1。

表 7-1-1　实训工作单

工作单	空调机组的认知		
任务	1. 认识空调机组的各组成部件及其作用； 2. 掌握空调机组的制冷原理和流程。		
班级		姓名	
学习小组		工作时间	
知识认知： 1. 熟悉空调机组的组成； 2. 熟悉空调系统的工作原理。 能力训练： 1. 能指出空调机组 KLD29 的各组成部件及作用； 2. 能对照实物描述制冷系统循环过程，以及制冷剂在各主要部件中的状态。			

续表

实训小结：					
成绩评定： 职业素养（包括表达能力 15%、沟通能力 15%、团队合作能力 15%、实际操作能力 25%、知识掌握能力 30%）。					
评价项目	表达能力	沟通能力	团队合作能力	实际操作能力	知识掌握能力
评价结果					
指导老师评语：					
任务完成人签字： 指导老师签字：			日期：　　年　　月　　日 日期：　　年　　月　　日		

思考与练习

1. KLD 型空调机组的主要部件有哪些？
2. 简述 KLD 型空调机组制冷的工作流程。
3. 空调机组有哪些安全保护措施？
4. 简述空调机组的安装操作步骤。

任务二　城轨车辆空调机组认知

任务目标

（1）熟悉地铁空调系统的布置；
（2）掌握典型地铁空调机组的组成部件；
（3）掌握典型地铁空调系统的制冷原理。

任务准备

现代有轨车辆都设有空调装置，一般每车设有两个集中式的空调单元，分别安装在车顶的两端。为了使车辆的外形轮廓不超出车辆静态限界，特在车顶两端设计了两个专用于安装空调单元的凹坑，并在安装空调单元的机座上加上装橡胶垫以减小振动的影响。图 7-2-1 所示为空调系统各部件安装图。

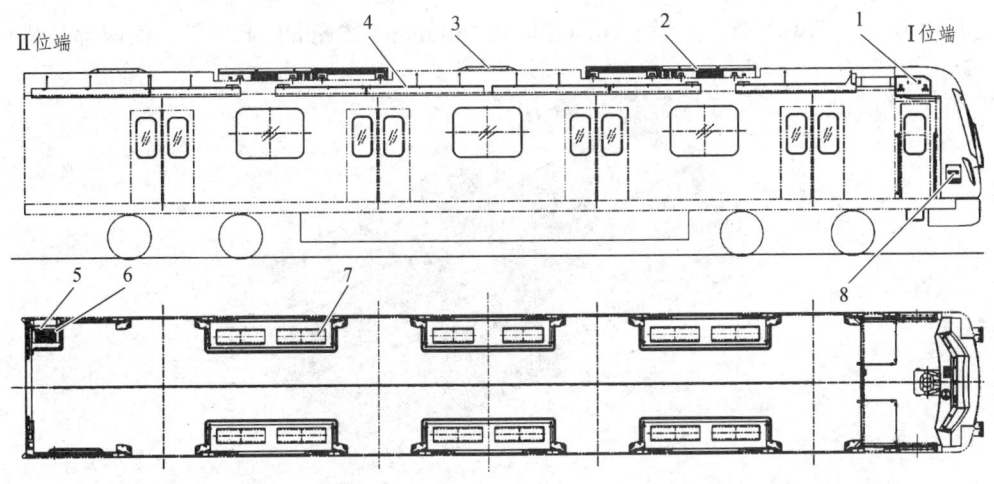

1—司机室通风单元；2—空调机组；3—废排装置；4—风道；5—空调控制盘；
6—紧急逆变器；7—客室加热装置；8—足部取暖器。

图 7-2-1　空调系统各部件安装图

每个空调单元的控制与监控都是由设在每辆车电气柜中的空调控制单元实施自动控制、自动调节以及整列车的制冷压缩机的顺序启动，以免多台压缩机同时启动时，启动电流过大而造成事故。空调系统中新风口、风道和客室座位下，均设有温度传感器。由温度传感器测得的温度值传递到调节器中进行处理。

空调系统的电源是由 A、B、C 车每辆车的辅助逆变器提供，其中 A 车的逆变器提供控制系统的电源，B 车的逆变器担任 A、B、C 车各一个单元的空调机组的电源，而每节车的另一个单元的空调机组则由 C 车的电器提供电，这样可避免因一个逆变器故障而造成单节车的空调机组全部停机。另外，每节车还设有一台紧急逆变器，用于在 1 500 V 直流供电中断时，将列车蓄电池直流电源逆变成三相交流电，以供紧急通风使用。

一、成都地铁车辆客室空调系统

成都地铁 2 号线车辆空调机组为顶置式薄型单元式空调机组，机组型号为 DLD29K，每个机组的制冷量为 29 kW，安装在客室车顶约 1/4 及 3/4 处。

司机室设置一个送风单元与回风单元，通过风道从相邻 TC 车的空调机组引入经过处理的空气，实现司机室空气调节。每节车设置一个空调控制器，控制单节车厢两台空调机组的工作，可通过司机室内 DDU 屏对全列车进行集中控制。

DLD29K 型空调机组选用全封闭制冷压缩机，以 R407C 为制冷剂，以毛细管为节流元件，采用全封闭结构。每台机组各由两个独立的制冷循环系统组成，可根据车内温度控制启动，实现能量调节。

空调机组外壳为不锈钢板材，外表面无油漆。整体安装在车辆顶部，采用下送风下回风方式，送回风口分别与客室内风道对应风口连接，新风口位于机组蒸发段的两侧。每台机组有六个安装座，通过六个减振器固定在车顶空调机组安装座上，如图 7-2-2 所示。

送风经机组出风口直接进入车内主风道，再由主风道上的送风口送入客室内。主风道材质为 1.5 mm 厚铝板（内覆 10 mm 厚隔热材），通过法兰相互连接。风道内设隔板将风道分为主送风道及静压箱两部分，隔板上部冲有多处 180 mm×25 mm 的长方孔，使两部分相贯通。

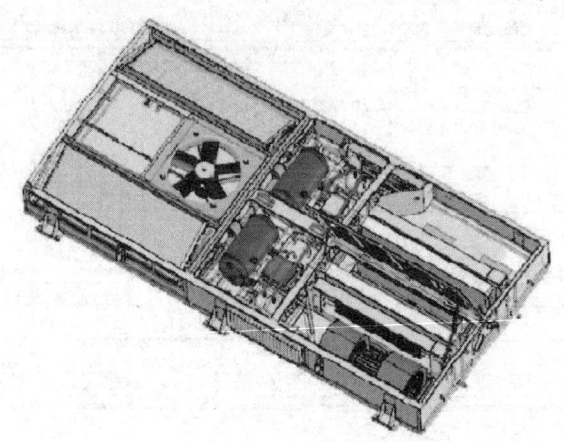

图 7-2-2　成都地铁空调机组结构示意图

客室送风由沿车长方向布置的条缝式送风口向车内送风；司机室送风由设在 TC 车邻近司机室的空调机组提供，通过支风道经司机室送风单元吸入，由司机室送风单元的可调式送风口均匀送出。回风格栅设在空调机组下方车内顶板上，车内空气经回风口回到机组和新风混合，经过热交换后，送入车内循环利用。

废排通风器安装在车顶，车内废气在客室内正压和车外负压的共同作用下，通过客室侧顶与侧墙的间隙，由废排通风器排到车外。

成都地铁 3 号线和 4 号线车辆客室空调机组为 DLD29I 型，每辆车安装两台，分别布置在车顶的两端，每台空调机组具有两个独立的制冷系统，分步启动，启动电流小，对整车电源的冲击小。

司机室设置司机室送风单元，每列车两台，分别安装在两个司机室内顶板上部。

空调系统满足以下自然环境要求，如表 7-2-1 所示。

表 7-2-1　成都天气环境参数

项目	参数
极端最高气温/℃	38.3
极端最低气温/℃	−5.9
多年平均气温/℃	16.2
多年平均相对湿度/%	82
多年平均降水量/mm	947
多年平均蒸发量/mm	1 020.5
最大日降水量/mm	195.2
多年平均风速（m/s）及风向	1.35 NNE
最大风速/（m/s）	14.8
极大风速/（m/s）	27.4
海拔高度/m	≤1 200
环境温度/℃	−25～+40
相对湿度	≤90%

1. 技术数据

客室空调机组的主要参数

输入功率：约 14.5 kW；

制冷剂：R407C；

制冷量：29 kW；

工况条件：冷凝器进风温度 33 ℃，蒸发器进风温度 28 ℃，湿球温度 23 ℃；

送风量：4 000 m³/h；

新风量：1 350 m³/h；

紧急通风量：2 540 m³/h。

2. 主要部件

DLD29I 型空调机组为单元式空调机组，包括压缩机、蒸发器、冷凝器、毛细管组、气液分离器、干燥过滤器、通风机、冷凝风机、空气预热器、新风调节阀、回风调节阀和安装在壳体上的其他元件。空调机组安装在车体上，通过减振器隔离振动。图 7-2-3 所示为 DLD29I 型空调机组布置图。

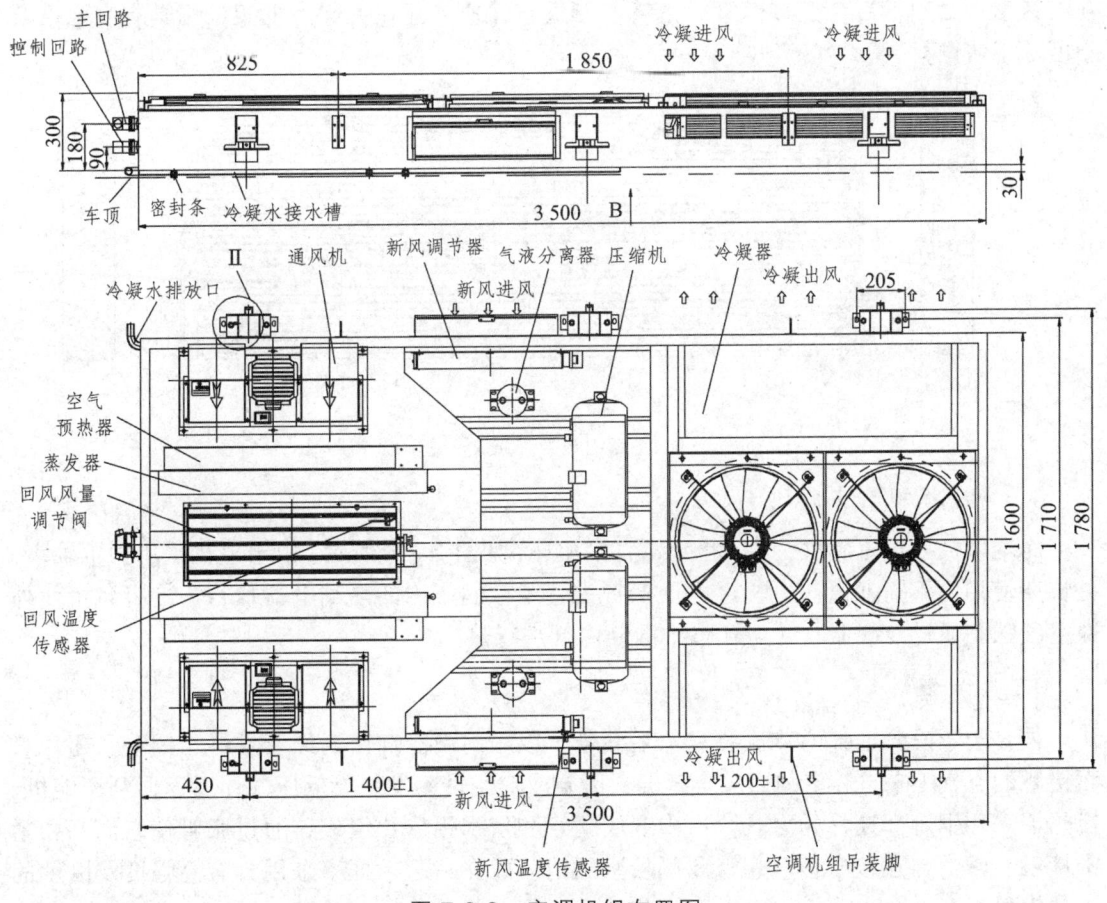

图 7-2-3　空调机组布置图

1）压缩机

该空调机组采用全封闭卧式涡旋压缩机 G600DL-90DT，如图 7-2-4 所示。该压缩机是专门为轨道车辆空调研制的，具有质量小（35kg）、振动小、噪声小等特点。它不断地吸入低温低压的制冷剂气体，压缩成高温、高压的过热蒸气，并通过排气管排入冷凝器。压缩机安装在固定的安装架上，为了避免振动和减小噪声，三个安装脚上安装了橡胶减振垫。

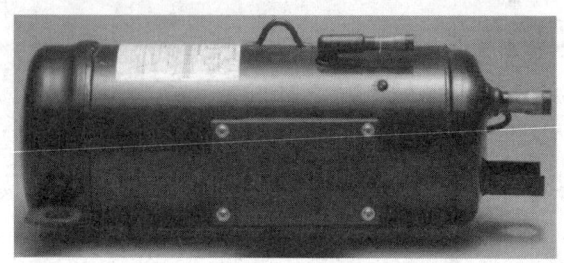

图 7-2-4　空气压缩机

2）冷凝器

冷凝器要求大的传热面积使压缩机排出的高温高压气体制冷剂降温，如图 7-2-5 所示。因此，换热器采用铜管套翅片的方式，由内螺纹铜管和亲水铝翅片组成，通过胀管使它们互相紧密接触，然后与连接弯管，总管和侧板坚固地装配在一起。框架采用具有高强度及刚度的不锈钢材料。

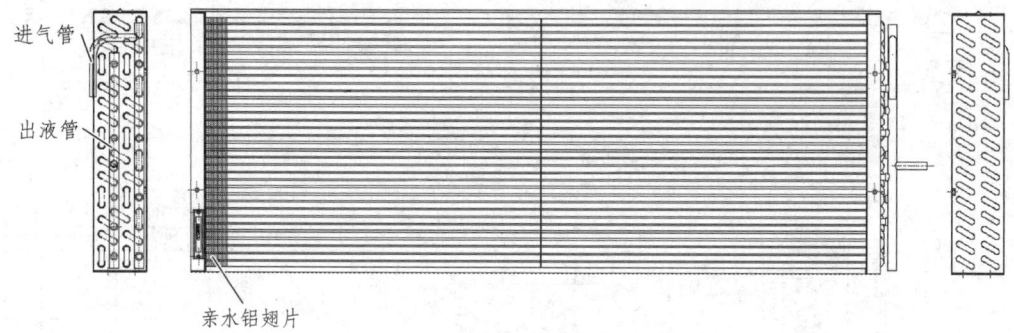

图 7-2-5　冷凝器

3）冷凝风机和电机

冷凝风机为轴流风机，电机和叶轮直接相连，如图 7-2-6 所示。由于电机采用护罩轴承，可长期使用而不需润滑。电机过电流保护由置于控制柜内的热继电器执行。冷凝风机使外部空气强制通过冷凝器，并与管路中的制冷剂进行热交换。

4）蒸发器

被置于蒸发器前部的节流装置（毛细管）减压的制冷剂使流经蒸发器与铜管和翅片表面接触的空气（来自客室的回风）降温，而制冷剂经过蒸发变成低压气体后返回到压缩机。换热器采用铜管套翅片的方式，由内螺纹铜管和亲水铝翅片组成，通过胀管使它们互相紧密接触，然后与连接弯管，总管和侧板坚固地装配在一起。框架采用具有高强度及刚度的不锈钢材料。

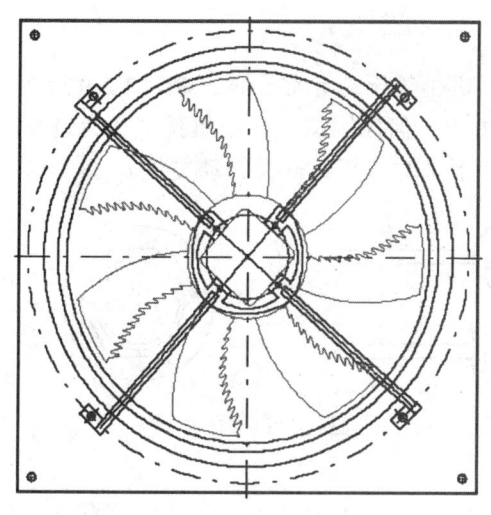 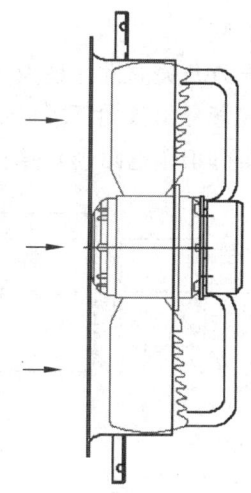

图 7-2-6 轴流风机

5）通风机和电动机

通风机为并联双进风多叶片离心风机，具有高效、低能耗和低噪声的特点，如图 7-2-7 所示。它的叶轮与电机轴承直接连接，风机本身没有接头或轴承。电机使用的轴承为密封轴承。电机过电流保护由置于控制柜内的热继电器执行。

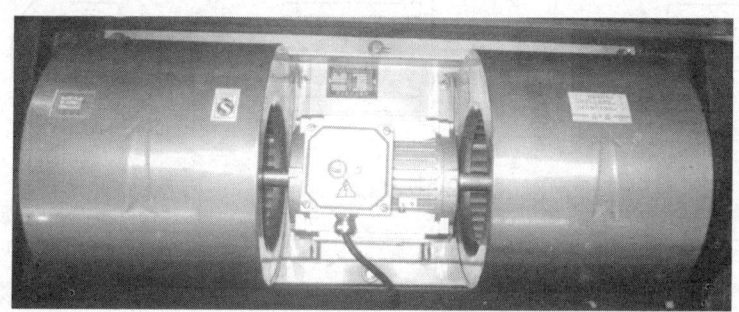

图 7-2-7 通风机

6）毛细管

该制冷系统采用毛细管（见图 7-2-8）作为节流装置，由薄铜管造成，它的设计是为经冷凝器冷凝的制冷剂减压。制冷剂经过节流装置的减压，进入蒸发器进行蒸发。

图 7-2-8 毛细管

7）高压压力开关

高压压力开关的设计是为了防止压缩机排气压力异常升高，如图 7-2-9 所示。气体从压缩机总排气管分出流向压力开关。如果由于任何原因造成压缩机排气压力过高，此压力开关切断压缩机工作电路令其停止。压力降下来时，压力开关自动复位。

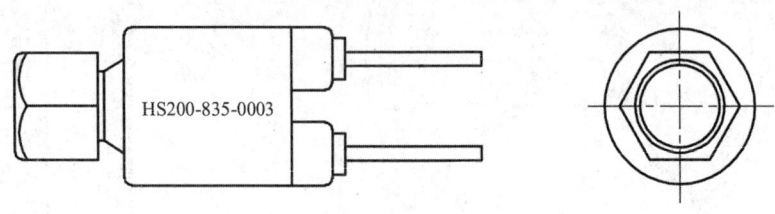

图 7-2-9　高压压力开关

8）低压压力开关

低压压力开关设计是为了防止压缩机吸气压力异常降低，如图 7-2-10 所示。气体从压缩机总吸气管分出流向压力开关。如果由于制冷剂泄漏或环境温度过低等原因造成压缩机吸气压力过低，此压力开关切断压缩机工作电路令其停止。待压力上升时，压力开关自动复位。

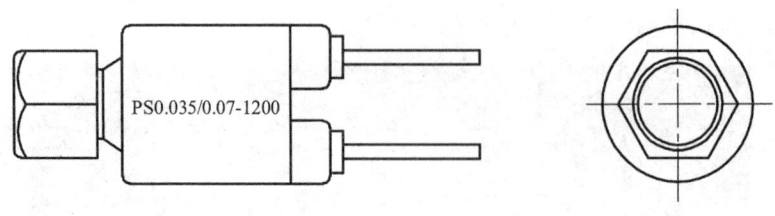

图 7-2-10　低压压力开关

9）干燥过滤器

干燥过滤器安装在高压液管中（见图 7-2-11），用于干燥过滤制冷剂，防止阻塞节流毛细管及"冰堵"现象出现。

图 7-2-11　干燥过滤器

10）新风及回风温度传感器

新风及回风温度传感器为感应外界环境温度而设置的 PT100 温度传感器（见图 7-2-12），用于制冷运行或采暖运行的自动控制的感应元件。

图 7-2-12　新风及回风温度传感器

11）气液分离器

气液分离器为内部循环制冷剂汽液分离器（见图 7-2-13），防止压缩机被启动时瞬间或外部空气温度剧烈变化产生的大量回液损坏。

图 7-2-13　气液分离器

12）电动回风调节阀

安装在回风进入口处，具有全开和关闭功能，正常工作时位于全开，紧急通风时全关。

13）电动新风调节阀

安装在机组两侧的新风口处，调节新风进风的比例。

14）空气预热器

空气预热器安装在蒸发器与通风机之间，冷天时对空气进行预热，如图 7-2-14 所示。

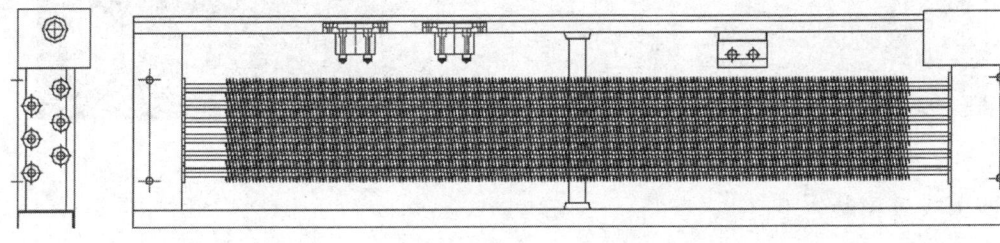

图 7-2-14　空气预热器

15）壳体和盖

壳体和盖为不锈钢制造装配全焊接结构，各部件用螺栓结实地固定在其上。冷凝腔和蒸发腔互相完全分开，避免雨水或空气相互渗入。

蒸发腔内表面及空调机组底部黏结阻燃型保温隔热吸音材料，用来隔声隔热。

16）底部结构

空调机组制冷过程中蒸发器产生的冷凝水及下雨或洗车时进入冷凝腔的雨和水需要排出。为了达到这个目的，空调机组在底部两侧开有两排排水孔，集中在两侧排放。

17）回风过滤器

每台空调配有 1 个回风过滤器，安装在车顶回风口，如图 7-2-15 所示。这些过滤器用来清洁来自客室的回风，并减少空调蒸发器灰尘的黏附。由于灰尘沉积量与工作环境有关，在使用初期经常检查过滤器确定适当的清洗周期。

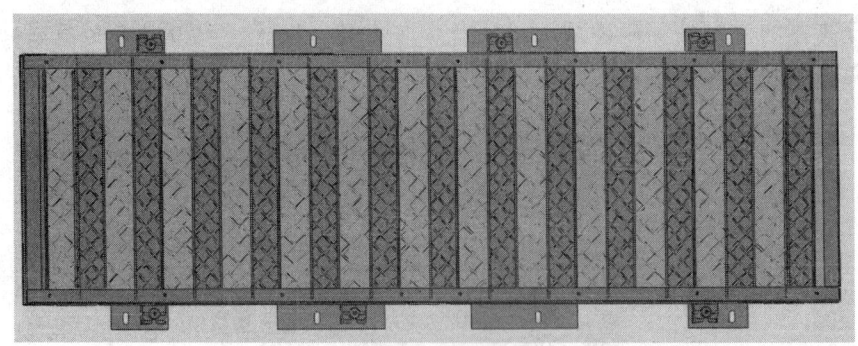

图 7-2-15　回风过滤器

18）新风过滤器

每台空调机组配有 2 套新风过滤器，安装在空调机组新风口，如图 7-2-16 所示。这些过滤器用来清洁来自客室的新风，并减少空调蒸发器灰尘的黏附。由于灰尘沉积量与工作环境有关，在使用初期经常检查过滤器确定适当的清洗周期。

图 7-2-16　新风过滤器

19）司机室送风机

该送风机为轴流式风机（见图 7-2-17），它将主风道的风抽入司机室，调节司机室的温度，该送风机风量可通过旋钮开关进行调节。

图 7-2-17 送风机

3. 司机室送风单元

司机室送风单元吊装在司机室天花隔层内，提供 1 个操作旋钮开关和 5 个手动送风风咀给车厂安装于底板上，通过该旋钮开关可开关送风单元并控制司机室的风量。通过调节送风风咀，可改变送风方向。图 7-2-18 所示为司机室送风单元的结构。

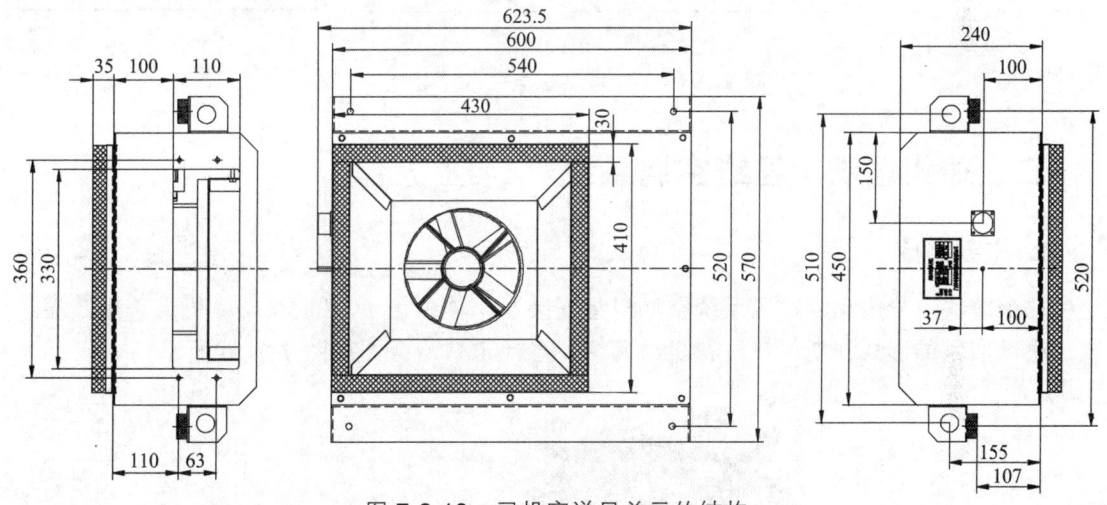

图 7-2-18 司机室送风单元的结构

4. 客室空调制冷循环原理

DLD29I 型空调机组内设两套独立的制冷循环，制冷剂采用 R407C。经压缩机压缩的高温高压气体制冷剂在冷凝器内被冷凝风机吹入的空气冷却为液态制冷剂。然后，液态制冷剂经过干燥过滤器，再经毛细管节流为低压的液体（有少量气体）制冷剂进入蒸发器，与（回风和新风）混合空气进行热交换，从而使混合空气冷却和干燥。最后，冷却干燥的空气通过天花板风道被吹入客室。与此同时，在蒸发器内被蒸发的制冷剂变成低压饱和气体或少量过热气体，经过气液分离器被吸入压缩机，从而完成制冷循环。图 7-2-19 所示为制冷循环系统的工作原理。

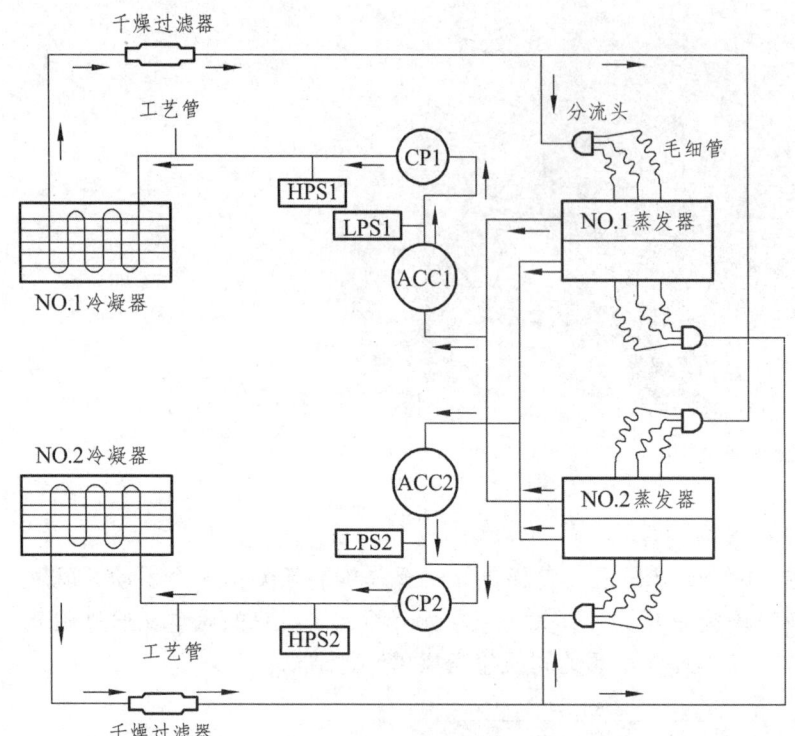

图 7-2-19 制冷循环系统的工作原理

二、郑州地铁 1 号线空调系统

1. 主要组成

郑州地铁 1 号线车辆通风系统空调机组安装在车体顶盖 1/4 和 3/4 处，机组采用双端送风、底部回风的形式，新风口设在机组两侧，各风道口示意图如图 7-2-20 所示。

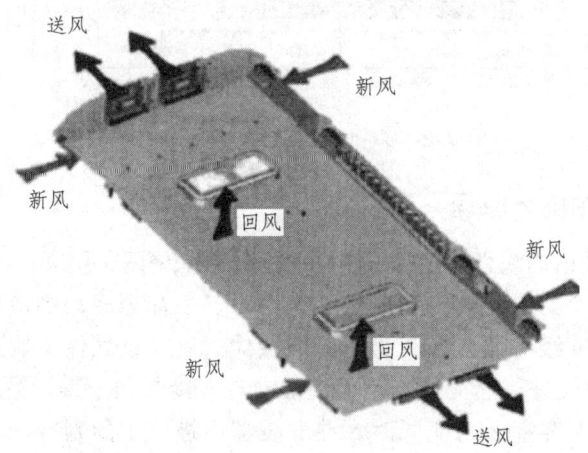

图 7-2-20 郑州地铁空调机组各风口示意图

空调机组的主要参数如下：

（1）额定制冷量：35 kW；

（2）制热量：9 kW；

（3）额定送风量：4 000 m³/h；

（4）额定新风量：1 300 m³/h；

（5）紧急通风量：1 500 m³/h。

空调机组采用两端送风，送风距离较短，可选用低风压的风机，有利于车内降低噪声。空调机组内部设有两挡调节电加热器，可以在冬季为客室提供采暖。空调机组内部设有可四挡调节的电动新风门，可以实现车厢内的预冷和预热功能，并能根据车内载客量的变化调节新风量，具有良好的节能性能。

司机室内配备一个通风单元，安装在 Tmc 车司机室天花板上。空调风从相邻客室的风道经通风单元引入司机室。风量分三挡，手动可调，可以满足不同条件下的要求。送风方向按司机喜好任意调节。

通风单元内置电加热器，可在冬季为司机室提供采暖。紧急通风时，司机室通风单元能够利用客室风道的正压，将不小于 60 m³/h 的新风送入司机室内。

2. 结构特点

通风系统送风时车外新风进入空调机组，与从车内吸入的回风混合过滤，经冷却（或加热）后，通过风道和沿着车体长度方向布置的送风格栅均匀地送到客室各处；回风时从安装在空调机组下方的送风格栅进入客室天花板上方，经过车体回风道进入空调机组，经处理后供循环使用；排风时与新风量等量的车内空气通过拐角顶板缝隙进入车顶客室内顶板上方空间，再通过车顶的废排装置排出车外。

（1）空调机组的送风口在机组单侧底部，长度方向中心对称，通过密封垫与车体送风法兰预压缩实现防风、防水密封；空调机组的回风口在机组底部两个送风口中间，通过密封垫与车体回风法兰预压缩实现防风、防水密封。

（2）车体送风道分为四段布置，减短了送风机的送风距离，能够降低送风机的送风全压，降低风机噪声。主风道采用均匀静压送风风道，能够提高出风的均匀性。

（3）为了保证车厢内送风的均匀性，在空调机组下方设置扁风道（见图 7-2-21），尽可能增大车内送风区域，提高车内舒适性。

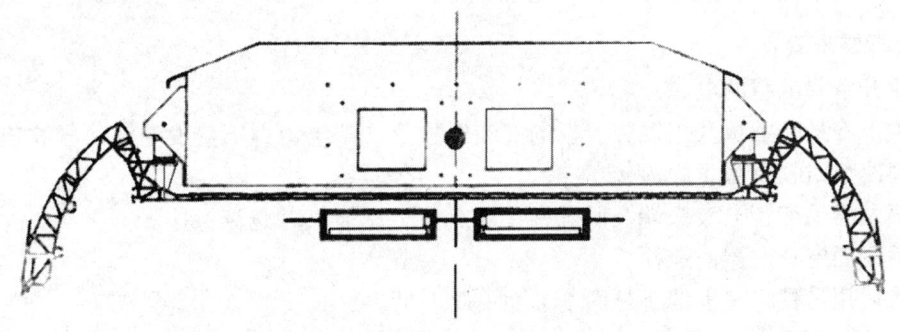

图 7-2-21　空调机组下方扁风道

（4）废风排放安装在车辆顶部，采用被动式排风结构，能够根据车内压力波动自动调节开启角度，平衡车内压力。

实训操作

1. 冷凝器的拆卸与安装

（1）拆卸步骤：
① 拆下压缩腔盖板和冷凝腔盖板的安装螺栓及垫圈组，打开压缩腔盖和冷凝腔盖。
② 制冷剂回收及截止阀焊接。
③ 把冷凝器接管靠压缩机端接口（保证冷凝器能顺利吊出）加热拨出。
④ 冷凝器（见图 7-2-22）与干燥过滤器的接口加热拨出，并将冷凝器上侧管路加热拨出，加热时充氮保护。
⑤ 拆下冷凝器及干燥过滤器固定支架的紧固螺栓，然后用吊具把冷凝器往斜上方吊出。

（2）安装步骤：
① 把新冷凝器斜向下吊装进冷凝腔冷凝器安装板上，然后稍稍移动冷凝器，使冷凝器的孔位与安装板的孔位对齐，同时对齐冷凝器吸排气管口，将螺栓及垫圈组紧固。
② 焊接好冷凝器的进气管和出液管及冷凝器上部其他管路，加热时充氮保护（注意管路焊接时，温度非常高，不要用手触摸以免灼伤）。
③ 对系统抽真空，并注入制冷剂（给液管电磁阀通电，使制冷剂能同时充满高低压侧），检漏，封口。
④ 安装好机组的压缩腔盖和冷凝腔盖。

图 7-2-22 冷凝器

2. 蒸发器的拆卸与安装

（1）拆卸步骤：
① 断开空调机组的电源。
② 拆下冷凝腔盖板及蒸发腔盖板的安装螺栓及垫圈组，拆下蒸发腔及冷凝腔盖板。
③ 制冷剂回收及截止阀焊接。
④ 蒸发器毛细管分液头端及回气接口加热拨出，加热时充氮保护。
⑤ 拆下固定蒸发器的螺栓。
⑥ 然后用吊具将蒸发器（见图 7-2-23）向上吊出。

（2）安装步骤：
① 把完好的蒸发器吊入安装座，对好安装孔及蒸发器排气管，拧上安装螺栓组并紧固。
② 焊接好蒸发器的进液管和回气管，加热时充氮保护（注意：管路焊接时，温度非常高，不要用手触摸以免灼伤）。

图 7-2-23 蒸发器

③ 对系统抽真空,并注入制冷剂(给液管电磁阀通电,使制冷剂能同时充满高低压侧),检漏,封口。

④ 装好蒸发腔盖板及冷凝腔盖板,并紧固。

实训项目

实训工作单见表 7-2-2。

表 7-2-2 实训工作单

工作单	地铁车辆空调机组的认知			
任务	1. 认识地铁空调机组的各组成部件及其作用; 2. 掌握空调机组的制冷原理和流程; 3. 熟悉地铁空调系统送风路径。			
班级		姓名		
学习小组		工作时间		
知识认知: 1. 熟悉地铁空调机组的组成; 2. 熟悉空调系统的工作原理; 3. 熟悉地铁空调系统送风路径。 能力训练: 1. 能指出空调机组各组成部件及其作用; 2. 能对照实物描述制冷系统循环过程,以及制冷剂在各主要部件中的状态; 3. 能找出通风系统的各风口,描述送风路径。 实训小结:				
成绩评定: 职业素养(包括表达能力 15%、沟通能力 15%、团队合作能力 15%、实际操作能力 25%、知识掌握能力 30%)。				
评价项目	表达能力	沟通能力	团队合作能力	实际操作能力	知识掌握能力
评价结果					
指导老师评语:				
任务完成人签字: 指导老师签字:		日期:　　年　　月　　日 日期:　　年　　月　　日		

思考与练习

1. 简述成都地铁 3 号线和 4 号线车辆空调送风方案。
2. 地铁空调机组与铁路客车空调机组有哪些不同？

任务三 典型地铁车辆空调制冷流程

任务目标

（1）掌握蒸气压缩制冷原理；
（2）掌握制冷系统各组成部件的作用；
（3）了解典型地铁车辆空调制冷循环流程。

任务准备

一、上海地铁直流传动车辆空调制冷循环

上海地铁直流传动车辆空调制冷系统如图 7-3-1 所示。空调机组采用机械压缩制冷，由压缩机、蒸发器、冷凝器、轴流式冷凝风机、干燥器、膨胀阀、热气旁路阀、高低压保护装置等组成。系统还配有变色柱的视液镜，它不但可以观察到制冷剂的流动情况，还可以根据视液镜中色柱颜色的变化，鉴别制冷剂的质量。液管中设有过滤/干燥器。

1. 制冷系统的工作过程

由压缩机压缩成高温、高压的冷媒蒸气，进入风冷冷凝器，经外界空气的强制冷却，冷凝成常温、高压的液体，进入外平衡式膨胀阀节流降压，变成低温、低压的气液混合冷媒，然后进入蒸发器，吸收流过蒸发器的空气热量，蒸发成低温、低压的蒸气，再经过气液分离器，分离出冷媒气，然后被压缩机吸入，完成一个封闭的制冷循环。压缩机不断工作，达到连续制冷的效果。

车内空气通过蒸发器时，空气中的水分冷凝成水滴，汇集至机组内接水盘，由排水管将水引到车外而起除湿作用。

2. 制　冷

车内的循环空气及由新风口进入的新鲜空气，由机组的通风机吸入，在蒸发器前混合，通过蒸发器得到冷却，并由机组出风口送入车顶通风道各格栅，向车内吹出冷风，在制冷系统连续工作下使车内温度逐渐降低，并由温度调节器自动调节车内空气温度。

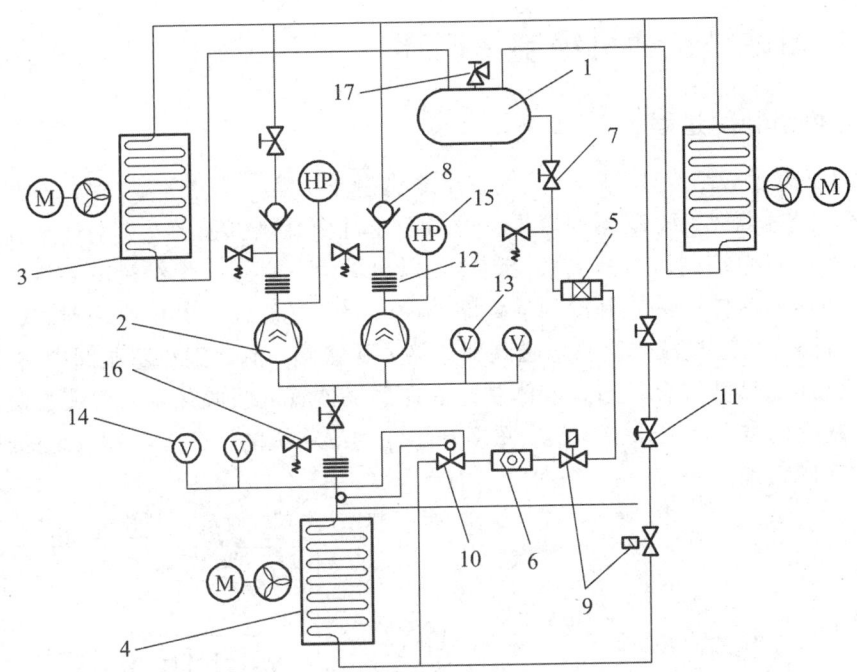

1—储液罐；2—压缩机；3—冷凝器；4—蒸发器；5—干燥过滤器；6—视液镜；7—截止阀；8—单向阀；9—电磁阀；10—膨胀阀；11—热气旁路阀；12—软管；13—压力表；14—低压表；15—高压表；16—限压阀；17—进给阀。

图 7-3-1　上海地铁直流传动车辆空调制冷系统

其他线路车辆上的空调机组的结构与上海地铁基本相同，其主要区别有：

（1）蒸发器的数量不同。深圳地铁车辆的空调机组采用两端向客室通风，所以机组两端各设一个蒸发器。

（2）选用压缩机型号不同。上海地铁2号线和广州地铁1号线选用螺杆式压缩机，深圳地铁采用涡旋式压缩机。各空调机组的主要技术参数见表 7-3-1。

表 7-3-1　地铁空调机组主要技术参数

地铁技术参数	上海地铁1号线	上海地铁2号线	广州地铁	深圳地铁
总送风量/（m³/h）	8 000	8 500	8 500	10 000
新风量/（m³/h）	4 000	3 200	3 200	3 200
客室允许最高温度/℃	27	27	27	27
客室 27 ℃时的相对湿度	<70%	≤65%	≤65%	≤65%
车外温度参数/℃	32.5（35）	32.5（35）	32.5（35）	32.5（35）
车外相对湿度	68%（60%）	68%（60%）	68%（65%）	68%（65%）
机组型号	车顶单元式	车顶单元式	车顶单元式	车顶单元式
压缩机型号	活塞式	螺杆式	螺杆式	涡旋式
制冷剂	R22	R134a	R134a	R134a、R407c
制冷功率/kW	35	40	40	约41
压缩机功率/kW	14.5			≤22.5

二、广州地铁空调机组制冷循环

1. 空调机组制冷过程

如图 7-3-2 所示，制冷剂 R134a 蒸气在压缩机内被压缩，成为高温、高压的气体，然后被分成两路，经两侧风冷冷凝器的冷凝、冷却，通过冷凝风机吸入外界空气来强化对流，增强换热效率，且由控制压力开关来控制冷凝风机的运行台数，使经过冷凝器后的制冷剂成为常温、高压的液体，液体制冷剂进入储液筒、干燥过滤器、流量显示器后，再次被分成两路，每一路都先通过液体管路电磁阀到达热力膨胀阀。制冷剂在膨胀阀中被节流降压，变成低温、低压的气液混合状态，液体制冷剂在蒸发器管内吸收热量，由液态蒸发变成气态，气态的制冷剂被再次吸入压缩机，重新被压缩，压缩机的不断工作和系统的往复循环，达到连续制冷的效果。

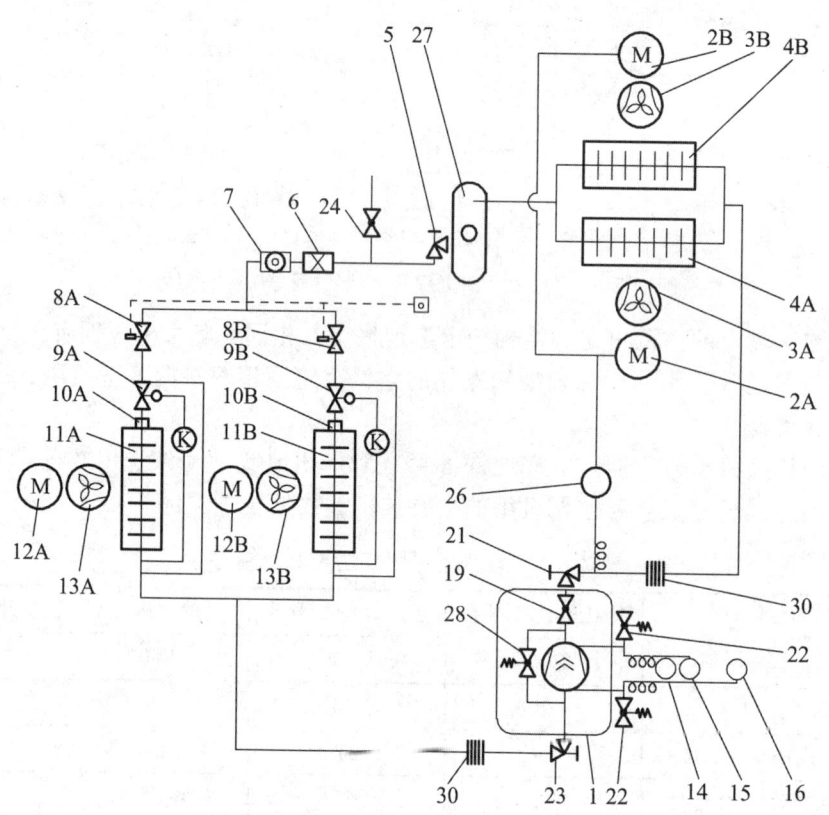

1—压缩机；2A，2B—冷凝风机电机；3A，3B—冷凝风扇；4A，4B—冷凝器；5—角阀；6—干燥过滤器；7—流量/湿度显示；8A，8B—液体管路电磁阀；9A，9B—热力膨胀阀；10A，10B—分配器；11A，11B—蒸发器；12A，12B—通风机风扇；13A，13B—通风机电机；14—高压压力开关；15—手动复位高压压力开关；16—低压压力开关；19—压缩机内止回阀；21—压缩机排气端截止阀；22—压缩机针阀；23—压缩机吸气端截止阀；24—充注阀；26—控制压力开关；27—制冷剂储液筒；28—压缩机内平衡阀；30—减振管。

图 7-3-2　空调机组制冷过程

2. 空气处理过程中的空气状态变化

空调系统采用的是上送侧回式送风方式。车外的新风通过新风口的挡水百叶窗和金属过滤网被吸入,并与部分来自客室的回风混合后被过滤,空气被过滤后进入蒸发器,经过降温、去湿,被送风机送到风道内,然后沿车上的送风道、送风口到客室。客室内的一部分空气从座椅下方及车内墙板的后面导向车顶排出车外,另一部分通过回风道成为回风,变成循环空气。

在蒸发器内被冷却、除湿了的空气通过机组的两台离心通风机吸入后,被输送到客室的送风道中,并通过风道均匀地分配到整个车厢中。

通过司机室的连接风道,与司机室相邻的空调机组将部分已处理的空气直接送到司机室。司机室内配有的独立风机可用来调节风量大小,通过顶部的旋钮来调节风量。风量调节范围设有三级,送风方向通过可调叶片调节。

3. 紧急通风原理

若空调机组运行所需的三相电源失效,制冷系统将不再运行,从而使得正常通风系统无法保持。为了保证客室内乘客的安全性,空调系统运行转为紧急通风模式时,由设在机组内的 DC/AC 静态逆变器将蓄电池的 110 V 直流电逆变为三相 100 V、38 Hz 的交流电源,供给空调机组通风机,新风量比正常通风时减少一半。通过空调机组可以提供客室和司机室通风 45 min,且保证每节车的总风量不少于 4 000 m^3/h。

应急通风时,回风调节挡板被关闭,新风调节挡板处于全开状态,即在紧急通风时客室里的空气仅由新风组成。

思考与练习

1. 热气旁通阀的作用是什么?
2. 制冷循环回路中设置多个冷凝器、蒸发器有什么作用?
3. 对照流程图,描述蒸气压缩制冷循环过程。

项目八　空调控制系统

📜【项目描述】

空调系统在正常运行过程中，各种参数均在不断地发生变化，为了使空调系统协调地工作，达到科学合理调节车内空气温度、湿度的目的，必须有一套专用空调控制系统来协调控制。在自动模式下，每节车的控制板根据环境气候条件来决定机组的工作方式，并自动调节机组的制冷量，按温度曲线计算结果保证客室内温度水平，使空调系统运行在最合理的状态，满足客室的舒适性需求。空调控制系统是城市轨道交通车辆空调系统的核心部分，控制着空调系统在各种工况下有条不紊地运作，是整个空调系统正常运行的重要保障。

本项目主要介绍空调自动控制系统的基本组成、控制元件、运行控制原则，以及常见保护功能，并以南京地铁、深圳地铁车辆空调为例，详细讲解了控制系统具体功能实现。

📜【学习目标】

目标类型	目标要求
知识目标	（1）了解城轨车辆典型空调控制系统的组成； （2）理解城轨车辆空调控制系统主要部件的作用； （3）掌握城轨车辆空调机组常见运行模式； （4）了解城轨车辆典型空调控制系统
能力目标	（1）能描述空调自动控制系统的组成、作用； （2）能对空调自动控制系统装置参数进行设置
情感目标	（1）能进行团队协作； （2）积极参与学习过程，遵守秩序，服从安排

📜【建议学时】

4学时。

任务一　城轨车辆空调控制系统概述

📖 任务目标

（1）了解城轨车辆典型空调控制系统的功能和组成；
（2）理解城轨车辆空调控制系统主要部件的作用；
（3）掌握城轨车辆空调机组常见工作模式和控制方法；

（4）掌握空调自动控制系统常见保护功能。

任务准备

城市轨道交通车辆空调机组采用微机控制方式，即可根据外界环境温度进行客室内温度控制，也可根据每车各自的温控器进行客室内温度控制，具有自诊断功能和故障记录功能。为了实现城市轨道交通车辆空调电气控制系统的小型化、智能化和系统化，城市轨道交通车辆客室内设置了空调控制柜。此控制柜内包含接触器、继电器、断电器、PLC 或空调控制器以及和不同空调元件进行通信所必要的连接器等，它根据预设参数，实现自动控制，对空调机组运行参数进行实时监测，出现故障时及时进行保护动作，避免由于保护不及时引起严重后果。

一、空调控制系统的主要功能

（1）温度控制；
（2）经接触器指挥各部件工作；
（3）空调机组各部件的保护功能；
（4）通过 MVB 总线与列车网络通信；
（5）提供故障诊断功能，并能经数据交换接口提供数据下载和检测。

二、城市轨道交通车辆空调控制系统的基本组成及作用

城市轨道交通车辆空调控制系统一般由控制盘、紧急逆变器、监控通信系统组成。

1. 控制盘

控制盘由 PLC 或空调控制器、直流供电系统（控制电路）、380 V 交流供电系统（空调机组主电路）、外围控制元件（包括接触器、继电器、保护电路等）和监控通信模块电路组成。

通风机 1 启动且通风机 2 启动=冷凝风机 1 或冷凝风机 2 启动
冷凝风机 1 或冷凝风机 2 启动=压缩机启动
式中，等号前面的事件是等号后面事件发生的条件。

在控制盘机组的输出中，还有其他控制信号，如压缩机启动和运行控制信号（压缩机有单独的启动回路）、压缩机半载、全载运行控制信号，压缩机欠压、过压保护信号，压缩机转向及绕组温度保护信号，新风口、回风口的开启及闭合控制信号。

在控制盘外挂有温度传感器，用于采集环境温度供 PLC 或空调控制器内部控制程序使用。

2. 紧急逆变器

紧急逆变器是在列车辅助供电系统全部失电（机组主电路失电）或出现 PLC 故障、列车总线网络故障等（不同的车型，设置条件有所不同）条件下，以致所有通风机不能工作时启用并用于紧急通风的一种应急设备。它的输入电源是 DC 110 V 列车蓄电池，工作时将

蓄电池的 DC 110 V 逆变成三相交流电，供通风机使用 45 min。由于列车蓄电池的储量有限，在紧急通风模式下，通风机通常采用降频降压工作模式。紧急逆变器通常安装在车内的箱体中，如图 8-1-1 所示。

图 8-1-1　紧急逆变器

（1）控制盘给紧急逆变器提供的信号有：
① 辅助供电检测信号；
② 紧急通风信号；
③ 启动允许信号；
④ 风机工作信号。

（2）紧急逆变器的具体启动条件：
① 辅助逆变器失电。空调启动后，紧急逆变器开始检测运行启动信号，若正常，则 PLC 或空调控制器正常投入工作，紧急逆变器待命。在待命过程中，紧急逆变器一直在监视主电路中辅助逆变器的供电情况，若检测出失电情况，紧急逆变器立即输出紧急通风信号给 PIC 或空调控制器。PLC 或空调控制器收到信号就断开所有通风机的接触器，然后紧急逆变器再去检测所有的通风机接触器，确保全部断开后，就开始同时向客室输出三相交流电供通风机用。在运行过程中（45 min 内），紧急逆变器还是一直在监视辅助逆变器的供电，若供电恢复正常，则紧急逆变器停止工作，然后撤销紧急通风信号，通知 PLC 或空调控制器启动主回路接触器。

② PLC 故障。空调系统在运行过程中，如出现 PLC 故障，紧急逆变器会检测通风机接触器的接通情况，若没有全部断开，则紧急逆变器不投入工作。只有在检测到所有的通风机接触器全部断开，它才向 PLC 发送紧急通风信号并保持此信号（供 PLC 在恢复正常的时候能发现此信号，PLC 才不会误操作启动通风机接触器造成短路事故），并启动紧急通风。

③ 列车总线网络故障。当出现列车总线网络故障时，系统进入紧急通风状态。空调机组持续执行紧急通风模式直至列车总线网络发出停止紧急通风命令。系统收到"取消紧急通风"命令后，紧急通风模式停止。

3. 监控通信系统

（1）通信。
PLC 或空调控制器自带 RS-485 口、RS-232 口，通过 PC/PPI 通信电缆，一端接 PLC 或空调控制器的通信口，另一端接便携式计算机，即可通过标准 RS-232 口直接进行信息传递。

（2）监控。

通过外接计算机，可以查询的内容有：

① 传感器检测的实时温度；

② 车厢温度（两机组传感器检测的实时温度的平均值）；

③ 设定温度；

④ 当前空调机组的运行状态；

⑤ 机组各电机的运行状况；

⑥ 压缩机的累计工作时间；

⑦ 故障信息，包括当前故障和历史故障及相关维修记录。

二、主要控制元件

1. 主要控制元件

1）制冷系统保护元件

（1）高低压力开关。

功能：控制压缩机吸、排压力。当吸气压力过低或排气压力过高时，切断压缩机的电源，保护压缩机及整个制冷系统。

控制方式：通过高、低压压力开关分别监测压缩机排气口和吸气口的制冷剂压力，当压缩机排气压力超过或吸气压力低于它们各自的设置值时，压力开关将会使电路断开，使压缩机停止运转。

（2）电磁阀。

电磁阀是一种开关式的常闭自动阀门，在自动化系统中被用作执行机构，它可以接受各种感应机构及手动开关给出的信号而打开或关闭。阀门打开是依靠线圈在通电后产生的电磁力，阀门关闭是依靠复位弹簧及阀芯的重力。电磁阀串接在制冷系统的管路中，以控制系统管路中流体的流量及流向。

（3）排气温度保护器。

排气温度保护器固定在压缩机的排气管处，用于防止压缩机排气温度过高而影响控制系统的正常运行。

2）通风系统检测、执行元件

（1）回风风门控制器。

功能：调节风门开度，控制回风风量。在紧急通风情况下，关闭回风口，确保100%的新风量送入客室。

（2）新风风门控制器。

功能：调节新风风门开度，调节供给乘客车厢的新风量。广州地铁 4 号线车辆空调控制系统将根据空调模式和载客量，发出一个信号给风门，风门控制器将把新风风门调整到某个角度，使输入的新风量随之变化；在应急模式下新风盖板处于全开状态。

（3）温度传感器。

功能：检测新风、回风和供风的温度，监控乘客车厢内的制冷需求。空调控制器将根据温度信号选择适当的运行模式。

3）其他电气控制元件

（1）自动空气开关。

自动空气开关相当于闸刀开关、熔断器、热继电器和欠压继电器的组合。它除了有接通和断开电路的作用之外，而且当电路发生过载、短路及欠过压故障时，能自动切断故障电路，有效地保护电气设备。在空调系统电气线路中，自动空气开关应用于主电路、控制电路的保护。

（2）接触器。

接触器是用来接通或断开主电路的一种控制电器。在空调系统电气线路中，常用来接通或断开电动机的电源，使电动机启动或停机。

（3）过流继电器。

功能：当电动机的运转电流超过一定值后，过流继电器切断电动机的主电路，使其停机。

（4）空调控制板。

各车厢空调机组的控制和调节功能均由安装在空调控制板内的软件协同电气元件来执行。空调控制板是一个数字控制器，用来处理和评价所有的控制调节数据（信号），如开关状态、温度等，在每节车厢都配有一个空调控制板。空调控制板是空调系统的主要运算、控制和调节单元，控制器、接触器、继电器和断路器等电气部件集成在空调控制板上，安装在车内空调控制柜中。控制器电压为 DC 110 V，可通过数据接口与笔记本式计算机方便地交换数据。

三、控制电路的主要功能

1. 短路保护

设置自动空气开关，防止电气设备及元器件的短路故障，使电路受到损坏。

2. 电机过载保护

在电机接触器的线圈电路中，串联该电机的过流继电器的常闭触点，防止电机运转时过电流对设备及电路的损坏。

3. 顺序联锁保护

为保证不因通风机、冷凝风机的故障影响制冷流程顺利进行，在控制电路中设置顺序联锁保护，对空调机组内的主要的三大电机的启动顺序进行设定，确保其启动先后顺序为通风机、冷凝风机、压缩机。前级不启动，后级禁止启动。通常将前一级电机的接触器的常开触点串入后一级电机的接触器线圈电路内，来实现顺序联锁保护。

4. 压缩机轮换工作

为避免各压缩机的运转时间不均衡，通过控制板进行设置或在电路中设置转换继电器及计时器，保证该功能的实现。

5. 各压缩机顺序启动

由于电机启动电流较大，需要避免压缩机同时启动对供电电网的冲击。通常通过控制板进行设置或在电路中设置时间继电器，使压缩机逐台顺序启动。

6. 压缩机停机重启延时

当压缩机停机后，需间隔一段时间才被允许重新启动，防止系统高、低压尚未平衡而对压缩机造成的损伤。一般设置为 3 min。

7. 压缩机反相保护

螺杆式和涡旋式压缩机属于回转式压缩机，当其电机反向运转时，不但不能对制冷剂进行压缩，而且还可能导致电机发热烧损。此问题通过加设压缩机反相保护器得以解决。

8. 系统压力保护

当吸气压力过低或排气压力过高时，切断压缩机的电源，保护压缩机及整个制冷系统。该功能由高、低压力开关实现。

9. 过压、欠压保护

为防止三相电源电压过高或过低，影响空调系统的正常运行，甚至导致部件损坏，需要对空调系统的三相电源进行监控，当电源电压超过或低于一定数值后，将进行欠过压保护、空调机组停止工作；当电源电压恢复到复位值时，空调机组自动重新启动。

四、空调机组的常见工作模式

1. 手动、自动模式

该功能主要是针对车内的目标温度的设定值而言。一种设定方法是依据 UIC553 曲线，使客室内的目标温度的设定值依据车外环境温度而自动变化，保证车内外一个合适的温度差；另一种是利用在空调控制柜内一个调节旋钮来手动设定客室内的目标温度，这个设定值不与车外环境温度相关联。

根据 UIC553，当环境温度高于 19 ℃时，客室温度将按下式计算：

$$T_{ic} = 22\ ℃ + 0.25 \times (T_e - 19\ ℃)$$

当环境温度低于 19 ℃时，客室温度将维持在 22 ℃，即

$$T_{ic} = 22\ ℃$$

在实际控制过程中,室内温度与目标温度将保持在±1 °C的偏差范围内。

当 $T > 19$ °C 时:
$$T_i = 22 \text{ °C} + 0.25 \times (T_e - 19 \text{ °C}) \pm 1 \text{ °C}$$

当 $T \leq 19$ °C 时:
$$T_i = (22 \pm 1) \text{ °C}$$

式中,T_e 为环境温度;T_i 为室内温度;T_{ic} 为室内目标温度。

2. 通　风

在任何工况下,空调机组的通风机都保持运行。在没有制冷需求的情况下,空调机组仅开启通风机,保证客室一定的气流速度及新风补给、废气排放。

3. 预　冷

空调机组初次开机时,如需制冷,则执行预冷模式。预冷模式下,新风阀关闭,空调机组满负荷制冷,使客室内部迅速降温。当达到结束预冷的温度值,或预冷设定时间 15 min 仍不能降到设定温度时,结束预冷,新风阀开启,自动切换到新、回风混合状态。

4. 制　冷

当客室有制冷需求时,空调控制系统将通过控制空调机组压缩机的启停及能量调节机构的动作,实现 100%、85%、70%、50% 共四挡的制冷能力调节,由空调控制系统根据客室温度自动判断系统需要处于哪一挡制冷状态,如图 8-1-2 所示。

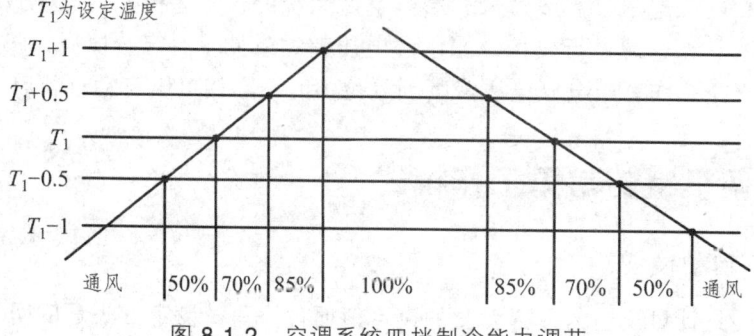

图 8-1-2　空调系统四挡制冷能力调节

5. 紧急通风

满足紧急通风条件后,空调控制板将发送紧急通风信号,机组回风阀关闭,新风阀全开,并且废排风机高速运转。

当交流电源恢复正常,如果接收到列车通信控制系统发来的扩展供电信号,则转入半载模式,同时打开回风阀;如 5 s 内没有接收到扩展供电信号,则转入正常工作状态,同时打开回风阀。

6. 扩展供电运行模式

当一台辅助交流电源出现故障时，由另一台辅助交流电源为整车的空调机组供电。此时由列车通信控制系统发给空调控制板扩展供电信号，空调机组执行扩展供电模式，即每车两台空调机组各以半载模式工作。一旦列车通信控制系统撤销扩展供电信号，则空调机组自动恢复正常状态。空调控制板顺序启动本车剩余的应该启动的压缩机，而原来正在运行的压缩机不停机。

五、空调系统的运行控制

城市轨道交通车辆空调系统以自动控制为主，在自动控制部分发生故障时，可采用手动调节装置。空调机组的工作由微机进行控制，通过微机调节器可控制室温。空调系统中新风口、风道和客室座位下均设有温度传感器，由温度传感器测得的温度值，传递到调节器中进行处理。每节车有一台微机调节器，它控制两个空调单元，可由司机室集中控制或每节车单独控制。

以长客某机车车辆的空调控制系统为例，每辆车的空调控制柜内均设置有集控、本控选择开关。列车正常运行时，选择集控模式，此时整列车所有车辆的空调通风和采暖系统工作状态接受激活司机室指令控制；列车在检修时选择本控模式，车辆将接受本车空调控制柜内功能选择开关的控制，此时空调控制器保持对列车监控系统的通信和状态更新。

司机通过TMS（列车监控显示屏）对空调的设置如图8-1-3所示。

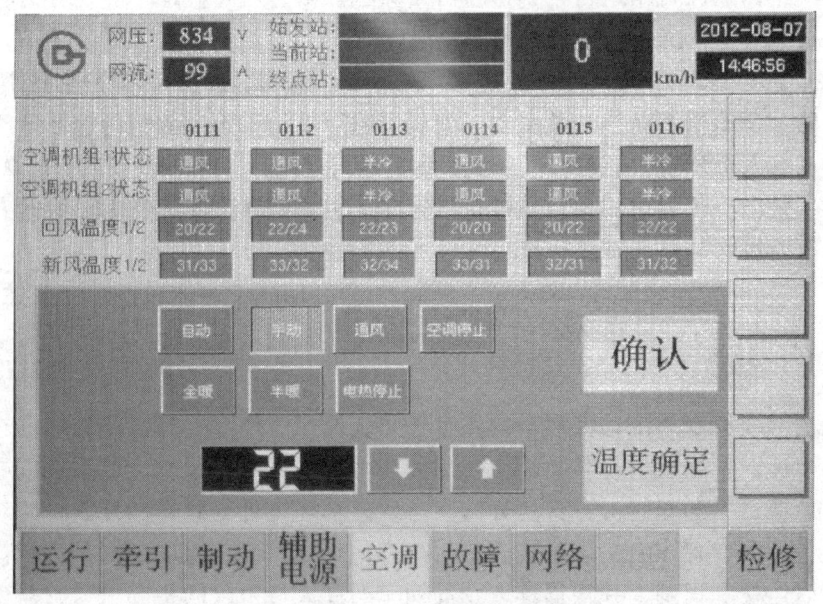

图8-1-3 TMS空调状态显示

1. 集控模式

将每辆车的空调控制柜内选择开关设置为集控有效。在司机室继电器柜内设置有一个空调控制开关，该开关设置有三个位置：自动位、手动位、停止位。

将控制开关打到自动位时，操作 TMS 的触摸键来实现系统的启动、停止、自动、手动、通风、半暖、全暖功能指令控制；TMS 显示器通过与列车监控系统、空调控制器的通信来实现对空调通风和采暖系统的监控和信息传递。

将控制开关打到手动位，则整列车的空调系统自动运行，手动模式对制冷设置温度有效，温度设置范围为 21~28 ℃，其他控制功能同自动模式。

2. 本控模式

车辆在检修时选择本控模式，此时只需将空调控制柜内的选择开关打到"本控位"即可。在本控模式下，空调控制器保持对列车监控系统的通信和状态信息更新，但是不再执行列车监控系统发来的控制命令。本控模式具有下列操作模式：通风、半冷、全冷、半暖、全暖、停止和服务模式。

3. 紧急通风模式

无论空调控制柜内的集控、本控选择开关处于什么位置，只要空调控制器检测到 AC 380 V 失电，空调通风和采暖系统工作电源电路中过流保护断路器闭合而电压检测模块触点断开，在 12 s 的时间内检测到"半载模式准备命令"为 0，空调系统就进入紧急通风。紧急通风时回风口关闭。

运行控制的注意事项：

（1）电机联锁。制冷工况各电机均应按顺序联锁，前级设备未启动，后级设备不允许启动。空调机组内通风机不运行，则两台冷凝风机、两台压缩机均不允许开启；机组内有一台冷凝风机不运行，则两台压缩机均不允许启动。

（2）室外温度低于某一数量值或室内温度低于某一数量值时，禁止开启压缩机。

（3）为防止压缩机频繁启动及多台压缩机同时启动，每台压缩机的控制电路中均设有时间继电器，控制每台压缩机在冷凝风机启动后延时启动，并使多台压缩机按顺序启动。

（4）为了使同一机组中的两台压缩机运行时间尽量一致，在控制电路中设有转换继电器，使两台压缩机在单机工作时轮流工作。

知识拓展

列车通信网络控制系统是将列车的各个子系统及相关外部控制电路的信息进行读取、编码、通信传递、数据逻辑运算及输出控制的一个计算机网络系统。该系统就好比人类的神经系统，能通过手和眼睛对自身所处的状态、外部环境进行感知和控制，并对不同情况作出一定反应。而在列车上，该系统则是对列车的供电状况、速度、列车运行模式等状态信息进行实时监控和识别，并根据读取到的列车驾驶人员发出的指令信息，对列车上各子系统发出相关控制指令，进而使各子系统产生相应的调整控制，以符合设定的功能要求，实现对列车的有效控制。

1. 现场总线技术

现场总线是指安装在生产现场的计算机、控制器及生产设备等连接而成的网络。现场总线一般具有以下特点：

（1）在预定的时间内完成信息的传递，以满足现场实时控制和诊断的需要；

（2）现场总线所传递的信息都是短消息；

（3）牢固可靠，不易出错。

随着微电子技术的不断进步和分布式现场总线技术的迅猛发展，越来越多的城轨列车选择了使用列车通信网络，实现对车载设备的集散式监视、控制和管理，并逐步实现了列车控制的信息化、网络化和智能化。列车控制网络系统的主要特点如下：

（1）集散性：由于列车设备布置的限制，列车通信网络控制系统必须连接到列车各部位的设备上对其进行监视、控制和管理。总线网络在设备布置上有优势。

（2）实时性：列车是运动型的高安全服务设备，因此首要的任务是控制的实时性，特别是高速列车，由于速度很高，环境变化很快，其产生的通信信息不仅信息内容量大，而且对控制命令传输的实时性要求更加严格。

（3）高速通信：由于列车中的设备日益增多，功能日益强大，需要通信的数据量越来越多，高速的网络通信不但为了满足通信数据量的要求，而且为了保证网络的实时性。除了实时数据外，非实时的数据信息也通过同一网络传输。

（4）冗余性：由于列车控制网络系统进行了所有设备的监视、控制和管理，如果网络设备出现问题，将严重影响列车运行，因此需要考虑冗余性，以保证安全。

随着微电子技术的不断进步和分布式现场总线技术的迅猛发展，越来越多的城轨列车选择了使用列车通信网络控制系统，实现对车载设备的集散式监视、控制和管理，并逐步实现了列车控制的信息化、网络化和智能化。

2. 列车总线类型简介

列车通信控制系统主要包括以下几种比较常见的列车总线。

（1）MVB 总线。

列车通信网（Train Communication Network，TCN）是目前运用较为广泛的一种列车控制总线网络，它包括两种总线类型：绞线式列车总线（WTB）和多功能车辆总线（MVB）。

多功能车辆总线 MVB 是用于在列车上设备之间传送和交换数据的标准通信介质。附加在总线上的设备可能在功能、大小、性能上互不相同，但是它们都和 MVB 总线相连，通过 MVB 总线来交换信息，形成一个完整的通信网络。

（2）LonWorks 总线技术。

LonWorks 是一种有强劲实力的现场总线技术，由美国 Echelon 公司推出，并与摩托罗拉、东芝公司共同倡导。它采用了 ISO/OSI 模型的全部七层通信协议，采用了面向对象的设计方法,通过网络变量把网络通信设计简化为参数设置,其通信速率从 300 b/s 至 1.5 Mb/s 不等，直接通信距离可达 2 700 m（78 kb/s，双绞线）支持双绞线、同轴电缆、光纤、射频、红外线、电力线等多种通信介质，并开发了相应的本质安全防爆产品，被誉为通用控制网络。LonWorks 技术所采用的 LonTalk 协议被封装在称之为 Neuron 的神经元芯片中而得以实现。

（3）CAN 总线。

CAN（Controller Area Network）属于现场总线的范畴，它是一种有效支持分布式控制或实时控制的串行通信网络，属于工业现场总线的范畴。与一般的通信总线相比，CAN 总线的数据通信具有突出的可靠性、实时性和灵活性。由于其良好的性能及独特的设计，CAN 总线越来越受到人们的重视。

（4）ARCNET 网络。

ARCNET 令牌环网络现场总线是一种优秀的现场总线。之所以这样说，是因为 ARCNET 能够很好地体现上述现场总线的特点和要求，主要体现在以下几个方面：

① ARCNET 使用令牌传输协议来满足现场总线对时间的要求；

② 由于 ARCNET 使用长度可变的数据，响应时间短，能够满足短消息的应用要求；

③ ARCNET 内置的 16 位 CRC 校验安全码，满足现场总线要求的安全可靠的需要；

④ ARCNET 还具有传输确定性、支持广播消息、支持自动重构、网络布线支持最为灵活等优点。

3. 典型 ARCNET 列车通信控制网络系统介绍

广州地铁 4 号线列车监控系统应用的是 ARCNET 列车总线。它采用的是以中央控制单元（CCU）、本地控制单元（LCU）为核心的列车通信网络架构，是基于现场总线技术的分布式控制系统。

列车管理系统（TMS）集中提供了控制与监视车载系统和设备的功能。列车的操作，车载系统的故障诊断、故障数据记录、事件分析和报告等功能都集成在一个分布式智能系统中。TMS 对列车的控制、监控和诊断都是基于与各子系统的通信的，与 TMS 进行通信的包括以下子系统：牵引系统、制动系统、辅助供电系统、空调系统、车门系统、列车广播系统及乘客信息系统（PIDS）、列车自动控制系统（ATC）及列车无线通信系统。

TMS 主要实现对列车的以下控制功能：牵引控制、制动控制、速度与行驶距离控制、空气压缩机与空调的启动控制。

下面简单介绍空压机与空调的启动顺序控制功能。

为了避免所有空压机同时启动时所造成的冲击电流，TMS 对空压机和空调的启动进行顺序控制。

TMS 通过车辆总线发送启动码给空调系统从而对空调的启动进行控制。TMS 每隔 10 s 改变一次启动码。在制动空压机没有启动时，每个空调系统每隔 40 s 收到一次启动码。

只有当空调控制单元（ACU）收到持续时间为 2 s 的触发信号时，才启动对空调系统的控制。而当已经启动的空调控制单元收到触发信号时，它将忽略此信号。

同时，当 TMS 检测到空压机接触器正在启动时，会将 10 s 的时间间隔调整为 13 s，以避免空调压缩机与制动空压机的同时启动。

下面两张图（图 8-1-4 和图 8-1-5）分别表示了制动空压机未启动和启动时，空压机与空调的启动时序。

TMS 通过 A 车的硬线连接监控空压机接触器的状态。CCU 和 LCU 通过车辆总线向 ACU 发送启动码。

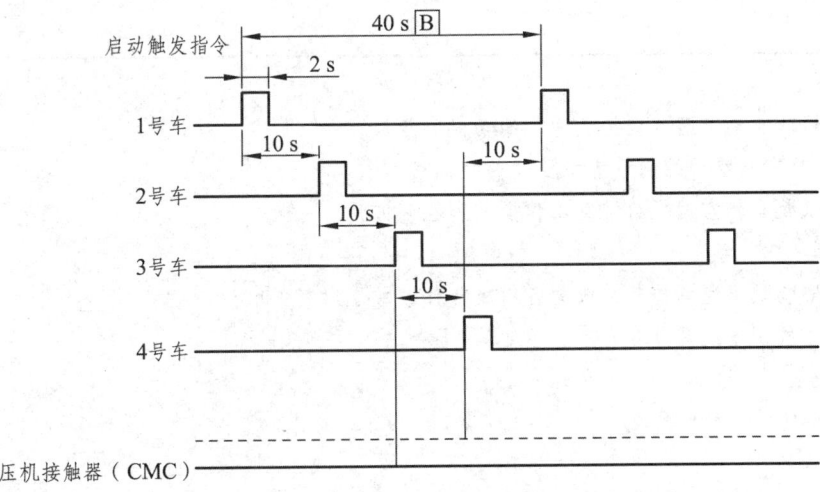

图 8-1-4　空压机未启动时空调启动时序

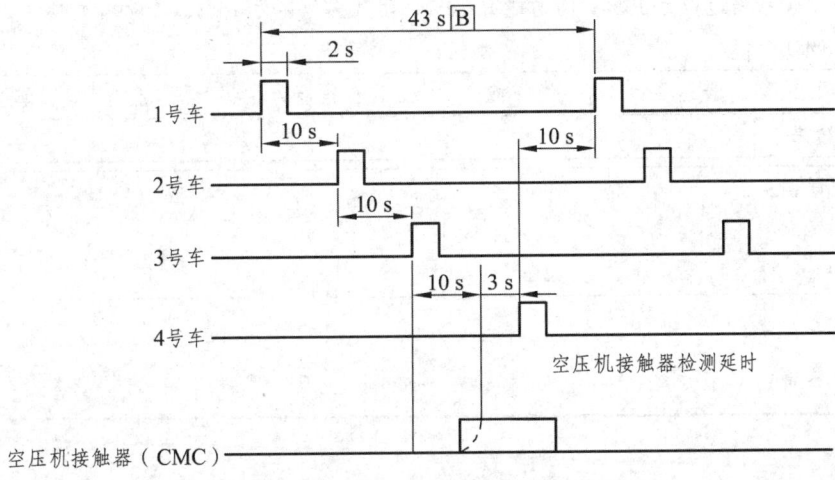

图 8-1-5　空压机启动时空调启动时序

📖 实训项目

实训工作单见表 8-1-1。

表 8-1-1　实训工作单

工作单	空调控制系统的认知		
任务	1. 对照实物找出空调控制系统的各组成部件； 2. 对照实物说出空调压缩机、通风机、冷凝风机的启动顺序； 3. 操作控制系统调节客室目标温度。		
班级		姓名	
学习小组		工作时间	

续表

知识认知：
1. 了解城轨车辆典型空调控制系统的功能和组成；
2. 理解城轨车辆空调控制系统主要部件的作用；
3. 掌握城轨车辆空调机组常见工作模式和控制方法。

能力训练：
1. 对照实物找出空调控制系统的各组成部件，并说出其作用；
2. 能操作控制系统调节客室目标温度。

实训小结：

成绩评定：
职业素养（包括表达能力 15%、沟通能力 15%、团队合作能力 15%、实际操作能力 25%、知识掌握能力 30%）。

评价项目	表达能力	沟通能力	团队合作能力	实际操作能力	知识掌握能力
评价结果					

指导老师评语：

任务完成人签字：　　　　　　　　　　　　日期：　　年　　月　　日
指导老师签字：　　　　　　　　　　　　　日期：　　年　　月　　日

思考与练习

1. 城轨车辆典型空调控制系统由哪些部件组成？
2. 什么情况下紧急逆变器会启动？
3. 简述城轨车辆空调机组常见工作模式。
4. 空调自动控制系统的常见保护功能有哪些？

任务二　典型城轨车辆空调控制系统

任务目标

（1）了解南京地铁 2 号线城轨车辆空调控制系统；
（2）了解深圳地铁 5 号线城轨车辆空调控制系统。

📖 任务准备

一、南京地铁 2 号线城轨车辆空调控制系统

南京地铁 2 号线城轨车辆空调控制系统 KGDC44-1T2 控制盘，具有一定的代表性，是客室空调系统的控制中心。它按设定的程序准确控制着空调系统的正常工作，完成通风、制冷及制暖的手动或自动运行。

1. 操作过程与动作原理

工作过程先闭合主回路开关，然后闭合控制回路 DC 110 V 开关 7Q（如附图 2 和附图 3 所示），空调系统即自动进入工作状态。由传感器检测到车内温度，将其与 PLC 内部设定的温度比较后，自动进行通风、半冷、全冷、制暖、预暖和预冷等工作状态的转换。

1）自检及"ON/OFF"指令

闭合 DC 110 V 电源开关 7Q，PLC 自检成功后，等待接收 TCMS 的"初始化设定信息"，接收到初始化信息，PLC 将执行时钟初始化设定并向 TCMS 发送信号，包括其自检成功结果等。按照 TCMS 发送的要求，当接收到"ON/OFF"指令的 ON 信号（VAC_COnOrder_(car)=0），系统允许启动。当接收到"ON/OFF"指令的 OFF 信号（VAC_COnOrder_(car)=1），系统不允许启动，即系统停机。

2）需要启动指令

根据检测到的室内温度，当需要制冷时，PLC 向 TCMS 发送"启动请求"信号。机组制冷启动完毕前，"启动请求"信号（VAC_ISTD1_(car)=1，VAC_ISTD2_(car)=1）一直保持，当机组启动完成后，将"启动请求"信号复位（VAC_ISTD1_(car)=0，VAC_ISTD2_(car)=0）。

当接收到允许启动信号（VAC_CSTA1_(car)=1，VAC_CSTA2_(car)=1）30 s 后，不管压缩机是否启动完毕，控制系统都将"启动请求"信号复位（VAC_ISTD1_(car)=0，VAC_ISTD2_(car)=0）。

在机组接收"停机"信号（VAC_CStopMod_(car)=1 或 VAC_COnOrder_(car)=1）或达到目标温度停止运行后，若机组需重新启动，PLC 重复执行上述启动动作，发送需要启动的信号。

3）制暖位

由温度采集模块 EM231（1）检测两个回风温度传感器 PT100 的温度值，取其平均值作为室温。系统开机即检测到室内温度≤（$T_{ic}-1$ °C）时，EM223 的 Q2.0、Q2.1、Q3.0 和 Q3.1 输出点动作，接触器 EFK11、EFK12、EFK21 和 EFK22 吸合，四台通风机 EF11、EF12、EF21 和 EF22 运转。延时 15 s 后，EM223 的 Q2.7 和 Q3.7 输出点动作，接触器 HTK1 和 HTK2 吸合，两台电加热 HT1 和 HT2 运行，系统开始制暖。

4）通风位

当室内温度≥（T_{ic}-0.5 ℃）时，Q2.7 和 Q3.7 断开，接触器 HTK1 和 HTK2 断开，系统执行通风工作。

当室内温度下降到（T_{ic}-1 ℃）时，Q2.7 和 Q3.7 动作，其指示灯亮，电加热动作，系统进入制暖状态。当室内温度重新回升到（T_{ic}-0.5 ℃）时，重新执行上述动作，系统进入通风状态。

5）半冷位

当室内温度继续升高，室内温度≥（T_{ic}+0.5 ℃）时，则 PLC 向 TCMS 发送"启动请求"信号，（VAC_ISTD1(car)=1，VAC_ISTD2_(car)=1）。同时 EM223 的 Q2.2、Q2.3、Q3.2、Q3.3 动作，接触器 CFK11、CFK12、CFK21、CFK22 吸合，机组 1 的两台冷凝风机 CF11 和 CF12 和机组 2 的两台冷凝风机 CF21 和 CF22 运转。延时 15 s 后，当接收到"机组 1 允许启动"信号（VAC_CSTA1_(car)=1）后，EM223 的 Q2.4 动作，接触器 CPK11 吸合，机组 1 的压缩机 CP1 的线圈 1 投入运行。再延时 0.5 s 后，EM223 的 Q2.5 输出点动作，接触器 CPK12 吸合，线圈 2 投入运行。当接收到"机组 2 允许启动"信号（VAC_CSTA2_(car)=1）后，EDM23 的 Q3.4 动作，接触器 CPK21 吸合，机组 2 的压缩机 CP2 的线圈 1 投入运行。然后延时 0.5 s 后，EM223 的 Q3.5 输出点动作，接触器 CPK22 吸合，线圈 2 投入。此时机组 2 进入半冷状态。

当温度下降到 T_{ic} 以下时，机组 1 压缩机 CP1 和机组 2 压缩机 CP2 停止运行，系统又进入通风状态。

如果温度继续回升到超过（T_{ic}+0.5 ℃）时，重新执行上述动作，系统进入半冷状态。如此反复。

6）全冷位

在半冷状态下当室内温度继续升高，室内温度≥（T_{ic}+1.5 ℃）时，两台压缩机的容量控制电磁阀均动作，机组处于全冷状态。

如系统起机时，室内温度≥（T_{ic}+1.5 ℃），则 PLC 向 TCMS 发送"启动请求"信号，（VAC_ISTD1_(car)=1，VAC_ISTD2_(car)=1）。同时 EM223 的 Q2.2、Q2.3、Q3.2、Q3.3 动作接触器 CFK11、CFK12、CFK21、CFK22 吸合，机组 1 的两台冷凝风机 CF11 和 CF12 和机组 2 的两台冷凝风机 CF21 和 CF22 运转。延时 15 s 后，当接收到"机组 1 允许启动"信号（VAC_CSTA1(car)=1）后，EM233 的 Q2.4 动作，接触器 CPK11 吸合，机组 1 的压缩机 CP1 的线圈 1 投入运行，再延时 0.5 s 后，EM23 的 Q2.5 输出点动作，接触器 CPK12 吸合，线圈 2 投入运行。CP1 线圈 1 运行 10 s 后，Q2.6 动作，压缩机电磁阀工作，当接收到"机组 2 允许启动"信号（VAC-CSTA2-(car)=1）后，EM223 的 Q3.4 动作，接触器 CPK21 吸合，机组 2 的压缩机 CP2 的线圈 1 投入运行。然后再延时 0.5 s 后，EM223 的 Q3.5 输出点动作，接触器 CPK22 吸合，线圈 2 投入。CP2 线圈 1 运行 10 s 后，Q3.6 动作，压缩机电磁阀工作。此时机组 2 处在全冷状态。

当室内温度降到（T_{ic}+1 ℃）以下时，压缩机的容量控制电磁阀均断电停止工作，此时机组又执行半冷操作。

当室内温度重新回升到 $\geqslant$（T_{ic}+1.5 ℃）时，容量电磁阀重新又得电工作，系统又处于全冷状态。如此反复。

7）预冷

如果系统一开机即检测到室内温度 $\geqslant$31.5 ℃，则执行预冷状态。首先四台通风机均运行，然后 PLC 向 TCMS 发出"启动请求"信号（VAC_ISTD1(car)=1，VAC_ISTD2_(car)=1），同时 Q0.1、Q0.2 点动作，新风阀关闭，回风阀打开，延时 90 s 后两点断开。以下动作同开机后第一次进入全冷相同。当室内温度降到 30 ℃ 以下，或者预冷持续 30 min 后，预冷状态结束，此时系统仍处于全冷状态，且 Q0.0、Q0.2 动作，新风阀、回风阀均打开，延时 90 s 后两点断开。

8）预热

如果系统一开机即检测到室内温度 $\leqslant$14 ℃，则执行预热状态，首先四台通风机均运行，后续电加热启动，同时新风阀关闭，回风阀打开。当室内温度升到 18 ℃ 以上，或者预热持续 30 min 后，预热状态结束，新风阀、回风阀均打开。

9）紧急通风

当 PLC 启动后，Q0.4 动作，并发送"允许启动"信号给紧急通风逆变器。当紧急通风逆变器检测到两个辅助逆变器故障后，发给控制柜紧急通风信号，端子排 G30 和 P24 接通，CPUP224XP 的 I0.4 点动作，证明控制柜已接收到此信号。紧急通风信号输入后，EM223 断开所有电机的输出。当紧急通风信号消失，PLC 控制自动切换回正常状态。按检测的室温值，投入相应工作状态。当紧急通风状态运行至 45 min 时，紧急逆变器将自动切断其主回路，停止紧急通风。PLC 将切断所有电机触点直到紧急通风信号消失。

当 TCMS 发送的"ON/OFF"指令为 ON 信号（VAC_COnOrder_(car)=0），并且主回路失电，机组开始紧急通风。当"ON/OFF"指令为 OFF 信号（VAC_COnOrder_(car)=1），并且主回路电源失电，机组处于待机模式，不采取紧急通风。

如 PLC 控制器发生故障，则无论两个辅助逆变器正常与否，紧急逆变器均会启动，执行紧急通风。

10）风阀动作与压缩机电磁阀状态

启机时执行打开新风阀和回风阀的动作，具体为：每次启机时 Q0.0 和 Q0.2 动作，延时 90 s 后两点断开。

通风状态：新风阀全开，回风阀全开。

制冷状态：新风阀全开，回风阀全开。

制暖状态：新风阀全开，回风阀全开。

紧急通风状态：新风阀全开，回风阀全关。

预冷状态：新风阀全关，回风阀全开。

预暖状态：新风阀全关，回风阀全开。

预冷或预暖结时，Q0.0、Q0.2 动作，打开新风阀，且延时 90 s 后断开。

紧急通风结束时，Q0.0、Q0.2 动作，打开回风阀，且延时 90 s 后断开。

每个压缩机有 1 个电磁阀，当机组工作在半冷状态时，电磁阀不动作；机组工作在全冷时电磁阀动作，压缩机全负荷运行。

2. 故障状态的指示情况

（1）通风机过载保护（PLC 相应指示灯亮），PLC 接收到此信号时，该机组除另一通风机正常运行外，断开其他所有电机输出。

（2）冷凝风机过载保护（PLC 相应指示灯亮），PLC 接收到此信号时，断开该机组所有冷凝风机和压缩机输出。

（3）压缩机过载保护（PLC 相应指示灯亮），断开该故障压缩机输出，此压缩机停机，锁死故障。

（4）压缩机高压压力异常（PLC 相应指示灯灭），PLC 接收到此信号时，断开该故障压缩机的接触器和电磁阀的所有输出。当第一次压力保护动作，压缩机停机，压力恢复后延时 240 s 后压缩机重新投入运行，执行原状态（半冷或全冷）；如压力保护第二次动作，则压缩机停机，压力恢复后延时 240 s 后投入半冷（若原状态全冷）；第二次保护动作后执行半冷时如压力保护第三次动作，则压缩机停机，锁死故障，如压力保护一直未动作则半冷执行 50 min 后转为原状态。

（5）压缩机低压压力异常（PLC 相应指示灯灭），PLC 接收到此信号时，断开该故障压缩机的接触器和电磁阀的所有输出。从第一次压力开关动作开始计时，在 1 h 以内，如果压力开关动作次数小于三次，则每次压力恢复后延时 120 s 压缩机重新投入运行，执行原状态；如压力保护第三次动作，则压缩机停机，且锁死故障。压力开关动作计时够 1 h 后，压力开关动作次数清零，从下一次压力开关动作时重新计时和重新计算压力保护次数。

（6）压缩机电机转向或绕组温度异常（PLC 相应指示灯灭），PLC 接收到此信号时，断开该故障压缩机的接触器和电磁阀的所有输出。故障时 PLC 锁死故障，只有故障消除，并且控制盘重新启动后，机组才能再次启动。

（7）机组的电加热温度保护动作（PLC 相应指示灯灭），PLC 接收到此信号时，断开电加热的输出点，该机组的电加热停止工作。

（8）空气压差开关动作：在通风机工作的情况下，空气压差信号消失（PLC 相应指示灯灭），如在制暖的情况下，则 PLC 停止一切输出。必须故障排除后，断开 7Q 后再闭合，才可再次运行。

（9）室外温度范围高于 60 ℃ 或低于 -50 ℃ 视为超范围。新风温度传感器之一超范围，则取无故障传感器的值作为室外气温温度。如果两个温度模块均故障（可用将传感器开路或短路来模拟），则执行工作状态通风。

3. 空调控制系统的保护功能

1）过欠压保护

当 1 号机组过欠压保护持续时间为 2 s 时，EM223 中机组 1 的所有输出均停止，当过欠压保护复位 2 min 后，空调机组 1 自动重新启动。

当 2 号机组过欠压保护持续时间为 2 s 时，EM223 中机组 2 的所有输出均停止。当过欠压保护复位 2 min 后，空调机组 2 自动重新启动。

2）PLC 与 TCMS 通信异常

当 SA1（工作模式开关）在"自动"位时，空调机组受 TCMS 控制。当 PLC 和 TCMS 之间的通信故障时：

若 PLC 处于通风模式，空调机组保持通风模式。

若 PLC 处于停止模式，空调机组保持停止模式，2 min 以后，执行通风模式。

若 PLC 处于自动调节工作模式，空调机组工作在相应的工作模式，直到达到设定温度后压缩机停机，此后不会再启动任何一个压缩机。

总之，整个系统有短路保护功能；电源有过欠压保护功能；制冷系统有高压压力和低压压力保护功能；所有的电机均具备过载保护；电加热具有两级温度保护，一级保护为自动复位，二级保护需要手动复位；装有空气压差开关，保证正常通风时才可开启电加热，以保证安全。

4. 通　信

PLC 有两个通信接口，一个与 TCMS 进行通信（RS485），另一个与笔记本式计算机进行通信（由 RS485 通过一根电缆转换为 USB 口）。

5. 监　控

用外接计算机，可以查询的内容有：

（1）室外温度（两机组传感器检测的实时温度的平均值）。

（2）车厢温度（两机组传感器检测的实时温度的平均值）。

（3）设定温度。

（4）当前空调机组的运行状态。

（5）机组各电机的运行情况。

（6）故障信息包括当前故障及历史故障（每个机组存储 10 条历史故障）。

（7）机组和控制盘的序列号。

（8）压缩机的工作时间。

二、深圳地铁 5 号线车辆空调控制系统

深圳地铁 5 号线车辆的列车网络采用西门子 SIBAS32 系统，能高速、大容量地传输信息，具有强大的诊断、控制功能。空调控制系统通过 MVB 网卡与列车总线网络连接，实现与列车控制单元 VCU 的网络通信。司机室发出的命令信号以及 VCU 发布的控制指令通过列车 MVB 网络发送给空调控制系统；同时，空调控制系统也能通过列车网络将状态信息或故障信息反馈至 VCU，并在司机室显示器 MMI 上显示。

1. 控制命令传输

深圳地铁 5 号线车辆充分利用西门子网络的可靠性，空调开关命令通过网络传输。

司机台上三个按钮："开整列车空调"和"开 A 车空调"均是带白色指示灯的按钮，"关空调"是带红色指示灯的按钮。按钮按下后，SKS 采集到开/关空调的脉冲信号，并发送相

应的电平信号,驱动指示灯点亮。这样,空调的开关命令、换端时空调状态保持功能和灯的驱动全部通过软件实现,不要任何列车线,大大简化了空调的控制电路和布线工作。

2. 工作模式

1) 正常工作

一列车上的 6 台辅助逆变器都正常工作时,空调机组正常工作。空调机组的核心部件是压缩机,机组的主要功率也消耗在压缩机上。针对压缩机启动时产生短时冲击电流的特点,全列车的所有压缩机应设计成顺序启动,由 VCU 循环发送允许指令,产生不同延时,分别送至各车辆,各车辆依次按接收指令顺序执行操作,以避免同时启动带给辅助电源较大的冲击电流。

如图 8-2-1 所示,在每个循环周期内,VCU 一个接一个地给每节车的空调机组 1 和机组 2 分别传输一个 2 s 宽的允许信号,即 "Cmdreleasecomp_=1",两个允许信号之间间隔为 0.5 s。在每个循环周期内,当 VCU 检测到有空气压缩机启动请求时,将空调启动信号允许间隔改为 7 s,增加的 5 s 允许空气压缩机启动。

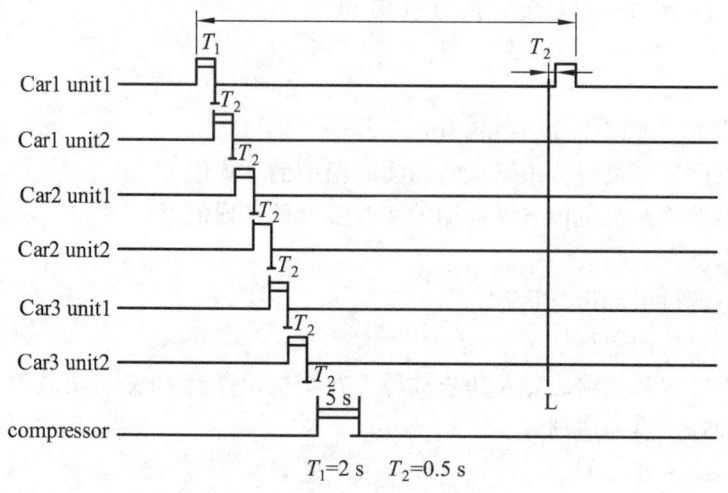

$T_1=2$ s $T_2=0.5$ s

图 8-2-1 压缩机启动顺序

2) 减载模式

当部分辅助逆变器故障时,其他的辅助逆变器自动通过列车母线为全列车提供电源,即扩展供电,这时大部分辅助设备需要减载运行,空调机组也将根据 VCU 所发出的信号,自动运行在减载模式:

(1) 1 台辅助逆变器故障,将切除每个 C 车 1 位端空调单元各 2 台空调压缩机。

(2) 2 台辅助逆变器故障,VCU 给 B、C 车空调控制单元发减载命令,空调控制器收到此命令将切除每个空调单元各 2 台空调压缩机,保证动车 50% 制冷。

(3) 4 台或 5 台辅助逆变器故障,VCU 给所有空调控制单元发减载命令,则全列车空调压缩机全部切除,仅保留通风。

3) 紧急通风模式

当系统满足下列任意一个条件,系统处于紧急通风模式:

（1）当 MVB 网络故障或无网络时，即在非激活供电情况下，空调系统自动进入紧急通风模式。

（2）当 VCU 接收到"空调开"命令，但三相 380 V、50 Hz 交流电源供电发生故障时，VCU 进行判断并传输紧急通风指令到空调控制器。

紧急通风模式下回风门关闭，新风门打开，送风机由紧急逆变器供电工作，压缩机、冷凝风机等设备停止运行。紧急通风模式的运行以取消"紧急通风"命令停止，若持续收到"紧急通风"命令，则至少运行 45 min，直至蓄电池馈电。紧急通风模式应在 MMI 上显示。当交流电源恢复正常后，空调和通风系统将自动恢复正常运行状态。

3. 预冷功能

一般地，地铁车辆在发车前需要对车厢进行预冷，以便旅客一上车就有一个舒适的温度。深圳地铁 5 号线车辆空调系统每天第一次启动期间，空调控制器将判断是否需要预制冷。当启动预冷后，空调新风门关闭，回风门打开，以使客室内迅速达到目标温度。当客室内温度达到目标温度，或系统接收到"退出预冷"信号，或"预冷子模式"运行时间超过 15 min，则"预冷子模式"结束。

司机可以通过按 MMI 上的按钮"pre cooling stop"来取消预冷模式，此取消信号将通过 MVB 车辆总线传送给列车所有的空调控制器，通过此方式改善空调机组的预冷时间，可以达到节能的目的。

4. 新风量调节

特别是在夏天，车厢内很容易充满食品的气味、人体味等各种气味，所以车上乘客越多，所需新风量越大，但新风门开得太大，又不利于节能。VCU 将根据载荷信号对新风量分挡调节，以节约能源。

深圳地铁 5 号线车辆 VCU 根据载荷信号可以控制新风量进行 3 挡调节：

（1）当载客量小于 100 人时，VCU 将载荷信号 1 送给空调控制器，它将控制新风门的开度为 30%；

（2）当列车载客大于 100 人，小于 310 人时，VCU 将载荷信号 2 送给空调控制器，它将控制新风门的开度为 70%；

（3）如果载客数大于 310 人，则全开。

5. 火灾模式

一旦隧道中发生火灾，为防止烟雾进入车厢，司机必须按 MMI 上的软键"关新风"，VCU 将发送一个 2 s 的脉冲信号给空调控制器，空调机组新风门关闭。

6. 温度设定

可以在司机室通过 MMI 对整列车空调的温度进行调节，也可通过每辆车内的温度选择开关装置来调整，优先执行温度选择开关的设置。司机室 MMI 界面上包含整车内空调系统模式的设置，可通过上/下指针选择区域，按下相应按钮更改设置。如选择"温度模式"，可操作"自动"或"手动"按钮；如选择"手动选择"，可操作"-2K""-1K""+1K""+2K"等按钮。

每节车上装有 2 个回风温度传感器，客室的实际温度可由 VCU 通过"Temp_retum_air_1"和"Temp__return_air2"计算得到，并显示在 MMI 上。

温度模式能在 MMI 屏上被选择：如果在 MMI 上选择"自动"模式，VCU 将把命令信号"Cmd_UIC_automatic=1"通过 MVB 车辆总线送给每个空调控制器，空调控制器将根据客车车厢的通风、供暖和空调标准（UIC 553—2003）推荐的设定温度曲线自动设定车内温度；如果在 MMI 上选择手动"模式，温度偏差值能通过 MMI 上 4 个软按钮来设定，每按一次按钮，标准 UIC 553—2003 推荐的设定温度曲线将相应降低 2K、1K，或增加 2K、1K。

在每节车空调电气柜中的控制板上设有空调系统控制选择按钮，能够对空调系统的控制模式进行选择。处于温度选择的 19 ℃、21 ℃、23 ℃、25 ℃、26 ℃、27 ℃ 挡位时，空调控制系统按照设定的温度对车厢内温度进行控制。在自动位时，车内温度应按照标准 UIC 553—2003 推荐的设定温度曲线进行调节。

思考与练习

1. 简述深圳地铁 5 号线车辆空调控制开关如何实现功能。
2. 南京地铁 2 号线城轨车辆空调控制系统有哪些工作模式？
3. 载客量不同时，深圳地铁 5 号线车辆新风量如何调节？

项目九 空调装置安装调试

【项目描述】

空调与制冷系统是由各种空调装置组成的封闭系统,空调装置的正确安装、调试及操作直接影响到空调与制冷系统是否能够安全、正常、长期运转。制冷系统的气密性是检测和衡量制冷装置质量与安装的一个重要指标,因为系统的泄漏不仅造成制冷剂渗出或外界空气进入,影响制冷装置正常运行,而且还造成经济损失,污染环境。

本项目对制冷系统及管路的安装与接管、压力检漏、真空检漏等制冷系统的检漏方法,以及制冷剂的充注等方面做了详细介绍,并介绍了安装中涉及的部分工具、仪表的使用方法。

【学习目标】

目标类型	目标要求
知识目标	(1) 了解制冷系统中各制冷装置的安装与管路连接方法; (2) 掌握常用的制冷系统检漏方法; (3) 了解系统制冷剂和润滑油的充注方式; (4) 了解制冷系统的日常保养和维护; (5) 掌握空调系统相关常用工具、仪表的使用方法
能力目标	(1) 能进行铜管制作; (2) 能进行系统检漏; (3) 能进行制冷剂的回收及充注; (4) 能进行系统的日常保养
情感目标	(1) 能进行团队协作; (2) 积极参与学习过程,遵守秩序,服从安排

【建议学时】

8学时。

任务一 制冷设备的安装

任务目标

(1) 掌握空调装置的安装原则和操作过程中的注意事项;

（2）了解制冷设备各部件的安装特点、管路的选材及不同的连接方式；

（3）掌握常用的制冷系统检漏方法；

（4）了解制冷剂和润滑油的充注方法。

任务准备

空调与制冷系统的正确安装、操作及调试对于其能否安全有效、长期稳定运转至关重要。因此，在安装过程中应注意：制冷设备开箱检查时，应根据设备装箱清单、说明书、合格证、检查记录和必要的装配图及其他技术文件，核对型号、规格及全部零件、部件、附属材料和专用工具；检查主体和零部件表面有无缺损和锈蚀等情况；确认设备充填的保护气体应无泄漏，油封应完好。开箱检查后，设备应采取保护措施，不宜过早或任意拆除，以免设备受损。

与其他机械装置相比，空调装置有其特殊性，安装时必须考虑下列情况：

（1）所有设备及其管路均为受压容器，制冷系统为封闭系统，不允许系统内的制冷剂外漏，也不允许环境空气进入系统，因而对设备及管路均要求有一定的强度和严格的气密性。对存放已久、锈蚀严重的设备，必要时应进行强度和气密性试验。

（2）设备及管路内必须彻底清除氧化皮、焊渣及其他杂质，以免损坏压缩机气缸或堵塞管道，使制冷系统无法正常运行。

（3）使用氟利昂的设备和管道，安装前和安装中必须保持干燥。

一、制冷装置安装原则

与其他机械装置相比，空调装置有其特殊性，安装时需要考虑以下各种情况：

（1）在保证工作人员安全操作的前提下，制冷装置各设备应远离热源，且彼此之间应尽量靠近，从而减小连接管道尺寸，管道中的流动阻力损失和冷量损失也会相应地减少。

（2）冷凝器的安装位置应高于储液器，方便冷凝器的出液。

（3）机组仪表盘应安装在便于工作人员操作和观察的位置。

（4）整体管路布置应规范、合理且美观，尽量减少不必要的弯头。设备及管路内必须彻底清除氧化皮、焊渣及其他杂质，以免损坏压缩机气缸或堵塞管道，使制冷系统无法正常运行。其中对氟利昂制冷系统，需考虑润滑油回流压缩机的问题。

（5）对于需要包扎隔热层的管路，应当在制冷系统检漏完成并确认无泄漏后进行操作。

二、各部件的安装

1. 压缩机的安装

大修后或新置的压缩机，在安装前应做如下工作：

（1）清洁压缩机，使外观表面干净清洁，无锈蚀，用平锉将压缩机电机引线端子打磨平滑。

（2）进行压缩机绝缘性能试验，用 500 V 兆欧表测量压缩机电机对壳体绝缘电阻的阻值应不低于 5 MΩ，若是三相绕组电阻值平衡度达不到则更换新品。

（3）进行压缩机排气量试验，可将压缩机置于试验台上进行试验，若排气量低于原设计参数的 90%，则需更换新品。试验结束后需加一定量的冷冻机油。

上述准备工作完成后，将压缩机与机座固定，注意放平、防振，确保机组在运行过程中不会产生任何位移或转动。

2. 辅助设备的安装

制冷系统的辅助设备主要包含冷凝器、蒸发器和储液器等设备，这些设备在安装前应做好清洁工作，并确认所有设备状态良好，必要时可进行耐压和检漏试验。在安装过程中，需在安装支架或吊架上放置胶垫或木垫，确保在车辆振动和机组运转时，各部分设备不会产生任何位移或松动。

储液器的安装位置应低于冷凝器，安装高度必须保证冷凝器中的制冷剂能顺利流到储液器中，当冷凝器与储液器间没有均压管时，冷凝器的底部必须高于储液器进口阀 300 mm 以上。另外，储液器上还应装视液镜和进出口截止阀。

蒸发器的安装应保证空气良好对流和制冷剂的顺利回气、回油，并应牢固地安装在固定支架上。

膨胀阀的安装位置应靠近蒸发器，阀体应垂直放置，不能倾斜和倒置。为使感温系统内充注的液体始终保持在感温包内，感温包的位置较阀体应装得低些。

感温包应安装在蒸发器出口的回气管上，尽可能选在水平管路段，距离压缩机回气截止阀 1.5 m 以上，紧贴管壁并用软质泡沫塑料薄膜包扎。如果回气管外径大于 20 mm，应将感温包包扎在回气管水平轴线以下 45° 范围内，一般取 30° 的位置。

除制造厂商铅封的安全阀之外，其余各种阀门在安装前首先应逐个拆卸清洗，去除表面油污、铁锈等杂质，并仔细检查阀瓣和阀座的接触是否密封良好。还需要对阀门进行强度试验和密封性试验。其中强度试验主要是检验阀体材料的承压性能，试验时开启阀门的关闭件，压缩空气从阀体的一端进入，另一端封闭，然后进行升压直至达到试验压力，一般是工作压力的 1.25 倍，并保持一段时间，若无渗漏则合格。阀门的密封性试验主要是检验阀瓣和阀座的密封面、阀盖和阀体的密封垫等密封程度，其试验压力为阀门的公称压力。如果是采用水、空气等介质的阀门，则用水来进行密封性试验即可。需要注意的是，所有阀门必须安装平直，禁止阀门手柄朝下。各种阀的安装应遵循低进高出的原则，即工质从阀芯下面朝着阀芯而进。如果阀体上标有箭头，则按照箭头方向安装。尺寸大的阀应有固定支座进行固定。

浮球阀、电磁阀和浮球式液位指示器等，在安装前需进行单体动作灵敏度的试验，并检验其密封性。电磁阀应垂直朝上安装，不能水平或倒置安装，避免影响阀门的开闭。安全阀平时应铅封呈开启状态，不得关闭。

三、管路的安装及连接

1. 管道材料

由于管路与制冷剂、润滑油等直接接触，故应选用不被这些物质所腐蚀或产生其他有害作用的材料。管路材料通常选用紫铜管和无缝钢管，其规格以"外径×壁厚"表示。氨制冷系统均采用无缝钢管，且内壁不得镀锌。氟利昂制冷系统可采用铜管，也可采用无缝钢管，一般管径在 25 mm 以下时，均采用紫铜管；大于 25 mm 时，大多采用无缝钢管，且内壁不宜镀锌。

1）紫铜管

紫铜管质地较软，韧性好，易弯曲加工，耐腐蚀，管壁光滑，适用于温度低于 250 ℃ 的制冷管路中，在制冷工程中应用广泛。紫铜管安装前应仔细清洗，可用四氯化碳擦洗。如管内残留氧化皮等污物时，可用 20% 的硫酸溶液进行酸洗，然后用冷水冲洗，再用 3% ~ 5% 的硫酸钠溶液中和，最后用冷水冲洗并吹干，封存后待用。

2）无缝钢管

无缝钢管有热轧无缝钢管和冷拔无缝钢管，制冷工程中常用热轧无缝钢管。国内生产的热轧无缝钢管的外径为 32 ~ 63 mm，其质地均匀，强度高，内壁光滑，易于加工。无缝钢管安装前通常用汽油或二氯乙烯清洗，洗净后用压缩空气吹净。

管道的焊接，螺纹连接的全接头连接和半接头连接都需要扩管。一般管口的形状有喇叭口和圆柱形口，喇叭口形状的管口主要用于螺纹接头或者不适合对插接口时的连接场合，目的是确保对接口部位的强度和密封性；圆柱形管口主要在两个铜管连接时，一个管插入另一个管的管径内使用。通常采用扩管器可制作铜管的喇叭口和圆柱形口。

2. 管道加工

1）切管

切断紫铜管、铝管时一般都使用专用的切管器（见图 9-1-1）。使用切管器切割，具有管口整齐光洁、适宜扩口的优点。而用手工锯割往往会因操作不当而将铜管夹扁变形，且容易使锯屑落入管内，增加清洗管道的麻烦。切管时还需对管道进行校直。

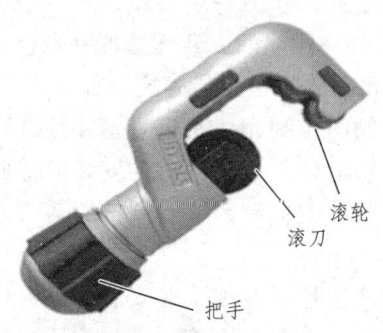

图 9-1-1　手动切管器

切管操作步骤：

（1）首先在被割管材上，划出切割线。

（2）将管子套到切管器的两个滚轮和一个滚刀之间，刀刃对准管子切断线，拧动把手，使滚轮夹紧管子。

（3）边转动切管器边拧把手，滚刀不断切入管壁，直至切断为止。

（4）切管器切割管子，因管口受到滚刀的挤压，内径缩小，增加管道的阻力，故在切割后须用绞刀插入管口，刮去管口缩小的部分。

2）扩管

管道的连接都需要扩管（见图9-1-2）。采用扩管器（胀管器），可制作铜管的喇叭口和圆柱形口。喇叭口形状的管口用于螺纹接头或不适于对插接口时的连接，目的是保证对接口部位的密封性和强度，如图9-1-3所示。圆柱形口则是在两个铜管连接时，一个管插入另一个管的管径内使用。

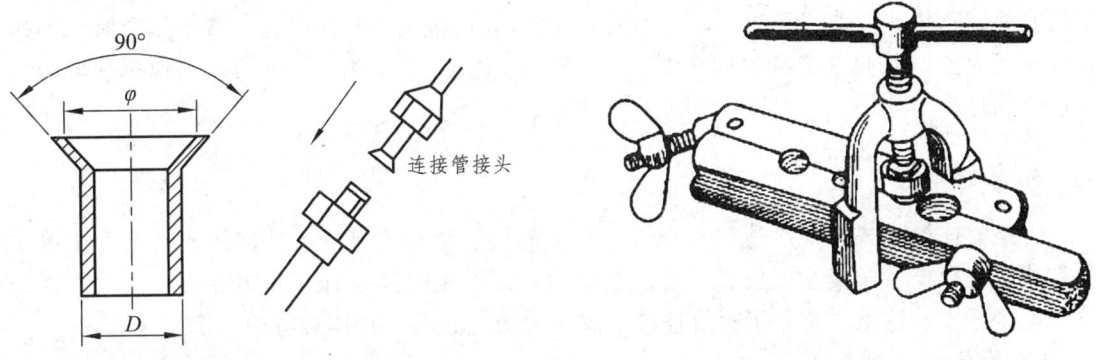

图9-1-2 扩口与连接　　　　　　图9-1-3 喇叭口胀管器

扩管时，首先铜管的扩口端局部退火，使其软化；然后挫平，去掉管口毛刺与飞边，套上接口螺母；将铜管放入对应孔径的夹具内，铜管露出夹具的高度为直径的1/5，拧紧夹具的紧固螺母；转动把手使锥形顶头压在管口上，缓慢转动螺杆，将管口挤压成喇叭形；然后与接头螺母连接。

当旋紧接头螺母时，应轻轻摇动铜管，使喇叭口均匀贴合在接管座与接扣螺母中的锥体之间。扩口时喇叭口处不应有裂纹，否则会产生泄漏。

3）弯管

管路的弯曲是不可避免的，通常可采用标准弯头，自行弯制时有冷弯和热弯两种方法。冷弯一般在弯管机上进行弯曲，特别是管壁较厚、管径较大的铜管，用弯管机弯曲时不易产生管壁凹陷或皱折。对于管径较小的铜管，冷弯时用手动弯管器（见图9-1-4）即可。

图9-1-4 手动弯管器

热弯是用火炉或气焊先把管子加热，然后用人工或机械的方法使管子弯曲。为保持弯曲断面不变形,应在管内填充干净砂子(砂用水洗后热炒,排除水分),两头堵死后加热需弯曲部位,当表面出现掉皮且呈樱红色时,把一端卡在固定平台上用人工或机械使其弯曲到所需要的角度。

管子在弯曲过程中应注意:在弯曲到所需角度后,应浇水,以免弯曲过度;若发现管壁出现凹凸的症状时也应浇水,防止凹凸更加严重。热弯管道时,不允许加热两次,以防影响金属的材质和强度。管子弯好后,将砂子倒出,用圆钢丝刷清洗内壁,然后做防锈处理或其他处理。

在氟利昂制冷工程中,管道的弯曲半径通常为($5 \sim 6$)d(d为管子外径);在其他制冷剂的制冷装置中,弯曲半径为($4 \sim 5$)d,大管宜采用偏大的弯曲半径。管子热弯时,加热长度一般为 $6d$,加热前应标定加热中心(即弯曲中心),并从中心向两边画出加热长度的一半进行加热。

3. 管路连接

管路的连接方式有螺纹连接、焊接、法兰连接、承插连接、卡套连接及其他连接等多种方式,应根据管子类型、管径、介质、压力、腐蚀情况及设计要求等综合考虑来选择合适的连接方式。这里主要介绍螺纹连接、焊接和法兰连接三种连接方式。

1)螺纹连接

螺纹连接是一种广泛使用的可拆卸的固定连接,具有结构简单、连接可靠和装拆方便等优点。管径在 25 mm 及以下的小外径管道与设备和阀门连接时可以采用螺纹连接。紫铜管的螺纹连接有全接头连接和半接头连接两种形式,如图 9-1-5 所示。

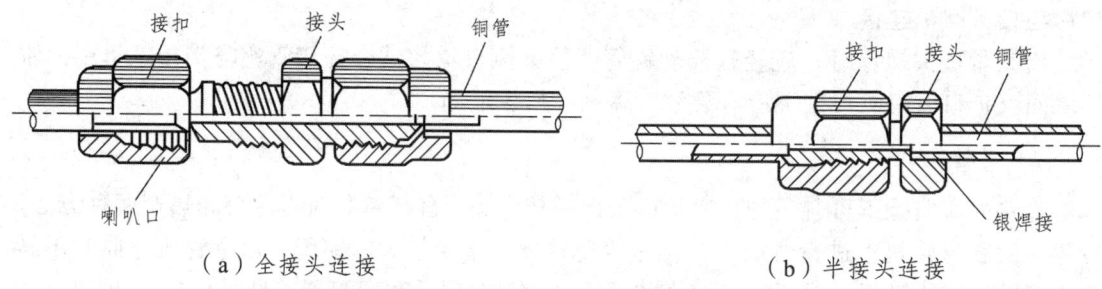

(a)全接头连接 　　　　　(b)半接头连接

图 9-1-5　紫铜管的螺纹连接

全接头连接即两端都为螺纹连接,而半接头连接即左面铜管用螺纹连接,右面铜管与接头焊接。紫铜管的螺纹连接是在紫铜管套上接扣后,管口用扩口工具夹住,再把管口胀成喇叭口形,然后将接扣和接头螺纹拧紧即可。

2)焊接

焊接连接是管道工程中最重要且应用最广泛的连接方式(见图 9-1-6)。其主要优点是:接口牢固耐久,不易渗漏,接头强度和严密性高,使用后不需要经常管理。紫铜管的连接可采用银钎焊或铜焊。其中银钎焊的焊接温度低,焊料流动性好;而铜焊的焊接强度高,价格较便宜,但所需温度高,焊接时容易产生氧化皮。

相同直径管子在钎焊时,应采用插入式焊接的方式,将其中一根管子的一端用刚冲模扩口，然后用砂布将焊接处打磨平后插入压紧，防止焊料从间隙处流进管内，再将另一根紫铜管插入即可，焊接时将管口处均匀加热，撒上硼砂粉再焊接。

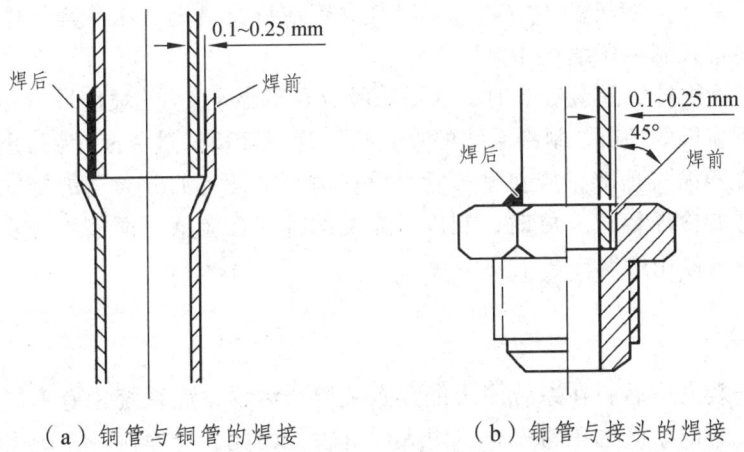

（a）铜管与铜管的焊接　　　　　（b）铜管与接头的焊接

图 9-1-6　铜管与其配合件的焊接

管路焊接后，经校漏发现有渗漏点时，必须进行补焊，补焊时应注意以下几点：

（1）不可在管路系统中有压力存在时进行补漏，否则，操作即不安全，补焊质量也得不到保证；

（2）补焊前应清除漏泄点附近的表面油漆和锈层，并用砂布和棉纱擦净；

（3）补焊时所用的焊料，应与该焊口原焊接时所用焊料相同。

3）法兰连接

法兰连接就是把两个管道、管件或器材，先各自固定在一个法兰盘上，然后在两个法兰盘之间加上法兰垫，最后用螺栓将两个法兰盘拉紧使其紧密结合起来的一种可拆卸的接头，如图 9-1-7 所示。大管径的管道与设备和阀门连接时一般采用法兰连接。制冷管路中的法兰每副连接盘均有凹凸一片，在密封面上有两道沟槽，目的是为增强其密封性。安装时在垫圈两面涂上润滑脂或石墨与机油的混合物，可防止制冷剂的泄漏，最后套上螺栓紧固。

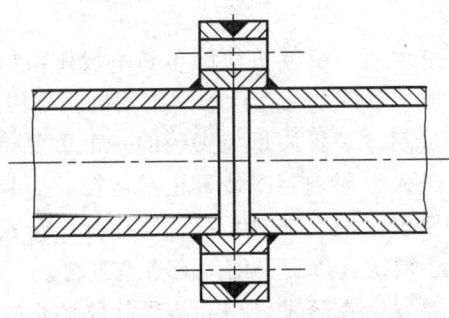

图 9-1-7　无缝钢管的法兰连接

氟利昂制冷系统管道安装要点：

（1）制冷压缩机吸气管道的布置应使润滑油能顺利地随吸气返回制冷压缩机中，吸气管道与制冷压缩机的连接，应根据蒸发器与压缩机的相对位置来确定。为使润滑油顺利返回制冷压缩机曲轴箱内，吸气管的水平管段应有不小于2%的坡度坡向压缩机。

（2）蒸发器与制冷压缩机在同一水平位置时，其间的吸气管道应设"U"形弯，防止停机后液体制冷剂进入压缩机内。蒸发器在制冷压缩机的上方时，蒸发器上部管应做成倒"U"形弯。蒸发器在制冷压缩机的下方时，其吸气立管在负荷最小、制冷剂气体流速最低时能将润滑油均匀地带入制冷压缩机中。

（3）制冷压缩机排气管道安装时，水平管段应有不小于1%的坡度坡向冷凝器，防止润滑油返回制冷压缩机的顶部。制冷系统的直立排气管如管长超过 3 m，为防止管内壁沉淀的润滑油进入制冷压缩机顶部，应在排气管上设存油弯。设有油分离器的排气管可不设存油弯。排气总管在制冷压缩机上方时，制冷压缩机的排气管应从上面接入总管，防止排气总管中润滑油倒流入停用的制冷压缩机中。

4. 系统吹污

制冷系统安装完毕后，在系统中可能存有杂质、污物，而系统稍有不严密处，就会造成制冷剂泄漏，影响系统的正常工作，对人体有害。因此，冷库制冷系统安装完毕后，必须对系统进行吹污处理和气密性测试。

系统吹污具体操作步骤及方法如下：

（1）分别断开压缩机吸气截止阀、排气截止阀与制冷系统其他部件的连接口。

（2）把制冷系统中所有阀门打开（特别是电磁阀，应设法使电磁阀开启）。

（3）将高压氮气经减压阀后，通过转换接头连接到冷凝器进口，减压至 0.6 MPa（表压），对压缩机以外的制冷系统进行吹污，吹污时间的长短应视具体情况确定。

（4）反复多次吹污（一般不少于3次），直到吹污口排出的气体吹在白纸或白布上，没有明显污点时为止。

（5）系统排污结束后，拆卸过滤器及阀门的阀芯进行清洗。

（6）重新装好过滤器及阀门的阀芯。

（7）将压缩机吸、排气截止阀与制冷系统其他部件连接固牢。

四、制冷系统的检漏

制冷设备和管路，经过空运转、空气负荷试车和系统排污后，将制冷设备通过管路连接后形成一个封闭的制冷系统，对该系统进行的气密性试验称为系统检漏（简称检漏）。制冷系统的气密性是检测和衡量制冷装置质量与安装的一个重要指标。因为系统的泄漏不仅造成制冷剂渗出或外界空气进入，影响制冷装置正常运行，而且还造成经济损失，污染环境。因此，交付生产运行前要求调试人员对系统认真检漏，排查各泄漏点。系统检漏是整个调试工作中的主要项目，必须认真负责、细致耐心地进行。

制冷系统泄漏部位，主要发生在蒸发管路和冷凝管路的焊接处及管路弯头处、压缩机壳的焊缝处等。因为管路焊接不良、安装不当等原因均可引起系统泄漏。此外，因紫铜管材质问题，如砂眼、过脆或连接部位多次振动后出现裂纹，也会产生漏洞或裂口。

制冷剂的泄漏及泄漏程度不尽相同。较轻的泄漏可引起制冷量不足、低压压力过低、蒸发器吸热不足等现象；严重的泄漏可造成空调机组制冷不良。若制冷剂漏光，系统中混入空气，压缩机仍运转，将会导致压缩机因过热而烧线。常用的检漏方法有：

1. 压力检漏

压力检漏就是对整个系统充注一定压力的气体，最好是氮气，观察压力表的压力是否随时间而下降，若压力表上的压力降低，则说明制冷系统有泄漏。

氟利昂系统对含水量有着严格的要求，因此在进行压力检漏时最好使用工业氮气。图9-1-8所示为采用氮气打压试漏的操作示意图。

氮气经过减压阀、连接管与排气阀等连接进入系统内，逐渐增大减压阀开度，先将压力升到 0.3~0.5 MPa，注意听系统有无明显的泄漏声，如有则需尽快确定泄漏位置。重复上述步骤，逐渐将压力增大到 1.0 MPa 后停止进气，待压力平衡后记录各压力表的指示压力及环境温度等参数，保压 24 h，在环境温度无明显变化的情况下，压力基本无变化，则认为系统试漏初步合格。若气密性试验不合格，应进行仔细深入的检漏。

关闭出液阀，向高压系统冲入氮气，将压力增大到 1.6 MPa，待压力平衡后记录各压力表的指示压力及环境温度等参数，保压 24 h，在环境温度无明显变化的情况下，压力基本无变化，即认为系统合格。

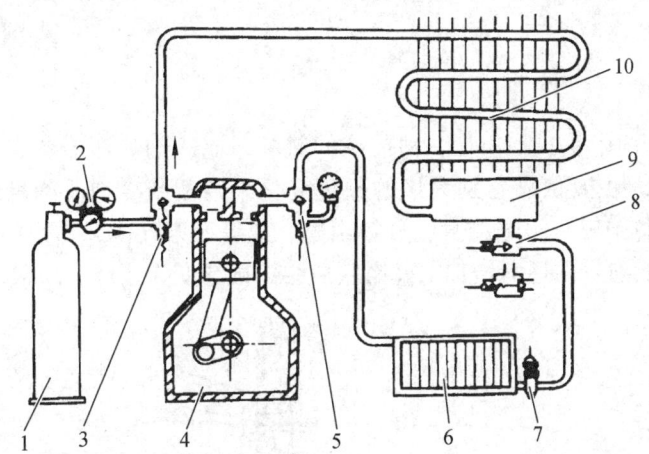

1—氮气瓶；2—减压阀；3—排气阀；4—压缩机；5—吸气阀；6—蒸发器；7—膨胀阀；
8—出液阀；9—储液器；10—冷凝器。

图 9-1-8 制冷系统压力检漏

2. 声响检漏

声响检漏主要用于检测系统较严重的泄漏点，当压力达到 0.3 MPa 时，听声响进行判断。在系统静止状态下，听有无微弱的"嘶嘶"声，以此来判断系统是否泄漏。

3. 目测检漏

用目测检漏法观察系统连接处等容易泄漏部位是否有油迹、油滴等现象存在，从而判断制冷系统的泄漏点。这种方法一般用于系统运行后的维修检漏，因为制冷剂泄漏时总会伴随润滑油渗出，利用这一特性可采用目测法观察整个制冷系统的外壁，尤其是一些连接处等是否有油渍，当泄漏量较小时，用手指触摸不明显时，可带上白手套或放上干净的白布，用手轻轻按压，若白布上有油渍，则说明该处存在泄漏点。

4. 肥皂水检漏

这是一种在安装、维修中普遍采用且简便易行的检漏方法。特别是中、大型制冷系统，基本上都利用这种方法寻找泄漏点。在打压试漏保压 24 h 后，发现压力有明显下降，试漏不合格。此时须将压力提高到打压压力，用毛刷将肥皂液直接涂抹在接头缝隙、焊缝等易漏处，仔细观察该部位是否形成气泡，出现气泡处即为泄漏点。查出泄漏点应做好标记，若在接头处发现泄漏，应设法旋紧后再次检漏，待全部检漏完毕后，再进行补漏。对于不易直接观察的部位，可利用镜面反射和手电筒检查。检漏结束后，应将所涂的肥皂水擦干，以防腐蚀。

5. 浸水检漏

浸水检漏（见图 9-1-9），这种方法一般用于小型氟利昂冷水机组。采用浸水检漏法时，应将系统中不允许接触水的设备拆除，如各种继电器和电器控制设备等。浸水最好用干净的温水，因为温水的表面张力小于冷水，较易形成气泡。如果再配以较强的光源进行照射，则泄露部位就容易被发现。浸水检漏完成后，应当立即用压缩空气将设备表面吹干，防止金属被腐蚀。

6. 卤素灯检漏

卤素检漏灯（见图 9-1-9），是一种传统的氟利昂制冷剂检测设备，它实质上是一只以酒精为燃料的喷灯，主要依靠鉴别火焰的颜色变化来判断制冷剂泄漏量的大小。其作用原来是利用氟利昂气体与喷灯火焰接触会分解出氟、氯等元素气体，当这些成分与灯内灼热的铜皮帽接触，随着泄漏量的逐渐增加，火焰颜色会由微绿变为浅绿、深绿、绿紫直至绿紫色。

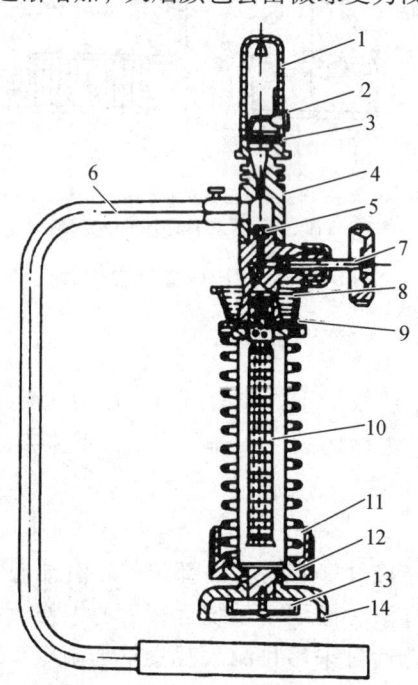

1—燃烧口；2—火焰套；3—滤网；4—灯体；5—喷嘴；6—吸气软管；7—阀针；8—滤网；9—酒精盆；10—灯芯；11—胶木座；12—垫片；13—空腔；14—底盖。

图 9-1-9 卤素灯结构示意图

使用时，先将底盖拧下，加入乙醇，注入量为桶内容积的 1/2～3/4 即可，将底盖拧紧，把灯竖放在地上，向酒精盒内注入少量乙醇，点燃后加热灯体和喷嘴，待盒内乙醇快烧完时，微开阀杆，让桶内乙醇蒸气从喷嘴喷出并燃烧，喷嘴上方有一旁通孔与大气相通，由于喷嘴的高速喷射，使喷嘴附近形成一个低压区，空气经旁通孔被吸入，吸气口装一段橡皮软管，将软管口靠近被检的焊缝或接头处，就可检查氟利昂气体的泄漏。若有泄漏，吸入的空气经燃烧，火焰就会发出绿色或蓝色的亮光。火焰颜色的深浅则反映了泄漏量的多少，一般规律是：泄漏由小到大，火焰颜色依次为微绿色、淡绿色、绿紫色。

氟利昂燃烧所产生的光气有毒，若火焰呈绿色或亮蓝色时，说明此时有较多氟利昂泄漏，就不要再检漏了，以免中毒。可改用肥皂水做进一步检漏。

两个漏缝位置相近时，用卤素灯也很难鉴别出真正的泄漏位置，此时也可用肥皂水做进一步检查。

卤素检漏灯在空气中正常燃烧时，火焰呈红色。有时也会出现绿色的火焰，这是由于火焰中有氯化铜分子（可能是氯化的铜粉脱落所致），遇到这种情况，应再烧一段时间，待火焰呈红色后，再开始检漏。

卤素检漏灯在使用时应注意防火，禁止横倒使用。为了防止喷嘴被堵，卤素检漏灯所用的乙醇或甲醇应是纯级试剂。若发现喷嘴阻塞不畅通，应先熄火，再用通针通一下。火焰小则检漏的灵敏度较高，火焰的大小可由调节阀来调节。在氟利昂泄漏处被测出后，火焰的反应将持续一段时间，因此，应等一段时间后再测其他地方。

7. 电子卤素检漏仪

电子卤素检漏仪，是一种精密的检漏仪器，主要用于精检。它主要根据氟利昂在电场作用下极易电离形成离子流，通过微安电表可检出的原理来检测泄漏部位和泄漏量的。其结构原理如图 9-1-10 所示。电加热丝 5 将阳极 4 加热到 800 ℃左右，在阴极 3 与阳极 4 之间加上直流电压，形成一个电场，从探嘴 10 吸入白金筒内的氟利昂遇到热的阳极，即发生电离而使阳极电流增大，引起微安表 9 的指针偏转。如果将信号经放大器放大后，还能推动蜂鸣器报警或显示。

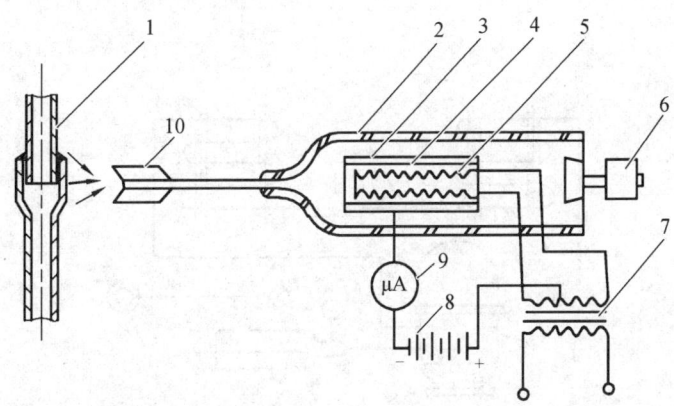

1—测漏部位；2—离子管外壳；3—外白金筒（阴极）；4—内白金筒（阳极）；5—加热丝；
6—风扇；7—变压器；8—阴极电源；9—微安表；10—探嘴。

图 9-1-10 电子检漏仪原理

目前,国产的电子检漏仪都采用电子放大器将信号放大,其检漏精度为年泄漏量 5 g。卤素检漏仪灵敏度较高,主要用于系统充入制冷剂后的精检,寻找难以发现的漏点。在有卤素物质或其他烟雾污染的环境下不能使用,以免误检。由于氟利昂气体的扩散作用,用电子检漏仪只能找出泄漏部位的大概位置,最后还需要用涂肥皂水的方法来确定具体漏点。

8. 电流检漏

测量压缩机的工作电流也可检查系统是否泄漏。在常温下,5.5 kW 压缩机的工作电流为 9.8 A,3.75 kW 压缩机的工作电流为 6.7 A。当制冷系统泄漏时,压缩机的工作压力和温度都将降低,因此其功率将有明显的下降。功率下降,电流自然也就下降。

9. 真空检漏

制冷系统在压力检漏合格之后,还需要进行真空检漏操作。主要目的有:检查系统在真空条件下的密封性;去除系统中的不凝结气体(空气、氮气等)和水分,为充注制冷剂做准备。

系统抽真空可以利用制冷系统自身的压缩机也可以利用真空泵,一般采用真空泵(包括低压单侧和高低压双侧抽真空两种方法),它不但可以使系统压力降至极低,从而去除系统中的空气和水分,同时还可以保护压缩机和电机。制冷系统的绝对压力一般要抽至 700 Pa 以下,24 h 应基本保持不变。此外需要注意的是真空泵在长期使用后,系统中的水蒸气可能会渗入真空泵的润滑油中,影响其抽空能力,因此需要经常更换润滑油。

(1)利用真空泵抽真空。

对于单元式客车空调系统来说,是全封闭压缩机组成的制冷系统。利用真空泵抽真空如图 9-1-11 所示,主要步骤如下:

① 用连接管将带压力真空表的修理阀与真空泵、压缩机连接起来。

② 打开修理阀,开启真空泵,注意观察压力真空表读数的变化,是否向零刻度以下方向移动,如果没有则说明系统仍有泄漏。

③ 当真空压力表指针达到 10^{-5} Pa 时,先关闭修理阀,然后停止真空泵运转,抽真空过程结束。

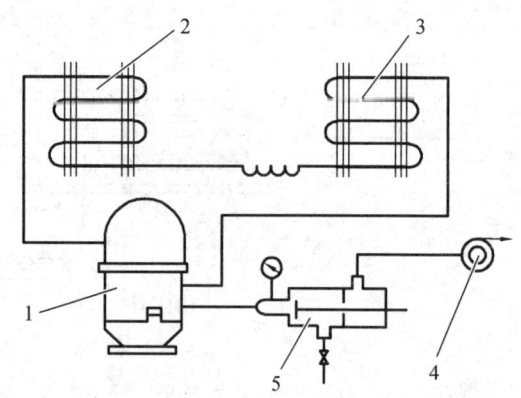

1—压缩机;2—冷凝器;3—蒸发器;4—真空泵;5—修理阀。

图 9-1-11　利用真空泵抽真空

制冷系统一次抽真空到规定真空度时,所需时间比较长,尤其是制冷系统只有低压侧充注口时,因毛细管的节流作用,高压侧真空度达不到要求。若采用二次抽真空法,则可以在较短时间内获得较高的真空度。所谓二次抽真空,是指在一次抽真空后,注入少量制冷剂,使压力真空表恢复到零,然后再次抽真空到-10^5 Pa。其原理是一次抽真空后注入适量的制冷剂,利用制冷剂将高压部分空气冲淡,从而使剩余气体中的空气比例减少。

(2)利用系统本身压缩机抽真空。

图9-1-12所示为利用系统本身压缩机抽真空示意图,其主要步骤如下:

① 关闭压缩机的排气截止阀,旋下多用通道螺塞,装上锥牙接头和排气管,打开吸气截止阀,并在吸气截止阀的"多用通道"孔上装低压表(压力真空表)。

② 打开系统中其他所有阀门。

③ 将油压继电器、低压压力控制器短接,点动压缩机,看是否有气体排出,并检查有无异常情况。

④ 启动压缩机,打开吸气截止阀。吸气截止阀应缓慢打开,以免系统内的气体来不及排出,造成排气压力过高而引起高压保护。当压缩机连续抽气至排气管听不到喷气声时,可将吸气截止阀开大,并将排气管出口浸入冷冻机油杯中,观察管口的冒气泡情况。

⑤ 若在 5 min 中内无气泡冒出,即可认为系统内的气体已基本抽完,且系统无渗漏。此时,可拆下排气管,用手指按住排气截止阀"多用通道"接口,或拆下锥牙接头,旋上螺塞并拧紧,再将排气截止阀杆反旋退出(关闭"多用通道"),然后停机。

⑥ 若有连续或间断的气泡冒出,说明系统内的剩气未抽完,或有渗漏现象,可继续运转让其磨合一段时间,因为可能是轴封摩擦面不密封而出现渗漏。若气泡依然出现,可采取分段抽空方法,检查每一段的气密性。对怀疑段可检查接头的预紧程度,焊缝是否有空隙等,必要时可向系统充气,检查这段渗漏点。一定要将渗漏点找出补好,方可再继续抽真空。

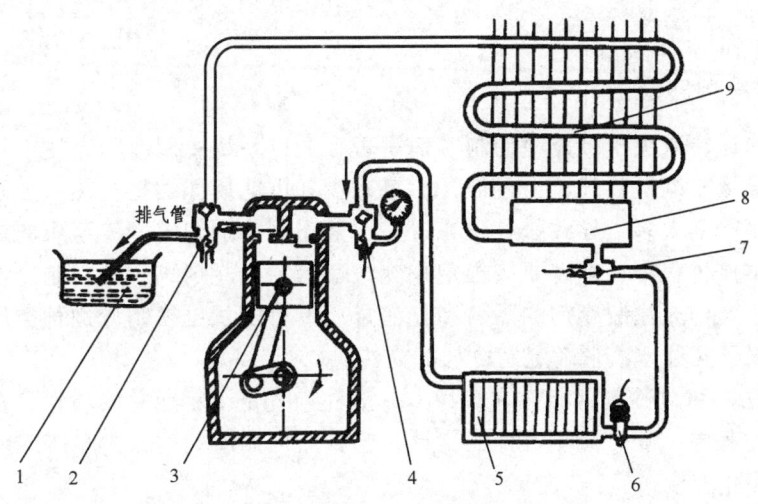

1—油杯;2—排气阀;3—压缩机;4—吸气阀;5—蒸发器;
6—膨胀阀;7—出液阀;8—储液器;9—冷凝器。

图 9-1-12 系统抽真空示意图

真空检漏操作时,应注意以下事项:

① 在抽真空时,各门的阀帽应盖上旋紧,以防阀杆填料渗漏。

② 真空检漏应尽可能用真空泵来完成，特别是全封闭或半封闭压缩机的制冷系统，必须要用真空泵进行真空检漏。

③ 在用真空泵抽真空的系统管道中，最好设干燥器以便吸出抽真空时系统内空气中的水分和有害气体，保证泵内油质完好。

④ 对于采用压力润滑的压缩机在抽真空时，应注意它的油压大小，其油压和吸气压力的差值应不低于 26.7 kPa，若系统装有油压继电器，应将其接点暂时保持常通状态，以免再利用系统压缩机进行抽真空时，油压继电器动作。

⑤ 抽真空时，最好在系统周围造成高温环境有利于系统中的水分全部蒸发，随空气一起排出机外。

五、制冷剂的充注及回收

经过压力检漏和真空检漏合格后，就需要向制冷系统充注制冷剂。在进行这一操作之前必须做好相关准备工作，首先需要对制冷剂质量进行检查。如果制冷剂质量不纯，含有较多的不凝性气体、油和杂质等，是禁止直接向系统充注的，需要采取一定的措施进行处理。在对制冷剂质量检查的过程中，一般采用下述两种方法。

第一种是测量制冷剂的沸点。如果制冷剂质量不佳，含有大量杂质时，它的沸点会发生变化。例如在一个大气压下制冷剂 R12 的沸点为 -29.8 ℃，如果制冷剂中含有大量杂质，质量不佳时，其沸点也会发生变化。

第二种是根据制冷剂杂质的含量多少来判断。取一张干净的白纸，对着制冷剂钢瓶的出口，放出一些液体制冷剂，观察它在自然蒸发后留在白纸上的痕迹。质量好的制冷剂不会留下什么痕迹，而质量差的制冷剂则会在白纸上留下带有颜色的痕迹。试验后如发现制冷剂的质量不好，还应复试一次。

1. 充注制冷剂的质量

制冷系统的运转取决于所充注的制冷剂是否合适，系统中制冷剂充注不足会使蒸发器蒸发量不足，导致压缩机吸气压力过低，冷量减少并可能使压缩机过热。加液过量又会使进入冷凝器的制冷剂太多，导致排气压力过高，液态制冷剂回流，甚至可能损坏压缩机。因此在安装或维修过程中，都需要按规定来充注适量的制冷剂，一般在制冷设备的铭牌或说明书中都有规定的充注制冷剂的品名和充注量，不得随意更换制冷剂种类或改变其充注量。通常采用以下几种方法来确定制冷剂的充注量。

① 称质量法：将制冷剂钢瓶放在台秤上，充注前先记下钢瓶总的质量，在向制冷系统充注制冷剂的过程中，随时关注台秤的指针，当钢瓶内制冷剂的减少量等于所需制冷剂的充注量时即可停止充注。

② 测压力法：制冷剂饱和蒸气的温度与压力是一一对应的关系，若已知制冷剂的蒸发温度即可查出相对应的蒸发压力，此压力的表压值可以通过高、低压压力表读出。因此，根据安装在系统上的压力表的压力值也可判断制冷剂充注量是否合适。

③ 测电流法：以压缩机电机的满载电流值为标准，如测得的电流符合规定值，即表示制冷剂充注量合适。

④ 测温度法：蒸发器进、出口温度之差以及气液分离器出口与蒸发器出口的温度之差与制冷剂充注量有关，可以通过测量上述各点的温度情况来判断制冷剂充注量是否合适。

另外，根据系统的结霜情况也可判断制冷剂充注量是否合适。例如，结霜只限于毛细管前半段，表明充注量不足；结霜在蒸发器管路上，表明充注量过多；结霜刚好在毛细管与蒸发器的交接处，表明充注量较合适；若回气管结霜过长或邻近压缩机处有结霜现象则表明充注量过多等。

2. 制冷剂充注方法

制冷剂的充注方法有两种：低压充注法和高压充注法。

低压充注法的优点是比较容易控制制冷剂的充注量，安全且不易损坏部件；缺点是充注的为制冷剂气体，充注速度慢，含水量较大，必须经干燥器处理。此方法常用于小型氟利昂制冷系统的第一次充注或对系统制冷剂的补充。

高压充注法的优点是充注的为制冷剂液体，充注速度快，但较难控制制冷剂的充注量。高压充注法适用于系统经过抽真空处理的第一次充注，特别是大、中型制冷系统。它是依靠钢瓶内制冷剂与系统之间的压力差和高度差使制冷剂液体自行进入系统。特别需要注意的是，采用该方法充注时，不得启动压缩机以免发生"液击"等意外事故。

（1）开启式压缩机制冷系统的高压充注。

如图 9-1-13 所示，将制冷剂钢瓶倒置于磅秤上，用加装三通修理阀的铜管把压缩机高压排气截止阀的多用通道口与钢瓶连接起来，钢瓶的支架位置尽可能地高于系统储液器。将铜管与排气截止阀的接头拧松，稍旋开钢瓶阀门，利用高压制冷剂将铜管内的空气排出，待听到喷出的气流声后，立即将接头拧紧，将钢瓶阀门打开。充注时系统管道上的阀件应处于打开状态，读取磅秤指示的钢瓶质量，同时注意充注工具及磅秤不得承受外力，以免影响读数。顺时针方向旋开压缩机排气截止阀，使多用通道口与制冷系统处于连通状态，制冷剂由此进入制冷系统。

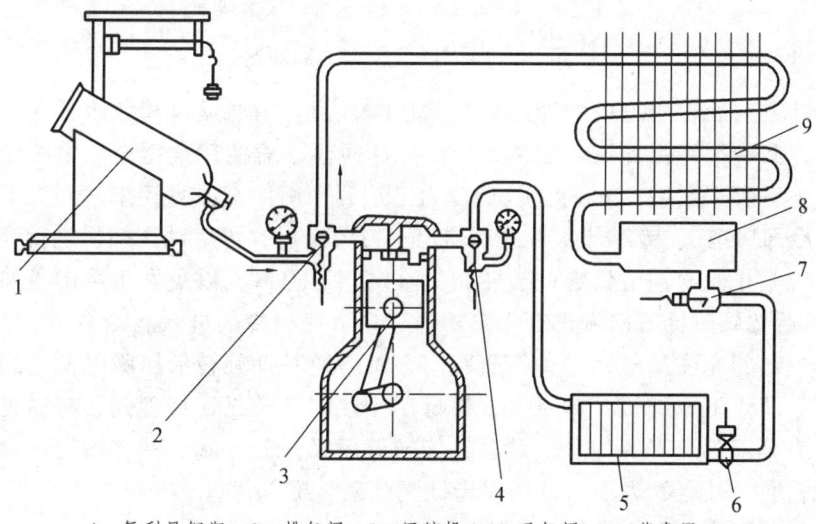

1—氟利昂钢瓶；2—排气阀；3—压缩机；4—吸气阀；5—蒸发器；
6—膨胀阀；7—出液阀；8—储液器；9—冷凝器。

图 9-1-13　排气口充注制冷剂

充注时要注意制冷剂钢瓶质量的变化，当达到规定的充注量时，立即关闭钢瓶阀。然后逆时针旋紧排气截止阀，关闭多用通道口，拆下连接铜管，充注工作完成。

（2）开启式压缩机制冷系统的低压充注。

如图 9-1-14 所示，将制冷剂钢瓶直立放在磅秤上；将压缩机低压吸气截止阀沿逆时针方向旋紧，关闭多用通道口。连接铜管一端装干燥过滤器后连接在制冷剂钢瓶接口上，另一端则通过三通修理阀与压缩机低压吸气截止阀多用通道口连接。稍稍打开钢瓶阀门，使紫铜管中充满制冷剂气体，再稍稍打开三通换向阀接头上的接头螺母，利用制冷剂气体的压力将充注管及干燥过滤器中的空气排出，然后拧紧所有接头螺母，将钢瓶阀门打开，记下磅秤所示钢瓶质量。

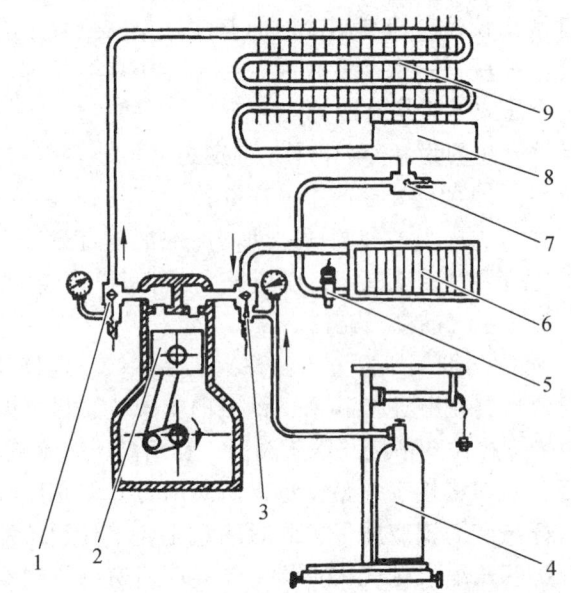

1—排气阀；2—压缩机；3—吸气阀；4—氟利昂钢瓶；5—膨胀阀；
6—蒸发器；7—出液阀；8—储液器；9—冷凝器。

图 9-1-14　低压段充注制冷剂

按顺时针方向旋转压缩机的低压吸气截止阀，使多用通道口和低压吸入管及压缩机处于连通状态，制冷剂即由此进入制冷系统。充注时应注意制冷剂钢瓶质量的变化和低压表压力的变化（一般不超过 196 kPa）。如压力已达到平衡而充注量还未达到规定值，应先开冷却水（或冷却风扇），待冷却水从冷凝器出水口流出后，再启动压缩机进行充注。开机前应将低压吸气截止阀向逆时针方向旋转，关小多用通道口；以免发生液击（如有液击应立即停机）。然后按顺时针方向慢慢开大多用通道口，使制冷剂进入制冷系统。

当达到规定的充注量时，先关钢瓶阀门，然后逆时针旋转低压吸气截止阀，关闭多用通道口，再立即停下压缩机，卸下接管螺母、充注用具及三通修理阀，将原先卸下的细牙接头、低压表等部件装上并拧紧。顺时针旋转低压吸气截止阀，使多用通道口与低压表及压力控制器相通（开启的大小以低压表指针无跳动为准）。

（3）全封闭压缩机制冷系统的充注。

全封闭压缩机制冷系统一般采用低压工艺口充注，如图 9-1-15 所示。将装有压力表的三通修理阀一端接压缩机低压工艺管，另一端通过连接管与制冷剂钢瓶连接。

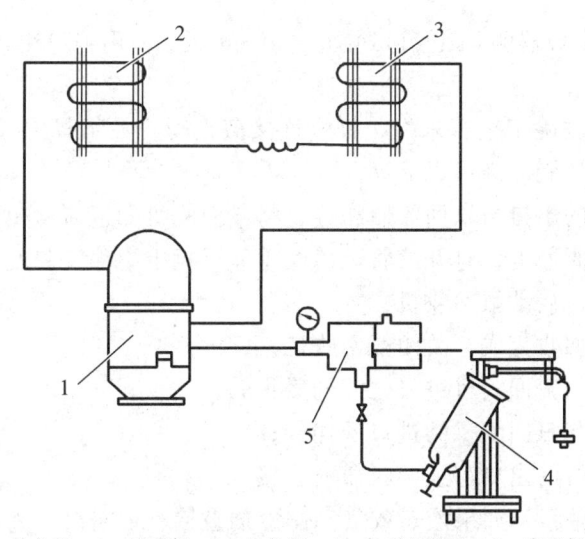

1—排气阀；2—压缩机；3—吸气阀；4—氟利昂钢瓶；5—膨胀阀；
6—蒸发器；7—出液阀；8—储液器；9—冷凝器。

图 9-1-15　全封闭压缩机制冷剂充注

稍稍开启制冷剂钢瓶并倒置，将连接管内的空气排出，然后拧紧接头螺母，关闭钢瓶阀门，并读取钢瓶质量。开启三通修理阀和钢瓶阀门，使制冷剂徐徐充入制冷系统，当充注量达到规定值时关闭三通修理阀。然后启动压缩机，观察蒸发器的结霜情况，当制冷剂充注量适当时，冷凝器和吸气管的温度、压缩机的工作电流均在额定范围之内。如充注过量，应放掉多余的制冷剂。充注完成后，关闭钢瓶阀门并拆除。在距压缩机工艺管口 20 cm 处，用封口钳夹扁，用焊锡封口并检漏。

小型全封闭的制冷设备制冷剂充注量过多或过少对制冷都不利，而制冷剂过多更不利，因此在充注氟利昂制冷剂时，充注量要稍少一点为好。另外，充注的制冷剂必须经过干燥过滤处理。

3. 制冷剂的回收

当制冷系统试运行时，发现氟利昂制冷剂充注过多，或在制冷空调装置维修时需回收制冷剂，必须使用回收机或本身机组进行制冷剂回收。目前市场上销售的氟利昂气体回收设备，大多采用"气体回收-压缩方式"。

图 9-1-16 所示为便携式回收机，适用于小型制冷空调装置的氟利昂制冷剂回收。回收步骤如下：

图 9-1-16　便携式制冷剂回收机

（1）在工艺管（冷凝器侧）距管口约 20~30 mm 处，使用扁口钳将工艺管局部密封（注意不要掐断）；

（2）使用截管器去除工艺管末端，钎焊连接截止阀，关闭截止阀，用扁口钳将工艺管密封部位轻轻捏开，使制冷剂可以流动；

（3）将氟回收机的出口与氟回收瓶相连，将氟回收机的进口与截止阀相连；

（4）给液管电磁阀通电，打开液管电磁阀（靠近机组中部安装座内侧）；

（5）打开截止阀，启动氟回收机；

（6）待仪表显示回收完成，关闭氟回收机；

（7）关闭工艺管与氟回收机进口之间的截止阀；

（8）断开截止阀与氟回收机的进口的连接；

（9）断开氟回收机的出口与氟回收瓶的连接。

制冷剂处理时需注意：如果液态或气态制冷剂直接靠近明火，例如煤气火焰、加热器，会产生少量毒气，在工作区域附近用火时要十分小心；避免无端吸入高浓度的制冷剂气体，比如把鼻子靠近制冷剂容器开口；处理制冷剂时，带上合适的橡胶手套。如果皮肤直接接触制冷剂，会引起皮肤冻伤；处理制冷剂时，要带上护目镜。如制冷剂液体进入眼中，会伤及黏膜。在这种情形下，立即用干净水清洗眼睛，并立即就医；制冷剂瓶存放在通风、阴凉、无振动的地方。

六、润滑油的充注

小型全封闭压缩机一般采用往复式和回转式结构。在压缩机的修理过程中，应在压缩机外壳焊接好并经验漏合格后，方可加注冷冻机油。对于往复式全封闭压缩机可从其工艺管处加注润滑油。其方法步骤如下：

（1）将冷冻机油倒入一个清洁而干燥的油桶中，且使油桶略高于压缩机的吸气管位置。

（2）用一条清洁、干燥的软管，内部充满冷冻机油，接在压缩机的吸气管上，软管上的另一端插入油桶中。

（3）从吸气管注入冷冻机油到规定量为止。

对于旋转式压缩机可从高压管处处接真空泵，抽真空后，从低压管处将冷冻机油吸入。

对各种压缩机加注润滑油时，应注意以下几点：

① 在加注润滑油操作时，不得将空气混入系统中。

② 新注入的润滑油牌号，应与压缩机原润滑油牌号相同，且质量符合要求。禁止将不同牌号的润滑油混合使用。

③ 应严格按机组说明书的要求加注润滑油的牌号和数量。过多或过少都会影响机组性能。有条件时，应尽量使用带有刻度的油桶。

④ 在加注过程中，对各截止阀的开关状态应弄清楚。当压缩机排气截止阀关闭，"多用通道"又没有打开时，切勿开机，以免造成意外事故。

七、制冷系统的试运转及调试

制冷系统的设备及管道组装完毕后,需要对整个制冷系统进行清洗、排污和检漏,检验安装质量,充注制冷剂,然后对整个系统进行试运转和调试,以确保制冷系统能够正常运行。

运转调试是制冷系统在工作状态下的全面试运行。制冷系统调试的主要任务就是调整系统内的各个参数,使其在经济、合理、安全的条件下运行,以获得最大的制冷量。

1. 压缩机吸、排气温度调试

压缩机的吸气温度即吸入气缸内的工质气体的温度,排气温度即经过压缩机压缩后排出的气体温度。吸气温度一般比蒸发温度高 5~15 °C,主要受蒸发温度和吸气管道的长短及绝热情况影响。一般要求 R12 系统的排气温度不超过 135 °C,R22 和 R717 系统的排气温度在 70~145 °C,一般压缩机吸气温度越高,则排气温度也就越高。

2. 蒸发温度和冷凝温度的调试

通过管壁上的感温包可以获取蒸发温度和冷凝温度,也可以利用蒸发温度和冷凝温度与相应压力的关系,通过压缩机的吸、排气截止阀上的压力表所指示的蒸发压力和冷凝压力读数来反映。在直接制冷系统中,蒸发温度应较空气冷却室内空气温度低 10 °C;在间接制冷系统中,蒸发温度应较蒸发器中盐水的温度低 5 °C。采用膨胀阀节流装置的制冷系统,可通过调整膨胀阀的开启度来达到调整蒸发温度的目的。而采用毛细管节流的制冷系统,其蒸发温度是在连接前根据温度要求对毛细管长度的测定来获得的。

合理的冷凝温度一般应比冷却水温度高 3~5 °C。冷凝温度的高低,主要取决于冷凝器的冷凝面积、冷凝器表面洁净度、冷却水温及流量等因素。调节冷凝温度通常是通过调节冷却水的流量来实现的。对于风冷式冷凝器,则控制冷凝温度在允许的压力值范围内。

3. 调试中常见的故障

系统调试过程中可能会碰到许多问题,产生原因也不尽相同。需要工作人员在排除故障的过程中有耐心、认真仔细地去进行检查分析问题所在,准确判断故障产生原因,找到合适的方法及时排除故障。在制冷系统调试过程中常见的故障见表 9-1-1。

表 9-1-1 制冷系统调试过程中常见的故障

常见故障	主要原因	解决办法
压缩机吸气温度过高	节流阀开启度过小	将节流阀开启度适当增大
	制冷剂量不足	补加适量制冷剂
	回气管道绝热层做得不好	做好回气管道的绝热层
压缩机排气温度过低	节流阀开启度过大	将节流阀适当关小一些
	冷室热负荷过小	适当减少制冷剂供给量
	压缩机制冷能力大于冷室热负荷	调节压缩机控制阀或停开一台压缩机

续表

常见故障	主要原因	解决办法
冷室温度降不下来	节流阀开启度过小或过大	适当调节节流阀开启度
	制冷剂量不足	补加适量制冷剂
	蒸发排管表面积过小	增加排管表面积
	压缩机制冷能力小于冷却设备的传热能力	加开压缩机台数
蒸发排管不结霜	节流阀开启度过小	适当增大节流阀开启度
	排管管路存在堵塞的地方	进行管道疏通清理
	管道连接方式有误	检查管道连接方式

实训项目

实训工作单见表 9-1-2。

表 9-1-2　实训工作单

工作单	制冷剂的充注		
任务	1. 了解制冷剂的性能； 2. 掌握制冷剂的充注方法； 3. 熟悉制冷剂充注时的注意事项。		
班级		姓名	
学习小组		工作时间	
知识认知： 1. 制冷剂的种类及性能； 2. 制冷剂的充注方法； 3. 制冷剂充注时的注意事项。 能力训练： 1. 掌握制冷剂的充注方法； 2. 与小组成员和教师就学习中的问题进行交流和沟通； 3. 完成制冷剂的充注。 实训小结：			
成绩评定： 职业素养（包括表达能力 15%、沟通能力 15%、团队合作能力 15%、实际操作能力 25%、知识掌握能力 30%）。			
评价项目	表达能力	沟通能力	团队合作能力	实际操作能力	知识掌握能力
评价结果					
指导老师评语：			
任务完成人签字：		日期：　年　月　日	
指导老师签字：		日期：　年　月　日	

思考与练习

1. 用 $\phi 8$ mm 的铜管制作一根连接管,简述其操作过程。
2. 简述膨胀阀安装注意事项。
3. 制冷剂检漏的方法有哪些?分别适用于什么情况?
4. 如何进行真空检漏?
5. 简述真空检漏的作用。
6. 简述充注制冷剂的方法。

任务二 空调系统的维护保养

任务目标

(1)了解系统各主要部件的维护保养方法;
(2)了解系统各主要部件的维护周期。

任务准备

制冷系统在运行过程中会存在磨损、振动、腐蚀等影响其使用寿命的现象,为了延长系统使用寿命,确保各部分设备能够安全有效地长期运行,需要对系统内各设备进行必要的维护与保养。

一、电气装置的维护

空调客车电气设备绝缘检查是日常维护保养的重要内容之一,各主要电气设备每次出乘往返至少要进行一次绝缘检查,如电力连接器插头、压缩机电机、通风机电机和其他电器等。

电气线路主要进行各分线盒内接点的紧固情况及绝缘检查,一般一年进行一次。各接点必须紧固,绝缘板不得有变色、焦痕。必要时更换新绝缘板。

平时应注意连接导线的断裂、脱落,绝缘是否老化,接触是否良好,经常清理电器元件上的污垢和灰尘,雨季要防止绝缘受潮漏电。电气设备的接地线必须可靠,维护时还必须注意安全。

电气控制柜内的灰尘、潮湿和污垢易造成电器绝缘电阻下降、触头接触不良、散热条件恶性化,甚至造成接地或短路故障,因此应注意检查各电器元件有无污垢和绝缘破损的现象,经常清扫灰尘和污垢。为保持电气控制柜内清洁,每个往返至少将控制柜进行一次清扫工作。在列车运行中,电气控制柜内电气连接紧固处易松动,可能引起发热、短路、打火等故障，因此必须经常检查柜内各电器和接线端子的安装紧固情况，对接触器、接线端子、引线有烧焦变色痕迹的地方要进行检查和更换修理。对温度控制器和各保护电器整定值的调节要合理适当，不要随意调整改动。防尘密封垫应无裂纹、变形、变色、剥离，而且应有弹性。

二、压缩机的维护

压缩机是蒸气压缩式制冷装置中的一个重要部分，它起到推动制冷剂在制冷系统中不断压缩和输送制冷剂蒸气的作用，它是通过电动机驱动进行工作。压缩机工作的好坏直接影响到制冷循环的完成程度，因此制冷压缩机常被称为蒸气压缩式制冷系统的主机。压缩机维护检修的要点：

（1）定期对压缩机的外观进行检查，要求外表面无损伤、无泄漏，各紧固件紧固无松动。检查压缩机的电器连接，要求连接紧固无松动。检查压缩机的三相电流、功率及其绝缘性能。检查压缩机的油位，是否在要求的范围内，如不是则需补油。用专用的检漏设备检查压缩机吸排气口与管路的连接处，要求无泄漏。

（2）如压缩机电动机有热保护装置，则需要定期对热保护装置进行检测。

（3）在每次列车的大修时（运行 100 万 km），需更换压缩机底架上的橡胶坐垫。

（4）在车载空调系统中一般采用的是全封闭式压缩机，一般情况下，发现此类压缩机损坏时，只需更换压缩机即可，无须对其进行检修。更换压缩机时，必须确保压缩机区域附近管路没有制冷剂。更换完毕后，检查压缩机区域的气密性（用氮气检测）。充氮保压检查合格后，需对压缩机区域进行抽空，防止空气或氮气进入制冷系统回路。

三、换热设备的维护

制冷装置中的换热器和管系担负了制冷过程的全部热量传递和输送工作。为了保证换热器的换热效率，必须定期对车载空调系统的换热器（蒸发器、冷凝器）进行吹污清洁或用中性洗涤剂清洗工作，并逐段进行检漏。对锈蚀严重处应焊修或更换换热器。换热器的散热肋片（盘管肋片）应完整，肋片翘曲者应修复。蒸发器的回气管的绝热包扎应良好，对破损脱落处应修补。

四、膨胀机构的维护

膨胀机构的种类很多，一般常用的有以下 3 类：热力膨胀阀、电子膨胀阀、毛细管。轨道交通列车的车载空调系统一般都采用热力膨胀阀或毛细管。检修膨胀机构时应注意以下几点：

（1）定期检查感温包（使用热力膨胀阀的制冷机组）及毛细管的安装是否牢固。

（2）如系统出现脏堵，安装热力膨胀阀的需要拆开膨胀阀对其进行清洁或者更换膨胀阀（或阀芯）；安装毛细管的则需要打开系统，将毛细管中的杂质用高压空气将其吹出或更换毛细管。对使用性能良好的热力膨胀阀，检修时可不拆卸。

五、阀类零件的维护检修

蒸气压缩式制冷系统是由压缩机、蒸发器、冷凝器、膨胀阀等组成，通过许多阀门和管道依次连接，形成一个全封闭的制冷循环系统。在制冷系统中常用的阀类零件有截止阀、电磁阀、止回阀等。

对上述阀门进行检修时，应根据具体条件，在可能的条件下，对所有阀门的填料进行检查检修。另外，部分阀门带有的电气部分，还需对其进行电气测试（如电磁阀线圈）。状态不良者应予以修理或更换。

六、空气过滤器的维护检修

空气过滤器，该部件用于过滤空气中的尘埃与有害物质等，对空气实施净化处理。为了保证列车客室空气洁净，空调机组吸入新风和回风都必须经过过滤处理，才能被送往客室，保证乘客的舒适性。

为了保证空气过滤器的过滤效果，必须定期地对其进行更换或清洗。如果过滤器的安装有方向要求时，在安装时注意空气过滤器的安装方向。

七、风机的维护检修

在车载空调系统中常用的电动机有冷凝用风机和通风用风机两种。冷凝用风机和通风用风机一般都采用三相异步电动机。

在对电动机的检修时需注意的要点如下：

（1）定期除尘。要求对电动机的外表面及配套的风叶进行定期吹尘，防止电动机表面及风叶上积尘严重而影响电动机的正常工作。

（2）定期检查电动机及风叶表面，要求电动机表面无损伤、风叶无损伤、变形等。

（3）定期检查电动机的电气连接线路，要求电气连接紧固无松动、无老化等。

（4）定期对电动机进行检修及保养。

将电动机解体，所有的零、部件清洗后应烘焙干燥。更换电动机轴承油脂或轴承，并对电动机的定子绕组和转子进行检查。

定子绕组的检查包括：测量绕组线圈电阻值（三相）；绕组线圈对地直流绝缘（500 V）测试，绝缘值要求大于 5 MΩ；绕组线圈对地的交流耐压（1 200 V/min）测试；检查线圈是否有损伤、变色等，外包绝缘要求完好无损；检测电动机热保护装置的工作性能应良好。

转子检查包括：检查转子电枢绕组，要求铝条不允许有裂纹、裂损、断条等；检查转子转轴，要求各装配轴颈部位光洁，不允许有拉毛、毛刺等；转轴的挠度应小于 0.02 mm。如部件不符合上述检查要求则需要更换零部件。

八、空气加热系统的维护检修

由于受到车辆实际情况的限制，常用的城市轨道车辆的制热设备采用了热泵机组或电加热器系统两种。

多数电加热器安装位置是分布在列车车厢内靠两侧的座椅下，但也有部分电加热器安装在通风系统中，对送到客室的空气进行预热，将较温暖的空气通过各送风口送入客室，避免将较冷的空气直接吹向乘客。

一般对电加热器的检修要求有：定期地对电加热器表面吹尘，防止表面积尘严重而影响制热效果及损坏加热系统；定期测量电加热器的电阻丝阻值及测试电加热器的热保护装置的性能（应根据具体条件，在可能的条件下），以确保加热系统状态良好。

九、其他部件的维护

（1）定期检查空调机组的外观，要求无损伤、无变形。

（2）定期清洗空调机组的外表面，确保表面清洁无污物。

（3）定期按照规定的扭矩要求检查空调机组中的各紧固件，确保连接紧固、无松动。

（4）根据橡胶件的规定使用年限，对空调系统中的橡胶件进行定期更换。

（5）检查所有的电气连接部位、电缆、接地装置等，要求连接紧固、无松动，电线电缆表面无破损、老化等现象，确保接头接触良好，以免松动和腐蚀，造成电气故障。

（6）检查空调机组的内部和外部的油漆是否损坏和腐蚀。

（7）修补油漆缺口，换掉腐蚀的部分并对该修理区进行重新油漆。要求使用的油漆要与车体一致。

十、维修及检查周期

维修及检查周期见表9-2-1。

表9-2-1 维护及检查周期

分类	部件名称	周期	检查方法及处理
热交换器系统	冷凝器蒸发器	1次/年	1. 把压缩空气按运转时的反方向吹入肋片间隙或从赃物附着多的一侧用吸尘器进行吸尘。 2. 特别脏时，用溶化的中性洗涤剂温水进行清洗。 3. 在清洁蒸发器时，应用挡板将回风口挡住，避免清洗时脏物或污水进入回风风道
压缩机	压缩机	1次/年	在空调机组正常供电的情况下，如果压缩机出现异常声响、异常振动同时电流明显偏大，则需接入高低压力表，对压缩机进行全面检查。在检查确定压缩机异常后，对压缩机进行更换
配管	制冷剂泄漏	1次/年	1. 如果管路上有油迹，应对制冷系统进行检漏处理。 2. 检查视液镜指示并确认颜色，如果显示为黄色，则表示系统中的水分过多（建议更换干燥过滤器），检查系统是否泄漏；如果系统存在泄漏，系统重新抽空过程中，在抽真空完成，制冷剂未充注前，若视液镜仍为黄色，需更换视液镜。 注意：在操作过程中，注意及时密封系统的管路，不得长时间暴露于空气中

续表

分类	部件名称	周期	检查方法及处理
空气过滤网	新风滤网	1次/2周	用水反风向冲洗，再用肥皂水洗净后清水漂洗，晾干。线路运行初期，建议1~2周清洗一次，或者根据实际情况确定合理的清洗周期
	混合风滤网	1次/2周	用水反风向冲洗，再用肥皂水洗净后清水漂洗、晾干，线路运行初期，建议1~2周清洗一次，或者根据实际情况确定合理的清洗周期
风机	冷凝风机	1次/年	1. 检查设备固定螺栓。 2. 检查并紧连接器。 3. 用压缩空气清洗风机叶片，必要时用软毛刷和清洗剂清洗。 4. 如果电机有明显损坏（异音或异常振动），需更换电机或风机。 注：冷凝风机为进口外转子电机，故推荐在出现电机和轴承故障时，返原厂进行维修
	蒸发风机	1次/年	1. 检查设备固定螺栓。 2. 检查并紧固接线盒以及接线端子。 3. 检查电机轴和叶片，如有松动，将其紧固。 4. 用压缩空气清洗风机叶片，必要时用软毛刷和清洗剂清洗。 5. 如果电机有明显损坏（异音或异常振动），需更换电机或风机，换下的电机或风机，如果是轴承发生故障，则更换轴承
壳体及机组	排水孔	1次/季	检查排水孔是否堵塞，清洗排水口处的异物
电气端子	电气连接端子	1次/年	端子有变色、老化、接触不良等问题，需更换新的端子
螺纹紧固件	紧固用螺栓、螺钉等	1次/年	目测检查所有螺纹连接，如防松线（黑色、红色或者白色的线条）不能对齐，说明螺纹紧固件有松动。使用扳手，将其重新拧紧，擦去旧有的防松线，并重新涂打防松线
新、回风温度传感器	新、回风温度传感器	1次/年	1. 目测温度传感器接线否连接牢固。 2. 新、回风温度传感器是否牢固安装在安装座上
排气温度保护器	排气温度保护器	1次/年	温度传感器是否牢固安装在排气管上

实训项目

实训工作单见表9-2-2。

表 9-2-2　实训工作单

工作单	空调机组的日常维护保养		
任务	1. 了解制冷系统的日常维护与保养操作； 2. 进行制冷系统的日常维护与保养。		
班级		姓名	
学习小组		工作时间	
知识认知： 1. 了解制冷系统各部件日常维护方法和要点； 2. 了解各部件的维修周期。 能力训练： 1. 能指认空调系统各组成部件； 2. 进行空调系统日常维护和保养。 实训小结：			
成绩评定： 职业素养（包括表达能力 15%、沟通能力 15%、团队合作能力 15%、实际操作能力 25%、知识掌握能力 30%）。			

评价项目	表达能力	沟通能力	团队合作能力	实际操作能力	知识掌握能力
评价结果					

指导老师评语：			
任务完成人签字：		日期：　年　月　日	
指导老师签字：		日期：　年　月　日	

思考与练习

1. 简述压缩机维护时的注意事项。
2. 膨胀阀检修时要注意什么？
3. 风机维护时电动机要做哪些检查？

项目十　空调装置的故障分析及处理

📖 【项目描述】

城市轨道交通车辆空调装置的故障分析与检修，是车辆检修人员所从事的日常工作之一，由于车辆空调技术涉及制冷电气控制、机械等个应用领域，所以出现故障的情况比较复杂，对其故障的判断，不能单从某个方面去分析，而要综合考虑各种因素，根据检修流程，结合具体情况，对空调装置的故障做到准确判断，快速处理。

📖 【学习目标】

目标类型	目标要求
知识目标	（1）熟悉空调系统正常运行状态； （2）熟悉空调系统常见故障及处理措施
能力目标	（1）能按照常用步骤对空调系统故障进行检查； （2）能对故障进行处理
情感目标	（1）能进行团队协作； （2）积极参与学习过程，遵守秩序，服从安排

📖 【建议学时】

6学时。

任务一　空调机组的故障检查

📖 任务目标

（1）了解空调机组制冷不足的原因；
（2）掌握空调机组故障检查与排除方法；
（3）了解空调机组维修质量检验方法。

> 任务准备

一、机组正常运行的特点

机组正常运行没有故障，应同时具备以下 6 个特点：

（1）空调机组启动后，通风机、冷凝风机、压缩机通过电气联锁按顺序启动。各台压缩机的启动时间也应相互错开。

（2）压缩机的启动应该平稳，无剧烈振动，没有敲击声或拉锯声。各电动机在启动时应没有异常的振动及摩擦声响。机组工作后应运转平稳，无异常振动和噪声。

（3）启动时，电流表指针摆动正常，正常运行时，压力表指示不应偏差正常值太多，指针平稳且无剧烈摆动。

（4）客室内各送风口应有适量冷风吹出，凝结水不随风吹出或有泄漏滴水。

（5）客室内降温情况良好，温度下降均匀，并自动控制在各工况所规定的范围内。

（6）机组在"强冷"或"强暖"工况时，回风口和排风口温差在 8~9 ℃。

（7）司机室 MMI 空调单元、空调控制柜界面显示正常。

二、空调机组的常见故障判断

空调装置出现故障，会产生冷气不足、没有冷气、突然停机、机组开不动、听到碰撞声、强烈振动等表面现象，这些现象只能说明空调装置发生了故障或是故障的预兆，并不一定能立即判断出其故障发生在哪里，是什么故障，只有经过详细分析和检查，才能找出发生故障的部位，并排除故障。

空调装置的故障检查要靠人的一些感觉来获得第一手资料，如人的视觉、听觉、触觉、嗅觉，然后把这些感觉综合起来，经思维分析，有时还需要用仪表做进一步测量检查，最后才能判断故障。

1. 故障查找与判断

空调装置由电气系统、制冷系统、通风系统、采暖系统等组成。当空调装置发生故障时，从其表面反映出的故障现象，可以大致判别出其故障发生在哪一个系统。从一般规律看，其区别如下：

（1）空调机组突然停机、开不动或压缩机不启动，这多数是电气系统中的故障，也可能是制冷系统或通风系统引起的故障，因为它是从电气控制系统中反映出来的，应从电气控制系统入手检查。

（2）空调装置无冷气、冷气不足或电机拖不动，这是与制冷系统有关的问题，应检查制冷系统。

（3）空调机组有碰撞声或强烈振动声，这是从运动件中发生的声音，可能在通风系统，也可能在制冷系统中，应从这两个系统中去检查。

空调装置出现故障时，可按以下思路由易到难进行检查。

（1）应排除空调机组本身问题造成的故障。例如，温度控制器温度整定值设定不合适，夏季设定得过高，冬季设定得过低，空调机组中的制冷或加热系统当然不会运转。另外，如果电源电压过低，空调无法启动。在检查分析时，应首先排除这方面的问题。

（2）检查控制系统。电机通电后不运转，可以从电源主回路查到控制回路，也可以从控制回路查到主回路。最好能够先确认是否负载本身的故障。同时，把一个与负载有关的电路分成若干段查找，并且从简单容易的电器入手。

（3）如果控制回路本身没有问题，故障发生原因往往在于制冷系统，可以在掌握制冷循环系统的基本构造原理和典型故障事例的基础上，进行制冷系统的故障查找和分析。

在查找制冷系统故障原因时，将制冷系统共有的故障与制冷系统各部分的具体特点结合起来分析，容易取得好的效果。在实际查找制冷系统的故障时，一般不要急于寻找故障点，而是先确认系统的基本状况，排查不良的地方。例如，可以先检查制冷剂量是否充足，若不够则应补充；空气滤尘网是否清洁；各电机运转是否正常等。这样，可以缩小故障排查的范围，能更快地确定故障的部位。

下面重点以电气故障为例，介绍故障的检查和分析方法。

2. 电气故障一般检查和分析方法

（1）故障分类。

一类是有明显的外表特征并容易被发现的。如电机的绕组过热、冒烟，甚至发出焦臭味或火花等，在排除这类故障时，除了更换损坏的电机之外，还必须找出和排除造成上述故障的因素。

另一类故障是没有外表特征的。例如，在控制电路中由于元件调整不当、动作失灵或零件损坏及导线断开等原因引起的故障。这类故障在空调机组电路中经常碰到由于没有外表的特征，常需要用较多的时间去寻找故障的原因，还需运用各类测量仪表和工具才能找出故障点，方能进行调整和修复。因此，找出故障点是空调机组电气设备检修工作中的一个重要步骤。

（2）检修前的检查。

看：看电气元件有无变色、烧毁、松脱、裂损、断线及其他情况。

听：听电机和电气元件在发生故障时和正常运行时的声音差异，可以帮助寻找故障部位。

嗅：电机和电磁线圈等发生故障时，绝缘体会发出异常气味。

摸：摸电机和电磁线圈外部不导电部分的温度。发生故障时，温度会显著上升，可切断电源用手去摸一摸。

（3）电气设备发生故障后的检查方法和分析方法。

根据电气控制线路分析检查故障范围。

确定故障发生的范围。根据故障现象，按线路工作原理进行分析，便可判断故障发生的可能范围，以便进一步分析，找出故障发生的确切部位。

进行外表检查。在判断了故障发生的可能范围后，在此范围内对有关电气元件进行外表检查，常能发现故障的确切部位。例如接线脱落、触头接触不良或未焊牢、弹簧断裂或脱落以及线圈烧坏等，都能明显地表明故障点。

试验控制电路的动作顺序。经外表检查未发现故障点时，可进一步检查电气元件动作情况，如操作开关等，查看线路中各继电器、接触器相关触头是否按规定顺序动作。若不符合规定者，则说明与此电器有关的电路存在问题，再在此电路中进行逐项分析和检查，一般便可发现故障。

利用仪表器材来检查。利用万用表的电阻挡检测电气元件；用万用表的电压、电流挡来检测线路的电压、电流值是否正常，三相是否平衡，能有效地找出故障原因；有时也可用试电笔等来检查线路故障；可以用完好的电气元件替换可疑的电气元件的方法找出故障元件；可采用局部输入信号的方法，来寻找机组控制线路中的故障点。

测量压缩机电机工作电流。空调机组的输入功率是电流、电压与功率因数的乘积。只要电压正常，电机的功率因数是定值，则在一定程度上电流能表示电机输入功率变化情况。若空调机组是在接近标准规定的空调工况下运行，其工作电流接近额定电流，说明其制冷量能够达到额定制冷量。如工作电流低于产品的额定电流，则其输入功率低，说明其制冷量小于额定制冷量。若测出电流高于额定电流，这不说明其制冷量高于额定制冷量，只能说明空调机组有故障，应检查原因。因此，工作电流偏离额定电流说明机组有问题，一是制冷量不足，二是机组有故障。

总之，检查分析电气故障的一般顺序和方法，应按不同的故障情况灵活掌握，力求迅速有效地找出故障点，判明故障原因，及时排除故障。

三、操作步骤

以城市轨道交通车辆空调实训装置为对象，按一看、二听、三摸、四测、五析的步骤对空调机组进行故障分析和检查。

1. 眼　看

（1）看空调控制柜界面显示状况是否正常。

（2）看室内的降温速度。如降温速度出现显著降低，则是不正常现象。

（3）看压缩机内的润滑油是否处在指示器所规定的高度范围内，如发现油面有显著下降，则是缺油的表现。

（4）看蒸发器和吸气管的结霜或结露情况。正常的吸气管应有结霜或结露的现象。如无结霜、结露或结霜、结露管段很短且机壳较热，说明制冷剂偏少；如压缩机吸气管及机壳外表大部分结霜、结露，则为制冷剂偏多。

（5）看管道及接口处是否有油迹，如有则可能出现制冷剂泄漏。

（6）看连接部位是否松脱，各电气接线有无断开。

2. 耳　听

（1）听压缩机运行的声音是否正常。小型全封闭式压缩机正常运转时的噪声很小，一般小于 40 dB。如压缩机出现异常，检修人员可以根据其发出的声音辨别是何种原因引起的故障。

（2）听制冷管路内制冷剂的流动声音是否正常。正常时可以听到制冷剂在管内流动时发出的均匀而轻微的"咝、咝、咝"声。反常的则是连续而较响的"咝、咝"声，或断续而较响的"咝、咝"声。

（3）听风机运行的声音。正常时声音平稳，无碰撞声，否则应检查风叶的固定状况和电机轴承的摩擦情况。

3. 手　摸

（1）摸过滤器表面的冷热程度。正常时单级制冷压缩机的过滤器表面温度稍高于环境温度。若手摸时明显感觉比较凉或过滤器末端出现结露现象，则为过滤器出现局部堵塞。

（2）摸制冷装置的吸、排气管温度。正常开机运行一段时间后，用手摸吸气管感觉冰凉，并伴有结霜或结露。排气管很热，夏季手摸时感觉烫手，冬季手可触摸，感觉很热。否则即为不正常。

（3）摸电机的温升和抖动情况。若电机外壳手感微热，可视为正常；若电机温升过高且伴有电流增大，或抖动现象，说明风机的轴承或风叶的动平衡性有问题，应停机检查。

4. 测　量

为了准确判断故障的性质与部位，常常要用仪器、仪表检查测量空调器的性能参数和状态。如用检漏仪检查有无制冷剂泄漏；用万用表测量电源电压、各接线端对地电流及运转电流是否符合要求，由计算机控制的空调器，还应测量各控制点的电位是否正常等。

5. 分　析

经过上述几种检查手段所获得的结果，大多只能反映某种局部状态。空调装置各部分之间是彼此联系、互相影响的，一种故障现象可能有多种原因，而一种原因也可能产生多种故障。因此，对局部因素要进行综合比较分析，从而全面准确地判定故障的性质与部位。

四、主要故障

列车空调装置的故障主要可分为电气系统故障和制冷故障。

1. 电气系统故障

电气系统故障可归纳为"松""断""烧"三类。

"松"是指电气接头松动、脱落，接触不良而导致的电气故障。

"断"是指电源断线、熔断器断开；压缩机吸入压力、排出压力、润滑压力不正常引起的压力或压差继电器的触点断开，以及电流过大引起的过热保护器动作而切断电路等电气故障。

"烧"是指电动机线圈、电磁阀线圈及其他各种继电器线圈的烧毁。另外，在检查单元式空调机组故障时，不可忽视插头的问题，特别是通风机电动机或压缩机。

2. 制冷系统故障

制冷系统故障主要可分为"漏"和"堵"两类。"漏"包括制冷剂的泄漏、感温包内充灌剂的泄漏以及空调机组漏水等故障。"堵"包括制冷管路内膨胀阀、毛细管、干燥过滤器的脏堵和冰堵，蒸发器和冷凝器的积灰以及空气滤尘网的堵塞。冰堵是由于冰引起的制冷循环的堵塞，多数发生在膨胀阀或毛细管节流机构处。脏堵是由于杂质引起的堵塞，多数发生在干燥过滤器或膨胀阀进口滤网处。冰堵和脏堵的共同现象是吸气压力明显降低。

五、空调机组维修指导

当空调机组因故障不能运行或运行不正常时，请务必首先和空调厂家联系，由厂商的维修人员进行现场维修；或在厂方维修人员的同意、指导下进行检修。

1. 空调故障代码说明

表 10-1-1 为深圳 7 号线变频车辆空调故障一览表。

表 10-1-1 深圳 7 号线变频车辆空调故障一览表

校验码	故障名称	校验码	故障名称
F01	回风传感器故障	F02	新风传感器故障
F05/F09	回风阀故障	F07	检测板通信故障
F08	应急通风逆变器通信故障	F12/F19	新风阀故障
F18	IO 板通信故障	F29/F49	压缩机过载保护
F31/F51	冷凝风机故障	F32/F52	通风机故障
F33/F53	压缩机高压保护	F34/F54	压缩机低压保护
F37/F57	压缩机变频器通信故障	Fa6/Fb6	压缩机变频器保护
FF6	应急通风逆变器保护		

2. 主要故障处理建议、处理步骤及说明

空调运行过程中出现的故障在车控器液晶屏上显示。车控器显示的故障以及排查方法见表 10-1-2 和表 10-1-3。所有故障的排查方法的第一步均为在车控器上载故障数据，并发送给专业技术人员进行分析。

表 10-1-2 主要故障处理建议、处理步骤及说明

序号	故障名称	故障原因	分析方法	处理措施
1	传感器故障	1.对应传感器接插不良； 2.传感器线断或短路； 3.线路板对应电路不良	1.断电后重新上电，如果继续报该故障，则断电检查信号检测板对应传感器接插部分； 2.用万用表测量传感器阻值是否为无穷大或接近零； 3.测量传感器阻值正确并且接插良好	1.重新插接； 2.更换传感器线或更换传感器； 3.更换信号检测板

续表

序号	故障名称	故障原因	分析方法	处理措施
2	风阀故障	1.IO板硬件故障； 2.线束接触不良； 3.风门未动作到位	1.IO供电是否正常，驱动指示灯是否亮，端口有无电压输出； 2.测试线束连接确认正常； 3.测量风阀设定，调试正常	1.更换IO板； 2.维修线束； 3.重新调整设定位置
3	通风机故障	1.通风机缺相； 2.通风机电源线接触不良； 3.通风机热磁继电器损坏； 4.通风机堵转； 5.通风机电机损坏	1.断电后重新上电，如果继续报该故障，断电检查IO板对应接插件部分； 2.检测热磁继电器是否异常； 3.检查风机能否正常运转； 4.检测风机线圈是否异常	1.检查接插件，排除接触不良； 2.更换过载保护器； 3.排除异物； 4.更换通风机
4	冷凝风机故障	1.冷凝风机缺相； 2.冷凝风机电源线接触不良； 3.冷凝风机热磁继电器损坏； 4.冷凝风机堵转； 5.冷凝风机电机损坏	1.断电后重新上电，如果继续报该故障，断电检查IO板对应接插件部分； 2.检测热磁继电器是否异常； 3.检查风机能否正常运转； 4.检测风机线圈是否异常	1.检查接插件，排除接触不良； 2.更换过载保护器； 3.排除异物； 4.更换冷凝风机
5	压缩机高压保护	1.对应系统压力高于要求范围； 2.高压开关动作	1.冷凝风机故障； 2.冷媒冲注过多； 3.高压开关坏； 4.冷凝器脏堵	1.维修冷凝风机； 2.重新注氟； 3.更换高压开关； 4.清洗冷凝器
6	压缩机低压保护	1.对应系统压力低于要求范围； 2.低压开关动作	1.通风机是否故障； 2.冷媒冲注量过少或泄漏； 3.低压开关坏； 4.蒸发器结冰	1.维修通风机； 2.重新注氟； 3.更换低压开关； 4.禁止在低温下开启测试模式
7	压缩机过载保护	1.冷凝器脏堵； 2.系统压力过高、冷媒多； 3.冷凝风机故障； 4.压缩机过热保护开关损坏	1.冷凝器是否脏堵； 2.制冷剂是否冲注过多，压力是否正常； 3.检查冷凝风机是否工作； 4.压缩机过热开关状态	1.维修冷凝风机； 2.清洗冷凝器； 3.制冷剂少量放出； 4.更换顶置过热保护开关
8	压缩机通信故障	IO板与压缩机变频板无通信	1.万用表测量IO板与温度检测板通信线； 2.压缩机变频板故障	1.更换通信线； 2.更换压缩机板

续表

序号	故障名称	故障原因	分析方法	处理措施
9	检测板通信故障	IO板与温度检测板无通信	1.万用表测量IO板与温度检测板通信线； 2.检测板故障	1.更换通信线； 2.更换检测板
10	应急通风逆变器通信故障	IO板与应急通风逆变器无通信	1.万用表测量IO板与应急通风逆变器通信线； 2.应急通风逆变器故障	1.更换通信线； 2.更换应急通风逆变器
11	IO板通信故障	车控器与IO板无通信	1.万用表测量IO板与车控器通信线或看指示灯闪烁是否正常； 2.车控器或IO板故障	1.更换通信线； 2.更换车控器或IO板
12	应急通风逆变器保护	1.电源电压不稳导致PFC升压电路保护或IPM保护； 2.应急通风逆变器输出缺相导致电流保护； 3.逆变器板损坏	1.测试输入电源电压，观察故障指示灯闪烁测试； 2.测试逆变器输出三相电压是否对称，测试运行电流； 3.是否正常工作，是否正常输出	1.排查输入电源； 2.排查接线； 3.更换逆变器板
13	压缩机变频器保护	1.压缩机变频板检测到直流母线电压异常； 2.压缩机变频板IPM模块保护； 3.压缩机变频板输出缺相； 4.霍尔传感器损坏； 5.压缩机损坏	1.用万用表检测直流母线电压是否在正常值范围； 2.用万用表测试IPM模块各引脚电压是否正常； 3.用万用表测试三相输出电压，电流钳表测试电流； 4.检测霍尔传感器个引脚电压是否正常； 5.用万用表电阻挡测试三相电阻是否对称	1.校准母线电压； 2.更换IPM模块或变频板； 3.排查接线； 4.更换变频板； 5.更换压缩机
14	通风机故障	1.通风机变频板检测到母线电压异常； 2.通风机变频板IPM模块故障； 3.通风机变频板缺相； 4.通风机变频板或霍尔传感器故障； 5.通风机故障	1.万用表调电压挡，测量直流电源电压是否过低或过高； 2.用万用表负表笔接IPM模块的P端，正表笔接U、V、W，看万用表示数，用万用表正表笔接IPM模块的N端，负表笔接U、V、W，看万用表示数； 3.万用表调电阻挡，测量变频板输出到通风机之间是否有断路； 4.万用表调电阻挡，测量通风机相与相之间是否有断路	1.校准通风机变频板； 2.更换直流电源； 3.更换IPM模块； 4.调整变频板输出到通风机之间线路； 5.若无以上4点，则先更换霍尔传感器，若仍然有故障，则更换变频板； 6.更换通风机

续表

序号	故障名称	故障原因	分析方法	处理措施
15	A压缩机故障	1.A压缩机变频板检测到母线电压异常； 2.A压缩机变频板IPM模块故障； 3.A压缩机变频板缺相； 4.A压缩机变频板或霍尔传感器故障； 5.A压缩机故障	1.万用表调电压挡，测量直流电源电压是否过低或过高； 2.用万用表负表笔接IPM模块的P端，正表笔接U、V、W，看万用表示数，用万用表正表笔接IPM模块的N端，负表笔接U、V、W，看万用表示数； 3.万用表调电阻挡，测量变频板输出到A压缩机之间是否有断路； 4.万用表调电阻挡，测量A压缩机相与相之间是否有断路	1.校准A压缩机变频板； 2.更换直流电源； 3.更换IPM模块； 4.调整变频板输出到A压缩机之间线路； 5.若无以上4点，则先更换霍尔传感器，若仍然有故障，则更换变频板； 6.更换A压缩机
16	B压缩机故障	1.B压缩机变频板检测到母线电压异常； 2.B压缩机变频板IPM模块故障； 3.B压缩机变频板缺相； 4.B压缩机变频板或霍尔传感器故障； 5.B压缩机故障	1.万用表调电压挡，测量直流电源电压是否过低或过高； 2.用万用表负表笔接IPM模块的P端，正表笔接U、V、W，看万用表示数，用万用表正表笔接IPM模块的N端，负表笔接U、V、W，看万用表示数； 3.万用表调电阻挡，测量变频板输出到压缩机之间是否有断路； 4.万用表调电阻挡，测量压缩机相与相之间是否有断路	1.校准B压缩机变频板； 2.更换直流电源； 3.更换IPM模块； 4.调整变频板输出到B压缩机之间线路； 5.若无以上4点，则先更换霍尔传感器，若仍然有故障，则更换变频板； 6.更换B压缩机
17	冷凝风机故障	1.冷凝风机变频板检测到母线电压异常； 2.冷凝风机变频板IPM模块故障； 3.冷凝风机变频板缺相； 4.冷凝风机故障； 5.冷凝风机变频板或霍尔传感器故障	1.万用表调电压挡，测量直流电源电压是否过低或过高； 2.用万用表负表笔接IPM模块的P端，正表笔接U、V、W，看万用表示数，用万用表正表笔接IPM模块的N端，负表笔接U、V、W，看万用表示数； 3.万用表调电阻挡，测量变频板输出到冷凝风机之间是否有断路； 4.万用表调电阻挡，测量冷凝风机相与相之间是否有断路	1.校准冷凝风机变频板； 2.更换直流电源； 3.更换IPM模块； 4.调整变频板输出到冷凝风机之间线路； 5.更换冷凝风机； 6.若无以上5点，则先更换霍尔传感器，若仍然有故障，则更换变频板

续表

序号	故障名称	故障原因	分析方法	处理措施
18	车控器与IO板通信故障	车控器与IO板无通信	1.万用表测量车控器与IO板通信线； 2.车控器或IO板故障	1.换通信线； 2.换车控器或IO板
19	IO板与温度检测板通信故障	IO板与温度检测板无通信	1.万用表测量IO板与温度检测板通信线； 2.检测板故障	1.换通信线； 2.换检测板
20	IO板与压缩机A变频板通信故障	IO板与压缩机A变频板无通信	1.万用表测量IO板与压缩机A变频板通信线； 2.压缩机A变频板或IO板故障	1.换通信线； 2.换压缩机A变频板或IO板
21	IO板与压缩机B变频板通信故障	IO板与压缩机B变频板无通信	1.万用表测量IO板与压缩机B变频板通信线； 2.压缩机A变频板故障	1.换通信线； 2.换压缩机B变频板
22	A制冷系统故障	1.A系统压力异常； 2.A系统高、低压开关损坏或断路	1.接上压力表查看空调运行时的压力情况； 2.用检漏仪测试空调是否缺氟或注氟过量； 3.测量A系统高、低压开关是否有断路或接触不良	1.重新调整注氟量； 2.更换A系统高、低压开关，或调整线路
23	B制冷系统故障	1.B系统压力异常； 2.B系统高、低压开关损坏或断路。	1.接上压力表查看空调运行时的压力情况； 2.用检漏仪测试空调是否缺氟或注氟过量； 3.测量B系统高、低压开关是否有断路或接触不良	1.重新调整注氟量； 2.更换B系统高、低压开关，或调整线路

表10-1-3　维修指导

故障内容	故障的原因	故障的分析方法	处理
不出风	1.关于通向室内电动通风机的配线： （1）电连接器处断线； （2）配线处螺丝松弛； （3）控制柜与空调通信线断或接错	检查电路接通情况； 检查线路接通情况及线序情况	修理； 拧紧； 修理

续表

故障内容	故障的原因	故障的分析方法	处理
不出风	2.电机烧损或短线： （1）通风机过载保护故障； （2）电动机烧损或短线	检测过载继电器是否损坏； 测出电机电阻是否平衡或断线、接地等	更换过载继电器； 更换电机
	3.电机反转	检查风机转向	调换相线
风量小	1.电机反转； 2.空气过滤网堵塞； 3.蒸发器结霜或冰； 4.蒸发器散热片脏堵； 5.软风道等处泄漏； 6.风机叶片积垢； 7.风机低速运转	检查风机转向； 检查过滤网； 检查（目视）； 检查（目视）； 检查； 检查； 检测设定风速是否低速或环境温度是否过低	调换相线； 清除筛眼堵塞物； 送风运转化冰、霜； 清洗； 修理； 修理； 非故障
不冷	1.压缩机电机不转： （1）电机断线、烧毁； （2）高压压力开关动作； （3）低压压力开关动作； （4）温度开关动作； （5）配线端子安装螺丝松弛； （6）过、欠压继电器动作； （7）接触器、中间继电器线圈烧毁或触头故障； （8）压缩机故障； （9）压缩机变频器故障	测定线圈电阻（25℃）各线间约1.34 Ω； 与外壳间为无穷大； 见后项； 见后项； 见后项； 查看接通情况； 检查电气件； 电源电压过高或过低； 检查元件； 检查是否模块故障或接线故障	更换电动压缩机； 检查接通情况； 修理或更换； 修理或更换； 修理或更换； 修理或更换
	2.压缩机运转： 制冷剂泄漏	（1）室内吸入和排除空气温度相同； （2）蒸发器回气管温度过高； （3）压缩机电流小	修理制冷循环系统
冷量不足	1.过滤器堵塞； 2.热交换器积满脏物； 3.蒸发器结冰； 4.温度控制器设定温度高； 5.少量制冷剂泄漏； 6.制冷剂充注过多； 7.风量不足； 8.单循环不良	检查过滤器； 检查； 检查（目视）； 检查； 测定运转电流； 电流过大； 见第2项； 测定运转电流	出去筛孔堵塞物； 清扫； 送风化冰； 调整或修理； 修理制冷剂循环； 将制冷机少量放出； 修理不良循环

续表

故障内容	故障的原因	故障的分析方法	处理
振动噪声大	1.通风机电机球轴承异常 2.通风机不平衡	声音异常	分解,修理,更换
	3.紧固部位松弛	检查个紧固部件	拧紧
高压压力开关动作	1.室外热交换器脏; 2.制冷剂充注过多; 3.冷凝风机反转; 4.排气管段堵塞; 5.空气或不凝性气体混入系统中	检查室外热交换器; 电流过大; 检查; 检查	清扫; 将制冷剂少量放; 将相序调整正确; 修理; 排除
	1.冷凝风机不转; 2.电机烧毁; 3.电机的球轴承损伤; 4.风机接触器故障	测定线圈电阻是否平衡; 检查; 检查	更换电机; 更换球轴承; 更换
低压压力开关动作	制冷剂泄漏	检查	修理制冷剂循环系统,装入制冷剂
漏水	1.回风口漏水: 排水口堵塞	检查	清扫
	2.安装不良	检查	进行正确安装
	3.车顶或机组底部涂密封胶处渗水	检查	涂密封胶
	4.从新风道带水	检查风道是否密封	涂密封胶

实训操作

1. 万用表的使用

万用表（见图 10-1-1）是最常用的电工测量仪器之一。在检修电工设备、电子仪器时是必不可少的。常用的万用表可分为指针式和数字式两类。一般万用表都可以用来测量电阻、交直流电压、直流电流、电容容量和晶体管的放大倍数等。

万用表的结构形式多种多样，表面上的旋钮、开关的布局各有差异，在使用前，必须仔细了解和熟悉各部件的作用，分清表盘上各条标度尺所对应测量的量。

在检修时，万用表的电阻挡用于测量电路的通断和线圈的直流电阻值，用交流电压挡测量电源的供电电压。测量时，应正确进行接线，红色测试棒应接在红色接线柱上或插入标有"+"的插孔内，黑色测试棒应接在黑色接线柱上或插入标有"–"的插孔内。特别是在有扩充测量的插孔时，更应注意分清公用插孔和特殊扩充量程的插孔。

（1）使用方法：

① 交直流电压的测量：根据需要将量程开关拨至 DCV（直流）或 ACV（交流）的合适量程，红表笔插入 V/Ω 孔，黑表笔插入 COM 孔，并将表笔与被测线路并联，读数即显示。

② 交直流电流的测量：将量程开关拨至 DCA（直流）或 ACA（交流）的合适量程，红表笔插入 mA 孔（< 200 mA 时）或 10 A 孔（> 200 mA 时），黑表笔插入 COM 孔，并将万用表串联在被测电路中即可。测量直流量时，数字万用表能自动显示极性。

③ 电阻的测量：将量程开关拨至 Ω 的合适量程，红表笔插入 V/Ω 孔，黑表笔插入 COM 孔。如果被测电阻值超出所选量程的最大值，万用表将显示"1"，这时应选择更高的量程。测量电阻时，红表笔为正极，黑表笔为负极，这与指针式万用表正好相反。因此，测量晶体管、电解电容器等有极性的元器件时，必须注意表笔的极性。

（2）注意事项：

① 如果无法预先估计被测电压或电流的大小，则应先拨至最高量程挡测量一次，再视情况逐渐把量程减小到合适位置。测量完毕，应将量程开关拨到最高电压挡，并关闭电源。

② 满量程时，仪表仅在最高位显示数字"1"，其他位均消失，这时应选择更高的量程。

③ 测量电压时，应将数字万用表与被测电路并联。测电流时应与被测电路串联，测直流量时不必考虑正、负极性。

④ 当误用交流电压挡去测量直流电压，或者误用直流电压挡去测量交流电压时，显示屏将显示"000"，或低位上的数字出现跳动。

⑤ 禁止在测量高电压（220 V 以上）或大电流（0.5 A 以上）时换量程，以防止产生电弧，烧毁开关触点。

⑥ 当显示"BATT"或"LOW BAT"时，表示电池电压低于工作电压。

其他注意事项：在测电流、电压时，不能带电换量程；测电阻时，不能带电测量。因为测量电阻时，万用表由内部电池供电，如果带电测量则相当于接入一个额外的电源，可能损坏表头。

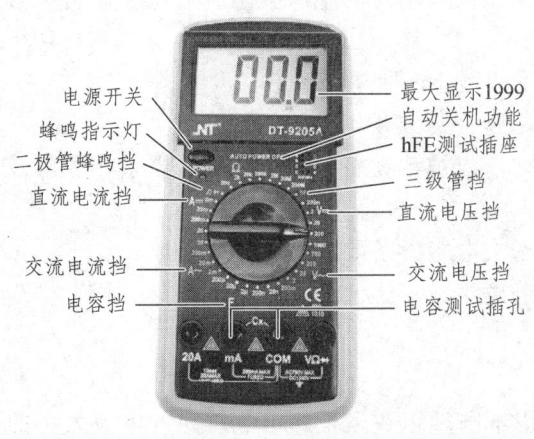

图 10-1-1　数字式万用表

2. 兆欧表

摇表又称兆欧表（见图10-1-2），是用来测量被测设备的绝缘电阻和高值电阻的仪表，它由一个手摇发电机、表头和三个接线柱（即 L：线路端；E：接地端；G：屏蔽端）组成。

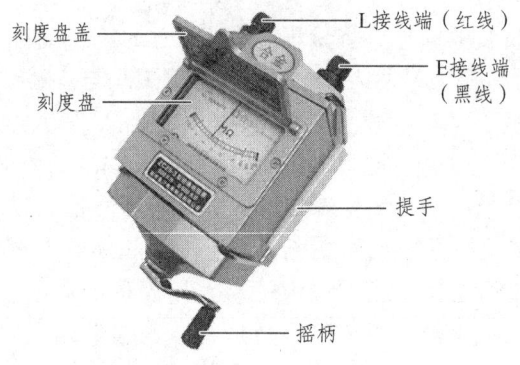

图 10-1-2　兆欧表

（1）使用方法：

① 校表。测量前应将摇表进行一次开路和短路试验，检查摇表是否良好。将两连接线开路，摇动手柄，指针应指在"∞"处，再把两连接线短接一下，指针应指在"0"处，符合上述条件者即良好，否则不能使用。

② 被测设备与线路断开，对于大电容设备还要进行放电。

③ 选用电压等级符合的摇表。

④ 测量绝缘电阻时，一般只用"L"和"E"端，但在测量电缆对地的绝缘电阻或被测设备的漏电流较严重时，就要使用"G"端，并将"G"端接屏蔽层或外壳。线路接好后，可按顺时针方向转动摇把，摇动的速度应由慢而快，当转速达到每分钟120转左右时（ZC-25型），保持匀速转动，1 min 后读数，并且要边摇边读数，不能停下来读数。

⑤ 拆线放电。读数完毕，一边慢摇，一边拆线，然后将被测设备放电。放电方法是将测量时使用的地线从摇表上取下来与被测设备短接一下即可（不是摇表放电）。

（2）注意事项：

① 禁止在雷电时或高压设备附近测绝缘电阻，只能在设备不带电，也没有感应电的情况下测量。

② 摇测过程中，被测设备上不能有人工作。

③ 摇表线不能绞在一起，要分开。

④ 摇表未停止转动之前或被测设备未放电之前，严禁用手触及。拆线时，也不要触及引线的金属部分。

⑤ 测量结束时，对于大电容设备要放电。

⑥ 要定期校验其准确度。

3. 钳形电流表

钳形电流表是一种用于测量正在运行的电气线路的电流大小的仪表，可在不断电的情况下测量电流。

（1）使用方法：

①检查钳形表。外观检查——各部位应完好无损；钳把操作应灵活；钳口铁心应无锈、闭合应严密；铁心绝缘护套应完好；指针应能自由摆动；挡位变换应灵活，手感应明显；调整——将表放平，指针应指在零位，否则应调至零位。

②选择合适的量程。将量程选择旋钮置于合适位置，使测量时指针偏转后能停在精确刻度上，以减少测量的误差。转换量程应在退出导线后进行。

③测量电流。紧握钳形电流表把手和扳手，按动扳手打开钳口，将被测线路的一根载流电线置于钳口内中心位置，再松开扳手使两钳口表面紧紧贴合。

④记录测量结果。将表拿平，然后读数，即测得的电流值。

被测电流过小（小于5 A）时，为了得到较准确的读数，若条件允许，可将被测导线绕几圈后套进钳口进行测量。此时，钳形表读数除以钳口内的导线根数，即为实际电流值。

⑤维护保养。使用完毕，退出被测电线。将量程选择旋钮置于高量程挡位上，以免下次使用时不慎损伤仪表。

（2）注意事项：

①测量前对表作充分的检查，并正确地选挡。

②测试时应戴手套（绝缘手套或清洁的线手套），必要时应设监护人。

③需换挡测量时，应先将导线自钳口内退出，换挡后再钳入导线测量。钳口要闭合紧密，不能带电换量程。

④有足够的安全措施。不可测量裸导线上的电流。

⑤测量时注意与附近带电体保持安全距离，并应注意不要造成相间短路和相对地短路。

⑥使用后，应将挡位置于电流最高挡，有表套时将其放入表套，存放在干燥、无尘无腐蚀性气体且不受震荡的场所。

实训项目

实训工作单见表10-1-4。

表10-1-4 实训工作单

工作单	空调机组常见故障判断认知		
任务	1. 熟悉空调机组的正常工作状态； 2. 按照五步法进行故障检查； 3. 熟悉空调机组的常见故障及处理方法。		
班级		姓名	
学习小组		工作时间	
知识认知： 1. 熟悉空调机组的正常工作状态； 2. 熟悉故障检查的五步法； 3. 熟悉空调机组的常见故障及处理方法。			

续表

能力训练：
1. 能判断空调机组是否正常工作；
2. 能按照五步法进行故障检查；
3. 能针对常见故障提出解决办法。
实训小结：
成绩评定：
职业素养（包括表达能力 15%、沟通能力 15%、团队合作能力 15%、实际操作能力 25%、知识掌握能力 30%）。

评价项目	表达能力	沟通能力	团队合作能力	实际操作能力	知识掌握能力
评价结果					

指导老师评语：

任务完成人签字：　　　　　　　　　　　　　日期：　　年　　月　　日

指导老师签字：　　　　　　　　　　　　　　日期：　　年　　月　　日

思考与练习

1. 简述空调机组的正常工作状态。
2. 空调机组常用检查方法有哪些？
3. 制冷效果不良有哪些原因？如何处理？

任务二　空调机组常见故障维修

任务目标

熟悉常见故障的检查、判断、维修方法。

任务准备

对整个空调机组来说，其故障总是从最典型的表面现象表现出来，一般不可能直接发现空调机组内部的实际故障。因此，检查和分析故障也只有从直观的故障现象入手，再按空调机组控制和运行规律，逐层深入地进行有关系统内部的检查。下面介绍几个空调机组故障案例。

一、空调机组不运转检修

（1）场景再现：2015 年 7 月 10 日，某地铁车辆准备出库时突然发现空调机组无法运转。

（2）原因分析：这类故障一般发生在供电电源线路与控制线路上。

（3）维修过程：首先检查电源部分。用电压表测量空调机组控制柜电力输入端子的三相电压，有电压。查电源电压未低于额定值 15%，欠压继电器未动作。查电源电压是否过高，测量输入相电压 230 V，过压继电器未动作。检查电源是否缺相供电，查交流电配电柜的缺相保护器开路，经检查为缺相保护器误动作，将缺相保护器复位后空调机组运行正常。维修时间 5 min，未影响列车运行任务。

（4）小结：该故障主要采用了测的方法，用电压表检测关键点电压，由大到小逐层检查，快速排除故障。

二、通风机运转而不制冷检修

（1）场景再现：2015 年 6 月 2 日，某地铁 060302 车运行中突然发生空调不制冷故障。因当日气温不太高，故列车执行完该次任务后，返回车辆段维修。

（2）原因分析：这类故障可能是控制线路本身的故障，也可能是制冷系统的故障，这些故障会引起有关保护器的起跳，切断电源。故障现象虽然反映在电气控制上，但故障可能发生在两个系统上。

（3）维修过程：首先检查电气控制部分。查温度控制器，调节正常；查压缩机接线正常；查冷凝风机和压缩机交流接触器线路，正常；测量压力开关，其接线端子导通；测量过载保护器进出接线端子，导通。故障不在电气控制部分。

查制冷系统部分。测量冷凝风机电机绝缘电阻值和线圈电阻值，发现线圈已开路。更换电机，空调机组恢复正常。

（4）小结：该故障主要检查电气控制部分和制冷部分，涉及面较广，主要通过用万用表检测关键点电阻来进行故障判断，而冷凝风机电机一般情况下很少出现故障，所以最后才怀疑其有问题，更换后排除故障。

三、检修时压缩机不启动检修

（1）场景再现：2015 年 9 月 6 日，某地铁车辆在进行周检时发现 020026 车空调开机后通风机、冷凝风运转，而压缩机不运转，且电机发出"嗡嗡"的电磁声。

（2）原因分析：这是压缩机不启动或电机做极慢速度的运转，时间稍长一点，过载保护器就会起跳并切断电源，这类故障主要出在压缩机内，但也有可能是电气控制系统故障。

（3）维修过程：首先检查电源及电气控制部分。查电源供电正常，压缩机输入电压正常，无缺相。更换压缩机后，恢复正常。将换下的压缩机拆开后，发现因气阀损坏，阀板破碎零件落进气缸，使活塞不能回转，曲轴转不动，电机发出"嗡嗡"声，清除阀板破碎零件后，装好压缩机，通电试机正常。

（4）小结：该故障主要检查电气控制部分和压缩机部分，在判断压缩机供电正常的情况下，可以采用替换法进行压缩机替换。同时，故障压缩机在条件允许的情况下要分解检修，检查压缩机损坏具体原因，通常情况下都能够修复。

四、空调机组运转中突然压缩机停机检修

（1）场景再现：2015年8月11日，某轻轨车辆在运行中空调机组压缩机突然停机。

（2）原因分析：压缩机突然停机，除电源电路中断外，吸气压力过低、排气压力过高等都可能导致保护继电器动作，使压缩机停机。

（3）维修过程：首先查空调机组供电电压正常，无缺相情况。查低压压力继电器未动作，高压压力继电器动作，判断为制冷系统故障。查看冷凝器表面清洁，无明显污垢，排风量正常。判断为制冷管路故障。查看制冷管路，发现在冷凝器接头处有少量油迹，判断为管路渗漏，造成制冷系统内有了空气，使排气压力升高，吸气压力也相应提高，从而造成高压压力继电器动作。修补好泄漏点，重新抽真空，灌注适量制冷剂后封好工艺管，将高压压力继电器复位，试机正常。

（4）小结：该故障主要检查电气控制部分和制冷系统部分，电气控制部分表现在高压压力继电器动作，由此判断为制冷系统故障。最后检查为管路渗漏，这也是空调装置比较容易发生的故障。

五、空调机组漏水检修

（1）场景再现：进入制冷季节后，某地车辆客室内空调滴水现象时有发生，对车辆运营造成了一定的影响，时常会导致乘客的投诉和影响司机驾驶操作。

（2）原因分析：车辆客室滴水通常存在两类现象：机组内形成的冷凝水进入客室；客室送风口结露滴水。

① 机组内形成的冷凝水进入客室。可能原因有：

a. 冷凝水排放不畅，积水较多，冷凝水被送风机吹入主风道，从送风口进入客室。其原因有以下几种：机组内底板的排水孔堵塞；车顶排水管堵塞；机组安装不在一个水平面上，致使内底面某处积水；车顶安装平面的某处积水多到与内底板的排水孔相通时，车外的正压使得排水受阻。

b. 蒸发器室负压过大，通风机运转在蒸发室内产生的负压，是回风流动的动力。当蒸发器室的进风通道（包括蒸发器翅片及其滤网、回风道）不畅通时，蒸发器室的负压会不断加大，使得积水飞溅，随送风（正压）进入风道。风通道堵塞越严重，负压越大，滴水越严重，而且使得客室送回风口风量减小，客室舒适度降低。

另外，当回风口侧积水较多时，随着车体的晃动，冷凝水会从回风口进入客室。

② 客室送风口结露滴水。

客室的送风口也是冷表面之一，当送风温度达到或低于客室内空气的露点温度时，在

送风口会结露并滴落。

此现象由诸多因素共同造成：

a. 送风温度低。

通常情况下，该线车辆空调系统的送风温度由控制器 FPC24 进行调节，不会出现送风温度过低的情况。有时，由于车内拥挤闷热，将 FPC24 的一个可调参数设定在-2K，它表示：当 FPC24 通过接收的温度信号，计算出恰当的客室制冷需求后，得出最佳实时运行曲线 L_0，再将 L_0 沿温度轴向下平移 2K，得出一条新的实时运行曲线 L_1，按 L_1 来控制空调系统的运行。因此，在此模式下，机组客室内的送风温度会比最佳送风温度要低 2K。当该温度低至客室内空气的露点及以下时，送风口将会出现结露现象。

b. 湿负荷大。

该城市的年平均湿度在 7%以上，最潮湿的月份是雨季 5、6 月。在这样的气候条件下，当乘客进入车厢时，其携带进来的湿气，一部分是由于天气热、人体散发的；另一部分来自湿的服装和雨具（虽然站厅里的空调系统可以除去一部分湿气，但由于停留时间较短，除湿效果有限）。

c. 客室气流组织较差。

送风、回风、排风气流短路：该车辆客室内的回风口、排风口与送风道，均位于客室顶部，且相距较近，有不同程度的空气短路现象发生。乘客越多，短路现象就越严重，空气基本在客室上半部分流动。机组的送风与客室内空气未能进行充分的热湿交换就被吸入回风口或排出车外，既减弱了机组的除湿功能，也浪费了制冷量。

风道布置不合理：该车辆的风道分为两个部分，每台机组主要各连通半截车厢的风道。这样，当一端空调机组不能制冷时，客室的两端会冷热不均、湿度不均，热端空气接触冷端送风口易发生结露。比如，在总线通信故障时，由于制冷需求不能及时传达，致使出现某车辆一端的机组制冷而另一端机组通风运行的情况。这种状况的出现使得客室的端空气温度偏高，随着空气的流动，未经除混处理的这部分空气与另一端制冷正常的空调机组的送风口格栅接触而形成结露。

送风口面板选型不合理：送风口面板选型不合理，造成送风口气流分布不均匀，出风阻力大。广州地铁 3 号线车辆客室内的送风口出口分布在两条送风口面板上。每条送风口面板又包含三小条送风条缝，每条送风条缝又被分隔成很多密集的小口，机组处理后的空气由这些小口喷出。用来分隔这两条送风口的铝合金条在送风口形成较多的小截面，造成的阻力不容忽视。而其他线路车辆，其送风口面板上分布的送风条缝较多、没有被间隔，整车贯通，中间送风条缝较密，两侧间距逐步加大，每个送风条缝断面的弧度也逐步加大。这种形式的送风口，其出风气流方向比较均匀，风道的送风阻力要低得多，并且对空气的流向有较好的引导，送风量的分配也较科学。

乘客较多，湿度分布不均匀，空气流动性差：在上下班高峰期和周末，该车辆内非常拥挤。由于人群的阻挡和气流短路，送风下降空间非常有限，客室空气将主要集中于客室上部空间流动。此时，随着乘客的通入面带来的湿蒸气聚集在狭小的流动性较差的空间里；如果是雨天，随着客室下部空间的液态水的蒸发，局部空气湿度还会不断增大，而且中下部的湿空气团将会随它的温度升高而不断上升，当它遇到较冷的冷表面（送风口面板）且此时送风口面板的温度达到或低于该部分空气团的露点时，将在这部分送风口面板结露。

随着不断的新的湿空气团的上升，送风口面板的结露会越来越多。湿度越大的天气结露越严重。

（3）维修过程：

对于机组内形成的冷凝水进入客室的现象，主要可采取以下措施：

① 定期疏通清洗排水孔、道；

② 双周检时清洗蒸发器过滤网，年检时清洗蒸发器室；

③ 机组安装水平，底面与车顶安装面间距合理并基本相等。

对于客室送风口结露滴水的现象，可采取以下措施：

① 控制送风温度让空调系统沿着控制器得出的最佳实时运行曲线来工作，可防止送风温度过低。

② 改善气流组织：气流组织是否合理是关键因素，但是，对于在已成型的车辆构造，改变回风口和排风口位置及风道布置的代价和难度太大，但从送风速度、送风口形式等方面着手可以有助于改善目前的状况，送风速度的提高，可以使气流短路的距离延长，减弱气流短路的程度；可以将空调机组内的供风扇电机改为双速电机或变频风机，使风速随客室热负荷而变化，速度的控制和转换可以由控制器通过温度信号来判断并发出指令得以实现（但需要修改控制软件）；改变送风口面板的形式，可以使送风口气流方向分布均匀并减小送风阻力。

③ 控制湿度：下雨天，在站厅的合适位置发放雨伞胶袋，可以阻隔大部分液态水在客室内的蒸发，大大降低客室内空气的含湿量；通过缩短行车间隔，缓解高峰期客流压力，降低单车载客量，改善客室湿度大及分布不均匀的状况。

（4）小结：空调机组漏水问题主要跟空调通风系统相关，包括风道、风口、气流组织，也跟实际的天气情况有关，在解决问题时都要考虑到。

六、某地地铁车辆冷凝风机故障

（1）场景再现：该地地铁车辆每台空调机组含有 2 个冷凝风机，型号为 C94C1000，转速为 1 400 r/min，额定功率为 800 W，电流为 24 A。在运营初期，空调冷凝风机故障集中爆发，自 2011 年 7 月 29 日至 2011 年 9 月 1 日，共发生 15 起冷凝风机故障。经检查，发现故障冷凝风机电机的相阻值无穷大或某一相缺相从而引发空调中级故障。该类故障的批量发生，不但影响了车辆的运营质量，而且造成供货商频繁更换电机作业，严重影响了日常的生产组织。

（2）原因分析：该空调冷凝风机故障分析从冷凝风机电机接线发生干涉和未发生干涉两种情况着手。冷凝风机电机接线干涉导致电缆磨损从而引发故障的情况是显而易见的，因此故障分析重点放在冷凝风机电机接线未发生干涉的情况。

① 冷凝风机电机接线干涉导致的故障。

检修作业人员在计划修作业时发现冷凝风机的电缆与冷凝腔壁钢条有干涉，导致电线外部绝缘橡胶磨破。经过普查，发现部分空调机组冷凝风机接线与冷凝腔壁之间的间隙过小，导致冷凝风机接线与冷凝腔壁存在干涉。冷凝风机电机接线干涉的情况又分为两种：一种是冷凝风机电缆完全被磨破，从而引发冷凝风机中级故障；另一种是冷凝风机电缆外部绝缘橡胶被磨破,但内部未被磨破,此种故障经及时绑扎整改后未引发冷凝风机故障。

② 冷凝风机电机接线未干涉的故障分析。

a. 冷凝风机电缆质量检测。

检查冷凝风机电缆,发现该电缆容量为 $3×0.75$。经查阅相关技术资料,该型电缆容量满足设计及使用要求,且该型电缆被广泛应用在同类产品上,从未出现过类似问题,因此设计选型方面是可靠的。为排除该批电缆质量问题,供货商截取故障电缆线交予厂商进行了型式试验,结果表明电缆线各项指标合格,排除了电缆线本身的质量问题。

b. 辅助逆变器输出电压检测。

冷凝风机的三相供电由辅助逆变器输出,为排除辅助逆变器输出电压不稳定对冷凝风机工作的影响,对辅助逆变器输出电压的波形进行检测分析。检测空调冷凝风机启动瞬间及正常工作时辅助逆变器的输出波形,未发现问题。

c. 冷凝风机电缆内部断股。

冷凝风机因 V 相缺相而报冷凝风机中级故障。对更换下来的故障冷凝风机进行检查,检查电缆绝缘外层外观无破损,排除冷凝风机接线干涉的故障原因;从电机接线出口处将电缆切开,检查电缆内部的三相接线,发现电缆的 V 相接线断裂且有烧焦痕迹。从电机接线出口处测量电机三相阻值,均为 $11\ \Omega$,电机状态正常。初步断定是靠近电机接线口的电缆受振动而导致断股。

测量剪切下来的另一段电缆的三相接线的导通状态,均能正常导通。据此断定,断裂处为电缆切开部分,冷凝风机电机本身并未受损。经过普查,发现冷凝风机电缆线的绑扎不合理:冷凝风机电缆线自出线处至第一条绑扎带所在位置之间的电缆线过长,为 120~150 mm,电缆线活动空间较大,在列车运营过程中容易晃动;电缆线如受到频繁振动,疲劳受力,可能导致线芯逐渐断股,最终断路。

(3)维修过程:

① 对地铁列车空调机组冷凝风机电缆与冷凝腔壁钢条干涉的问题进行整改,加装保护胶条。

② 对环中线所有地铁列车冷凝风机电机引线重新绑扎,合理布局,缩短绑线距离,避免因受到振幅过大的频繁振动而引发接线断股。

③ 计划修中的冷凝风机故障普查:针对空调冷凝风机故障,制定计划修的冷凝风机普查措施,具体要求如下:

a. 在计划修时,作业班组须查看冷凝风机转动情况,对冷凝风机转动不正常(转动缓慢、反转)或有异响的须通知专业技术人员。

b. 若计划修不具备上车顶查看的条件,则须对该车冷凝风机电机三相阻值进行测量,冷凝风机正常阻值范围为 $12.5±2.0\ \Omega$;若冷凝风机电机三相阻值异常,须通知专业技术人员。

(4)小结:冷凝风机电机三相阻值无穷大或某一相缺相,主要可能的原因是冷凝风机电机接线断裂、松脱,也可能跟电压输出相关,检查时从这几个方面入手。

实训项目

实训工作单见表 10-2-1。

表 10-2-1 实训工作单

工作单	空调机组漏水故障排查		
任务	1. 熟悉空调机组送风路径; 2. 了解空调机组漏水的可能来源; 3. 分析解决空调机组漏水故障。		
班级		姓名	
学习小组		工作时间	

知识认知:

1. 熟悉空调机组送风路径;
2. 分析解决空调机组漏水故障。

能力训练:

1. 能全面分析空调机组漏水的可能原因;
2. 能完成漏水故障的整改。

实训小结:

成绩评定:

职业素养(包括表达能力 15%、沟通能力 15%、团队合作能力 15%、实际操作能力 25%、知识掌握能力 30%)。

评价项目	表达能力	沟通能力	团队合作能力	实际操作能力	知识掌握能力
评价结果					

指导老师评语:

任务完成人签字: 日期: 年 月 日

指导老师签字: 日期: 年 月 日

思考与练习

1. 分析通风机运转但空调不制冷的原因是什么？
2. 分析压缩机无法启动的原因有哪些？
3. 分析空调机组漏水的原因有哪些？

参考文献

[1] 张天彤. 城轨交通车辆空调装置[M]. 北京：北京交通大学出版社，2014.

[2] 曾青中，邓景山. 车辆空调装置[M]. 成都：西南交通大学出版社，2016.

[3] 张宝霞. 铁道车辆制冷与空气调节[M]. 北京：中国铁道出版社，2005.

[4] 许磊，蒋志侨. 城市轨道交通车辆空调检修[M]. 重庆：西南师范大学出版社，2017.

[5] 卢毓俊. 客车空调装置[M]. 北京：中国铁道出版社，2007.

[6] 李树林. 制冷技术[M]. 北京：机械工业出版社，2003.

[7] 张炜，王华. 城市轨道交通车辆空调系统原理与维修[M]. 北京：中国铁道出版社，2017.

[8] 戈兴中. 制冷与空调装置安装维修及管理[M]. 北京：化学工业出版社，2002.

[9] 李瑞振. 地铁车辆应用变频空调的节能分析[J]. 节能，2014（1）：33-36.

[10] 孟繁华. 新型幅流风机在城轨客车空调系统中的应用[J]. 科学家，2016，4（9）：145-146.

[11] 杨晨岚. 广州地铁一号线车辆空调机组飞水故障原因分析及处理[J]. 轨道交通装备与技术，2016（4）：30-31.

[12] 李贺，任林林，吴帅杰，等. 郑州地铁1号线电客车空调系统现状研究与分析[J]. 山东工业技术，2015（14）：253.

[13] 李龙煊，钟碧羿. 深圳地铁5号线车辆空调控制系统[J]. 电力机车与城轨车辆，2011，34（5）：31-33.

[14] 苏钢，张敏华. 地铁车辆空调制冷系统的节能设计[J]. 洁净与空调技术，2015（4）：70-72.

[15] 欧阳仲志. 我国铁路客车空调技术的回顾与展望[J]. 铁道车辆，2013，51（12）：70-74+7.

[16] 韩晓明. 轨道交通车辆空调系统的原理及发展方向[J]. 装备机械，2015（1）：57-62.

[17] 巫红波. 广州地铁一号线车辆空调压缩机故障分析及改进建议[J]. 电力机车与城轨车辆，2005，28（5）：52-54.

[18] 周禄. 广州地铁4号线和5号线空调制冷等级调节分析[J]. 机车电传动，2011（6）：64-65+69.

[19] 夏旭勇. 涡旋式制冷压缩机的技术现状与发展[J]. 现代制造技术与装备，2017（2）：129-130.

[20] 李伟. 影响涡旋式空调压缩机装配质量的关键技术[J]. 科技创新导报，2017，14（13）：80-81.

[21] 商萍君，易佳婷. 电子膨胀阀的优势和发展趋势[J]. 制冷与空调（四川），2007（2）：72-76.

[22] 沈睿. 空调系统节能运行自动控制的应用研究[J]. 中小企业管理与科技（中旬刊），2019（7）：148-149.

附 图

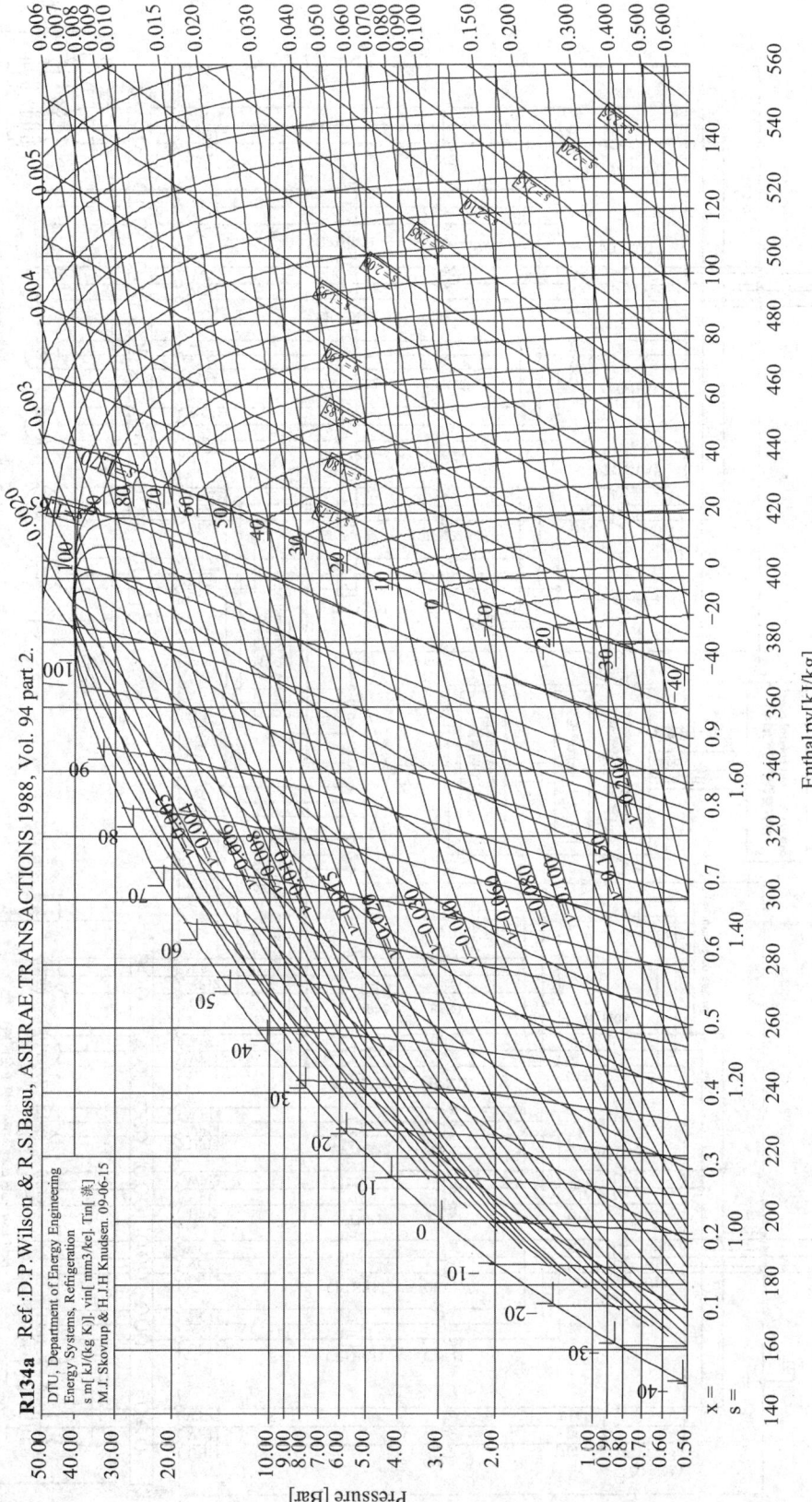

附图 1 制冷剂 R134a 压焓图

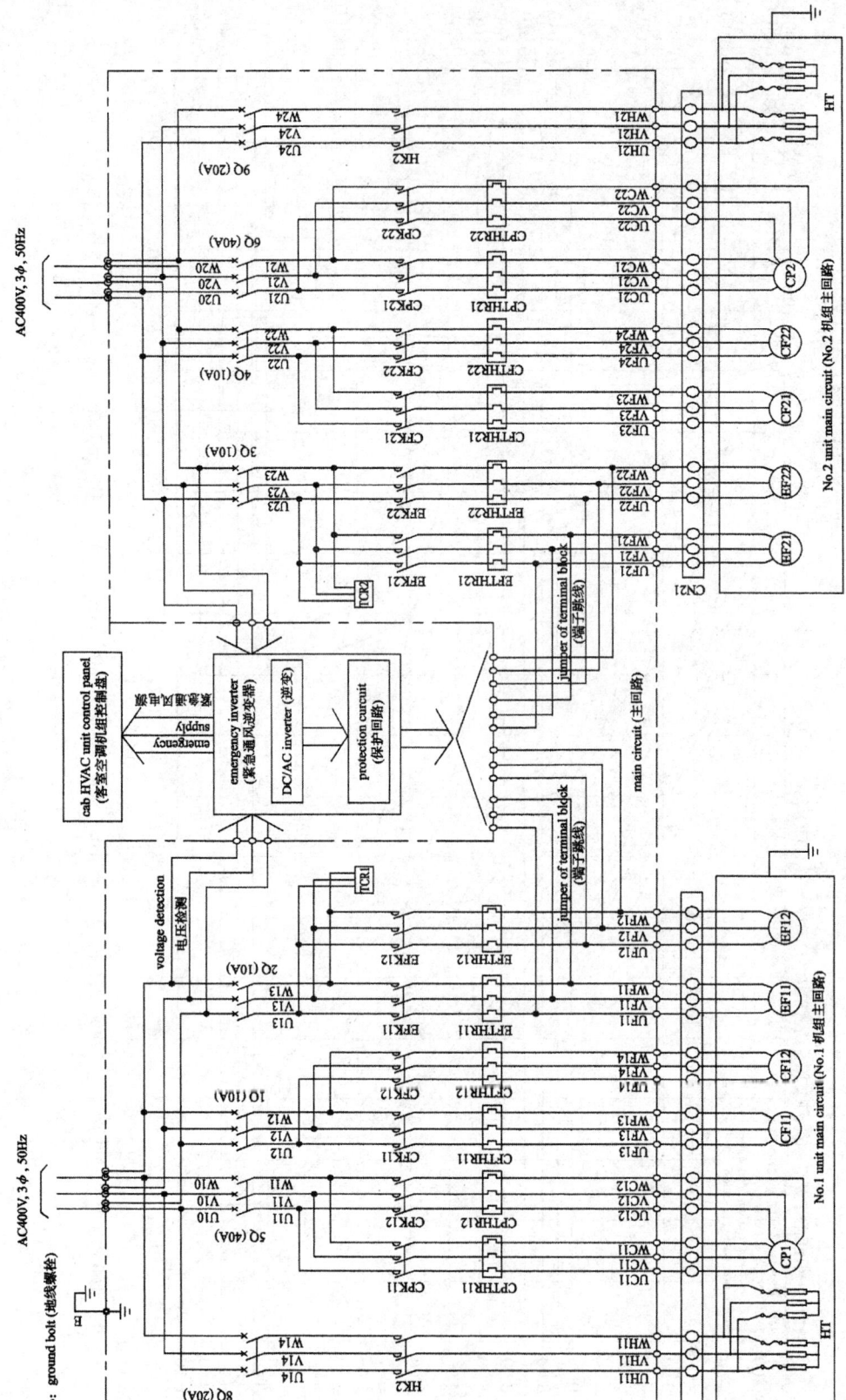

附图 2　KCDC44-1T2 空调主回路原理图

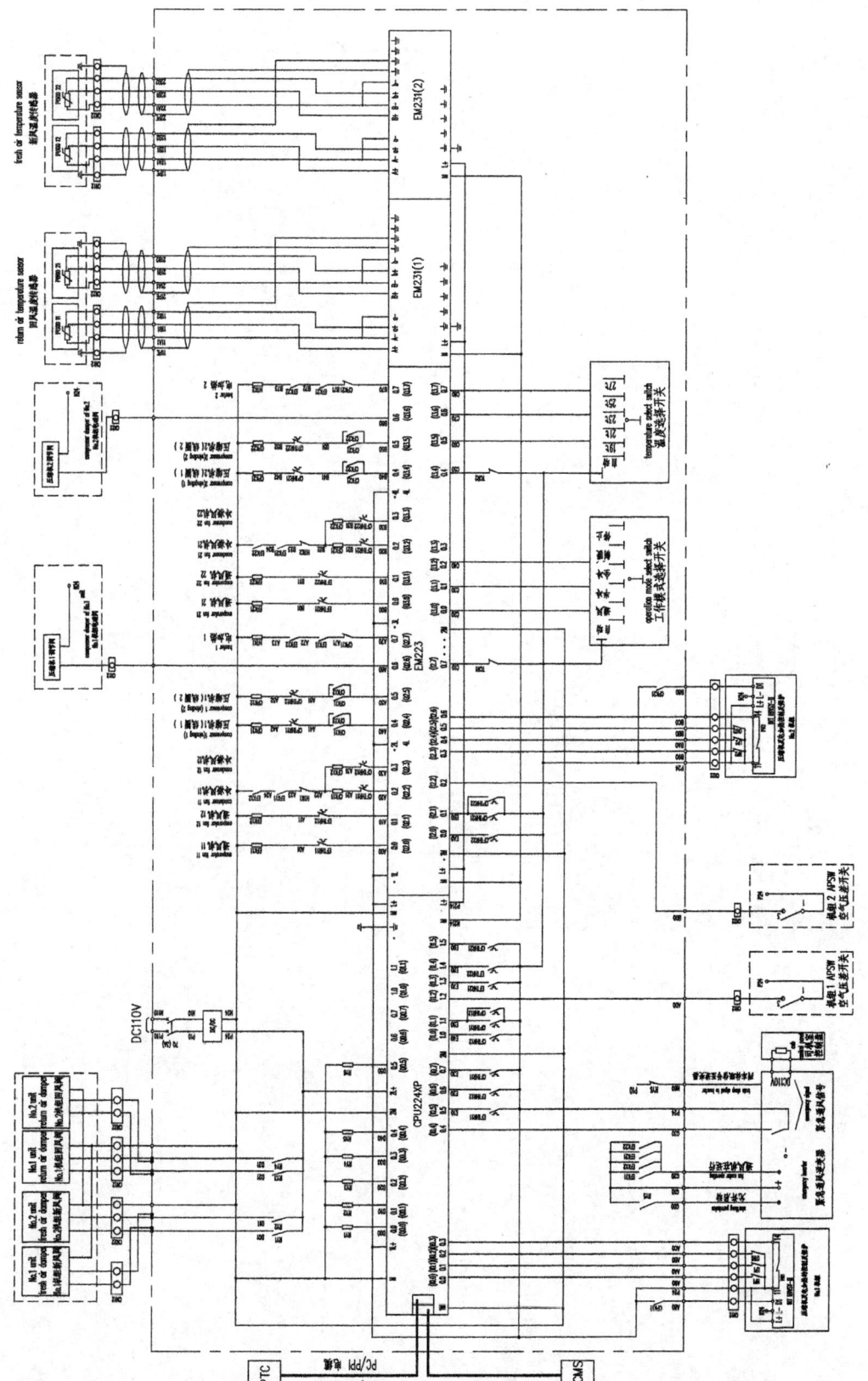

附图3　KCDC44-1T2空调控制回路原理图